黄劲松 编著

整合营销传播
Integrated Marketing Communication

清华大学出版社
北京

内 容 简 介

本书涵盖整合营销的概念、媒介选择、内容操作、数字营销、移动营销等内容,既包含传统的整合营销传播内容,也涉及最新的整合营销传播体系。

本书可作为整合营销传播、数字营销、新媒体营销等课程的教材,也可作为相关学术研究的引导性著作。

版权所有,侵权必究。举报:010-62782989,beiqinquan@tup.tsinghua.edu.cn。

图书在版编目(CIP)数据

整合营销传播/黄劲松编著. —北京:清华大学出版社,2016(2021.1重印)
ISBN 978-7-302-45848-7

Ⅰ. ①整… Ⅱ. ①黄… Ⅲ. ①市场营销学-研究 Ⅳ. ①F713.50

中国版本图书馆 CIP 数据核字(2016)第 288576 号

责任编辑:陈朝晖
封面设计:何凤霞
责任校对:王淑云
责任印制:杨 艳

出版发行:清华大学出版社
    网　　址:http://www.tup.com.cn, http://www.wqbook.com
    地　　址:北京清华大学学研大厦 A 座　邮　编:100084
    社 总 机:010-62770175　　　　　　　邮　购:010-62786544
    投稿与读者服务:010-62776969, c-service@tup.tsinghua.edu.cn
    质量反馈:010-62772015, zhiliang@tup.tsinghua.edu.cn
印 装 者:三河市铭诚印务有限公司
经　　销:全国新华书店
开　　本:153mm×235mm　　印　张:18.25　　字　数:308 千字
版　　次:2016 年 12 月第 1 版　　　　　　　印　次:2021 年 1 月第 5 次印刷
定　　价:79.00 元

产品编号:071884-01

作者简介

黄劲松 北京航空航天大学经济管理学院市场与数字化营销系主任,副教授。清华大学工商管理硕士(MBA)和管理学博士。曾在企业承担相关管理和咨询工作10年。主要研究方向包括数字化营销、企业和消费者产品处置、社会媒介传播、品牌管理、客户关系管理等。掌握并熟练应用各类管理研究方法,已发表学术论文60余篇,包括案例学术论文4篇。论文发表在 *Journal of Interactive Marketing*,*Information & Management*,*Journal of Strategic Information Systems*,*Social Behavior & Personality*,《管理世界》《心理学报》《管理科学学报》《中国管理科学》《管理评论》《管理学报》《数理统计与管理》《营销科学学报》《体育科学》《心理科学》等期刊,多篇论文被《新华文摘》《人大复印资料》转载。主持国家自然科学基金3项,参与国家自然科学基金4项;论著2部,获得中国百优管理案例奖6篇(第一作者4篇)。

本书的其他作者均为北京航空航天大学的硕士研究生,包括:
- 工商管理硕士研究生(按姓氏音序排列):白志平、冯欣蓉、高飞、韩世海、金叶、罗健、彭淼、王子康、杨香巧、赵子钧、张岚;
- 管理学硕士研究生(按姓氏音序排列):贾笑伦、乔彦博、王康、张超。

编著者名单

本书章节	参与编著者		
	写作	修改	校稿
第一章 整合营销传播概述	黄劲松	黄劲松	贾笑伦
第二章 信息加工理论	黄劲松	黄劲松	彭淼
第三章 整合营销传播的道德与法律	王康、黄劲松	黄劲松、张超	张超
第四章 传统促销方式	张岚	张岚	乔彦博
第五章 传统互联网媒体	高飞	高飞	彭淼
第六章 社交媒体	罗健、彭淼	罗健、彭淼	贾笑伦
第七章 搜索引擎营销	罗健	罗健	张岚
第八章 移动媒体	张超	张超、黄劲松	黄劲松
第九章 官方网站	罗健	罗健	张超、乔彦博
第十章 数字精准媒体	王子康	白志平	张超
第十一章 媒体的选择	黄劲松、乔彦博	黄劲松	黄劲松
第十二章 广告内容设计	贾笑伦、张岚、乔彦博、高飞、韩世海	罗健、贾笑伦	罗健、白志平、金叶、彭淼、张岚
第十三章 形象代言人及其选择	彭淼、赵子钧	彭淼	高飞
第十四章 病毒广告	黄劲松、贾笑伦	黄劲松	金叶
第十五章 电商平台内的营销传播	金叶、杨香巧	金叶	贾笑伦
第十六章 线下卖场的营销传播整合	冯欣蓉、高飞	高飞	张岚
第十七章 整合营销传播的参与者	贾笑伦	贾笑伦	白志平
第十八章 整合营销传播的效果评价	黄劲松	黄劲松	高飞

黄劲松为本书的总指导和总审校。感谢参与本书写作,并在背后默默支持和奉献的朋友们!

前　言

　　整合营销传播是一个营销传播计划的概念,它通过整合大众广告、直复广告、销售促进和公共关系等各种传播手段,传播统一的、一致的信息,从而产生放大的、增值的传播效果。

　　整合营销传播在企业的市场营销体系中有着重要的地位。首先,整合营销传播是营销操作的开端。整合营销传播的一个重要目的是吸引顾客进入企业的营销漏斗,使顾客能够充分了解品牌和产品的信息,进而产生购买行为和推荐行为,因此整合营销传播是企业营销活动的起始点。第二,整合营销传播是品牌建设的重要途径。整合营销传播能够使顾客产生品牌认知,形成品牌的态度和意愿。整合营销传播对提升品牌的知名度有决定性的意义,它还能够帮助企业建立美誉度和忠诚度。第三,整合营销传播能够帮助企业产生销售。卖场中的整合营销传播可以帮助拦截客户,进而产生销售;而数字化营销环境的整合营销传播能够帮助企业进行精准营销,跨越营销渠道产生销售。最后,整合营销传播是企业引流的重要手段。在企业的营销过程中,如何将顾客吸引到企业的营销系统之中是企业完成最终销售的关键,这一过程主要依靠整合营销传播来进行。可以说,在当前数字化的环境下,整合营销传播已经融合到引流、品牌建设、销售、客户关系管理等企业营销操作的方方面面,成为最为重要的营销活动之一。

　　今天,营销学成为变化最快的学科之一,企业想获得好的营销传播效果变得越来越难,这主要体现在以下几个方面。首先,新的媒体形式大量出现。传统的营销环境下,企业只能在电视、平面、户外等少量媒体中选择,但是在互联网环境下,在线媒体的数量和形式增加得非常快,企业已经越来越难以选择媒体。第二,信息过载越来越严重。在今天的社会,我们能够接触到的信息已经大大超出了每个人的处理能力,信息过载的现象越来越严重,这必然会影响顾客的注意力、理解力和记忆力,从而影响营销传播的效果。最后,整合营销传播活动的数量越来越多。企业越来越重视整合营销传播活动,这导致整合营销传播活动的数量极大地增加,带来了大量竞争信息的干扰,顾客也变得越来越无所适从。上述这些变化都导致整合营销传播的难度越来越大。如何有效地分配营销资源,提升资源效率是摆在企业面前的重要问题。

尽管营销环境在不断变化,整合营销传播效果的不确定性也越来越高,但我们认为整合营销传播存在着变与不变的辩证关系,我们需要把握不变的规律,并站在不变的规律上去看变化的实践,这样才能够真正建立可持续的整合营销传播体系。因此,尽管营销的技术、环境、人、手段、方法等变化非常大,但营销学的基本规律还是基本保持不变的。本书讨论企业在整合营销传播过程中的一些不变的规律,并站在这些不变的规律上关注和学习变化的实践。

本书共分为四个部分十八章。第一部分讨论整合营销传播的基本概念,第二部分讨论整合营销传播的媒体,第三部分讨论整合营销传播的内容设计,第四部分讨论整合营销传播的实施过程。以下对各个章节的内容做进一步介绍。

第一章　整合营销传播概述。本章主要介绍整合营销传播的基本概念、实施原则、实施过程和新的发展,描述建立整合营销传播的概念框架。

第二章　信息加工理论。本章主要介绍整合营销传播的相关理论,讨论整合营销传播过程中加工信息的相关理论。

第三章　整合营销传播的道德与法律。本章介绍整合营销传播中的道德问题和法律、法规问题,对《广告法》和《互联网广告管理暂行办法》也有相关分析。

第四章　传统促销方式。本章介绍传统促销方式的组成要素、功能作用和发展状况。

第五章　传统互联网媒体。本章介绍传统互联网媒体的概念、类别、特点及其设计原则。

第六章　社交媒体。本章介绍社交媒体的概念、发展历程、类型及特征,并描述了微信、微博、贴吧、论坛等典型的社交媒体。

第七章　搜索引擎营销。本章介绍搜索引擎营销、搜索引擎、搜索引擎广告以及搜索引擎优化的基本概念,讨论了竞价排名及搜索引擎优化策略。

第八章　移动媒体。本章介绍了移动媒体的整合营销传播,重点介绍移动位置服务(LBS)营销和移动应用(APP)营销。

第九章　官方网站。本章介绍官方网站的建设、运维及优化等内容,并讨论官方网站的影响因素、设计理念、营销策略。

第十章 数字精准媒体。本章介绍数字精准媒体的概念、作用、操作，重点讨论了用户画像、即时竞价广告(RTB)、卖场精准营销以及关联营销等精准营销类型。

第十一章 媒体的选择。本章介绍传统媒体和社交媒体的特点和优劣势，讨论媒体选择的原则和标准，描述媒体选择的过程。

第十二章 广告内容设计。本章介绍广告设计的主要任务、影响设计的因素、常用的设计手法。

第十三章 形象代言人及其选择。本章介绍形象代言人的作用及选择，讨论代言人的合作模式和自媒体下的形象代言人。

第十四章 病毒广告。本章介绍病毒广告的概念、优缺点、特点和实施过程。

第十五章 电商平台内的营销传播。本章介绍电商平台的基础知识、电商平台的流量管理和电商平台的转化率管理。

第十六章 线下卖场的营销传播整合。本章介绍线下卖场的营销传播整合相关知识。

第十七章 整合营销传播的参与者。本章介绍广告公司与自媒体两种整合营销的参与者，讨论广告公司的组织结构、运作流程、合作管理，也对自媒体进行了讨论。

第十八章 整合营销传播的效果评价。本章介绍整合营销传播的三种效果评价方法，包括销售效果、心理效果和媒体效果。

整合营销传播是目前营销领域最为活跃的部分之一，它在中国有着大量的创新实践。本书试图将当前的一些创新实践纳入到整合营销传播的知识体系之中，但是由于营销传播的工具、手段、方法、模式都在随着新技术和新市场快速变化，难免有很多内容无法纳入到本书之中。另外，由于时间仓促，可能会有部分应该引用的文献被遗漏；同时，由于作者的水平所限，不充分和不完善之处在所难免，敬请各位同仁和读者批评指正。

黄劲松

2016年9月

摘　要*

　　整合营销传播是企业营销过程中最为重要的活动之一,它不但影响企业的顾客流量引入、品牌建设,还会影响企业的精准营销和产品销售。在当前这个数字化和网络化的时代,大量的新技术、新媒体和新模式被应用到整合营销传播活动之中,这使得整合营销传播活动变得更加复杂和更难驾驭,以往的整合营销传播书籍已经难以完全适应当前的变化。为了解决这一问题,我们尝试在以往的整合营销传播知识体系中加入新的内容,并希望在以下几个方面达到平衡,即理论与实践的平衡、深度和广度的平衡、传统传播方式和新传播方式的平衡。本书共分为四个部分十八章。第一部分讨论整合营销传播的基本概念,第二部分讨论整合营销传播的媒体,第三部分讨论整合营销传播的内容设计,第四部分讨论整合营销传播的实施,这四个部分涵盖了整合营销传播的主要内容。通过本书的阅读,读者可以掌握整合营销传播的基本操作方法,解决企业在整合营销过程中遇到的一些问题。

关键词：整合营销传播;新媒体;数字营销;广告;媒体

---

* 本书得到国家自然科学基金资助,项目编号为 71172015 和 71372006。

目　　录

第一部分　整合营销传播的基本概念

第一章　整合营销传播概述 …………………………………………… 3
- 一、基本概念 ………………………………………………………… 3
- 二、整合营销传播的原则 …………………………………………… 5
- 三、整合营销传播的基本过程 ……………………………………… 7
- 四、整合营销传播的新特征 ………………………………………… 11
- 本章小结 ……………………………………………………………… 14
- 思考题 ………………………………………………………………… 15
- 参考文献 ……………………………………………………………… 15

第二章　信息加工理论 ………………………………………………… 16
- 一、概述 ……………………………………………………………… 16
- 二、层次说服模型 …………………………………………………… 19
- 三、态度改变模型 …………………………………………………… 23
- 四、条件反射模型 …………………………………………………… 27
- 本章小结 ……………………………………………………………… 29
- 思考题 ………………………………………………………………… 30
- 参考文献 ……………………………………………………………… 30

第三章　整合营销传播的道德与法律 ………………………………… 32
- 一、整合营销传播过程中的道德 …………………………………… 32
- 二、《广告法》及其规范的行为 …………………………………… 36
- 三、《互联网广告管理暂行办法》的相关规定 …………………… 39
- 本章小结 ……………………………………………………………… 42
- 思考题 ………………………………………………………………… 42
- 参考文献 ……………………………………………………………… 42

第二部分　整合营销传播的媒体

第四章　传统促销方式 …… 47
　一、概述 …… 47
　二、公共关系 …… 47
　三、传统广告 …… 51
　四、销售促进 …… 60
　五、人员推销 …… 62
　本章小结 …… 64
　思考题 …… 64
　参考文献 …… 65

第五章　传统互联网媒体 …… 66
　一、概述 …… 66
　二、展示或旗帜广告 …… 66
　三、富媒体广告 …… 70
　四、电子邮件广告 …… 75
　本章小结 …… 80
　思考题 …… 81
　参考文献 …… 81

第六章　社交媒体 …… 82
　一、概述 …… 82
　二、社交媒体盛行原因分析 …… 84
　三、社交媒体用户特征分析 …… 85
　四、社交媒体营销 …… 86
　五、主要的社交媒体介绍 …… 90
　本章小结 …… 99
　思考题 …… 99
　参考文献 …… 100

第七章　搜索引擎营销 …… 102
　一、基本概念 …… 102

二、搜索引擎广告 …………………………………………………… 105
　　三、搜索引擎优化 …………………………………………………… 107
　　本章小结 ……………………………………………………………… 113
　　思考题 ………………………………………………………………… 113
　　参考文献 ……………………………………………………………… 113

第八章　移动媒体 …………………………………………………… 115
　　一、概述 ……………………………………………………………… 115
　　二、基于位置的服务（LBS） ……………………………………… 117
　　三、移动应用（APP） ……………………………………………… 124
　　本章小结 ……………………………………………………………… 130
　　思考题 ………………………………………………………………… 130
　　参考文献 ……………………………………………………………… 130

第九章　官方网站 …………………………………………………… 132
　　一、概述 ……………………………………………………………… 132
　　二、官方网站的建设 ………………………………………………… 136
　　三、官方网站的运维及优化 ………………………………………… 139
　　本章小结 ……………………………………………………………… 142
　　思考题 ………………………………………………………………… 143
　　参考文献 ……………………………………………………………… 143

第十章　数字精准媒体 ……………………………………………… 145
　　一、概述 ……………………………………………………………… 145
　　二、用户画像 ………………………………………………………… 146
　　三、数字媒体时代的精准推广 ……………………………………… 149
　　本章小结 ……………………………………………………………… 155
　　思考题 ………………………………………………………………… 155
　　参考文献 ……………………………………………………………… 156

第十一章　媒体的选择 ……………………………………………… 157
　　一、概述 ……………………………………………………………… 157
　　二、媒体选择的基本原则和选择要素 ……………………………… 161

三、媒体选择的过程	164
本章小结	167
思考题	168
参考文献	168

第三部分　整合营销传播的内容设计

第十二章　广告内容设计 171
　一、概述 171
　二、广告设计的目标及原则 173
　三、广告设计的组成要素 176
　四、广告设计的方法 179
　五、广告设计的步骤 182
　本章小结 185
　思考题 185
　参考文献 185

第十三章　形象代言人及其选择 187
　一、形象代言人的评价和选择 187
　二、形象代言人的合作模式 194
　三、自媒体下的形象代言人 196
　本章小结 197
　思考题 197
　参考文献 198

第十四章　病毒广告 199
　一、概述 199
　二、病毒广告的特点 201
　三、病毒广告的内容 205
　四、病毒广告的传播 208
　本章小结 211
　思考题 211
　参考文献 211

第四部分　整合营销传播的实施

第十五章　电商平台内的营销传播 ············ 215
  一、电商平台的特点和分类 ············ 215
  二、电商平台流量分析 ············ 218
  三、商品成交转化率分析 ············ 225
  本章小结 ············ 230
  思考题 ············ 231
  参考文献 ············ 231

第十六章　线下卖场的营销传播整合 ············ 232
  一、概述 ············ 232
  二、线下卖场整合营销传播的思维框架和体系 ············ 233
  三、零售终端购物者拦截模型解析 ············ 237
  本章小结 ············ 242
  思考题 ············ 243
  参考文献 ············ 244

第十七章　整合营销传播的参与者 ············ 245
  一、广告公司的组织和流程 ············ 245
  二、与广告公司的合作 ············ 248
  三、自媒体的运营 ············ 252
  本章小结 ············ 258
  思考题 ············ 258
  参考文献 ············ 259

第十八章　整合营销传播的效果评价 ············ 260
  一、概述 ············ 260
  二、整合营销传播的销售效果 ············ 263
  三、整合营销传播的心理效果 ············ 267
  四、整合营销传播的媒体效果 ············ 272
  本章小结 ············ 274
  思考题 ············ 274
  参考文献 ············ 275

第一部分

整合营销传播的基本概念

第一章
整合营销传播概述

本章的主要目的是介绍整合营销传播的基本概念、实施原则、实施过程和新的发展,帮助读者了解整合营销传播的核心内涵,理解整合营销传播的基本要素构成,建立整合营销传播的基本概念框架,为进一步深入学习整合营销传播的相关知识奠定基础。

一、基本概念

整合营销传播的出现来源于业界的实践。人们发现采用单一的媒体、单一的内容形式或者单一的传播体系往往很难达到非常好的营销传播效果,因此学界和业界的人就共同提出了整合营销传播的概念。按照整合营销传播基本概念,企业需要采用多种媒体和多种传播形式进行营销传播才能获得最大的传播效果。按照这一逻辑,1989年美国广告协会曾经对整合营销传播做了如下定义:

整合营销传播是一个营销传播计划的概念,它认为以下的综合计划具有增值价值,即评价大众广告、直复广告、销售促进和公共关系等各种传播手段的战略作用,进而整合这些传播手段,以便提供清晰的、一致的、最大的传播效果。

美国广告协会,1989年

根据这一定义,我们可以看到整合营销传播有如下特征:

首先,整合营销传播是一个综合性的营销传播计划。这就是说整合营销传播是一项由企业推动的实施计划,它是企业根据经营目标设计的、需要达到一定效果的传播计划。不过,企业一般需要在计划的刚性和整合营销传播的实时性之间找到平衡,只有这样才能够在保持稳定性的基础上快速地对市场进行反应。

第二,整合营销传播是一个有增值价值的传播过程。这一概念是说当企业采用不同的传播手段来传播同一件事情的时候,往往能够产生比单个媒体传播倍增的效果。产生倍增效果的原因是顾客多次的信息触达和多视角的信息认知比单一的信息触达和单视角的信息认知有更好的效果。因此,当多个不同的媒体和广告协同传播时就可能产生交互作用,从而提升整体的传播效果。

第三,整合营销传播必须提供清晰的、一致的信息。传播的一致性在整合营销传播过程之中是必须遵循的原则,特别是在当前信息过载,注意力资源、认知资源和记忆资源都稀缺的环境下,更不允许传播不统一甚至存在矛盾的信息。因此,企业在整合营销传播过程中要做到多个方面的一致和统一才能够获得好的传播效果。

最后,整合营销传播需要关注如何整合。整合营销传播需要综合评价各种传播手段的作用,因为不同的媒体有着不同的传播效果。例如,电视广告的传播特征与报刊广告的传播特征是不一样的,前者比较适合做知晓传播,后者适合做精细加工传播;前者大多遵循边缘路径,后者大多遵循中枢路径。这时,在制订整合营销传播计划时就需要考虑将不同媒体投放到不同的情景下,充分考虑时间、地理、人群、认知等各方面的互补性和协同性。

【案例】金六福的节日整合营销传播

金六福酒是一个2000年之后才开始经营的白酒品牌。公司在品牌创立不久就开始了一场针对春节回家过年的整合营销传播活动。该项活动的核心口号是"春节回家·金六福酒"。该活动覆盖78座城市,整合了大部分常规的广告媒体,包括电视、电台、杂志、户外媒体和终端销售渠道等。在整个活动中,所有的信息都传播同一个声音——"春节回家·金六福酒";所有的产品和信息都有着类似的创意;所有的信息都出现在春节之前和之中;所有的整合均关注顾客的不同信息接触点,尽量覆盖所有"春节回家"的人群。如果顾客在家里,就用电视广告触达;如果顾客在出租车或其他交通工具中,就用电台广告触达;如果顾客在火车站、码头、机场或高速公路,就用擎天柱、插牌、吊旗、灯箱、路牌、车身等户外媒体触达;如果顾客在超市里,则用堆头、提袋、条幅、易拉宝、DM传单等影响顾客的决策。不同媒体在不同的空间实践传播一致性的信息,从而使整个活动产生了很好的营销传播效果。

二、整合营销传播的原则

(一)战略匹配原则

企业的整合营销传播必须与企业的营销战略相匹配。例如,整合营销传播需要与企业的品牌定位相匹配,避免由于单次的整合营销传播活动而带来对品牌定位的损害。例如,企业的降价促销会带来短期的销售收入,但它可能会损害品牌的长期形象。不过,很多企业为了追求短期的利益而采用大量的促销活动,从而使企业的品牌形成低质低价的形象,而一旦这种形象形成,要想重塑品牌几乎是不可能的。因此,企业的整合营销传播设计需要有由上而下的思维,它首先需要考虑的是企业营销战略层面的问题,之后才是品牌和产品的传播设计和实施的问题。

(二)顾客导向原则

在整合营销传播过程中必须遵循顾客导向的原则。在顾客导向的原则下,整合营销传播的定位、媒体选择、内容制作和整合计划等均需要从顾客的视角考虑问题。例如,在选择传播定位时,需要考虑的是你的产品和品牌是如何为顾客增加价值的,而不是仅仅描述公司自己希望做什么。因此,如何从以往的产品和销售导向转向顾客导向就变得非常重要。

(三)认知资源获取原则

当前的营销传播环境下存在着非常严重的信息过载,这种信息过载体现在传播媒体不断推陈出新、传播内容的大量出现、传播热点的不断更换。与此同时,媒体的权威性和关注度不断下降,信息产生聚合效应更加困难,人们对广告的厌烦程度不断上升,这就导致顾客的注意力等认知资源变得越来越稀缺。在这种环境下,整合营销传播需要关注的一个核心原则是能否使消费者从海量的信息中快速地识别所传播的信息。因此,信息的新颖性、凸显性和传播强度就变得非常重要。

(四)触点传播原则

整合营销传播的第一步就是要使信息触达顾客,因此分析目标顾客的行动轨迹并解析出各个行动轨迹的顾客信息接触点就变得非常重要。目标顾客的信息接触点是营销信息传播的基础,只有了解了目标顾客的信息接触点,才可能在整合营销传播过程中选择正确的时间、空间、媒体和内容进行传播,从而达到整合营销传播的目标。举例而言,针对顾客的高介入信息加工情境,如在电梯中,可以采用说理性广告进行营销传播;但是,针对顾客的低信息介入情境,如户外,就应该采用形象代言人广告进行营销传播。

(五)推拉结合原则

在以往的整合营销传播中,推式的广告媒体占据了主导地位,包括传统的电视、报刊、户外广告,这些营销传播手段主要采用触点到达的传播模式,在传播中通过主动推送的方式让顾客观看。但是,在当前的环境下,以微信、微博等社交媒体为代表的拉式媒体逐渐成为一种主流的传播方式。因此,当前的整合营销传播必须考虑推式与拉式传播的结合,仅仅依靠一类媒体往往很难保证传播的效果。

(六)传统和新兴整合原则

整合营销传播的理念在20世纪90年代提出时,主要的传播媒体是传统的广告媒体。时至今日,媒体的形式发生了很大的变化,这使整合营销传播的媒体选择变得更加复杂。由于消费者媒体接触习惯的变化,仅仅采用传统的媒体进行整合营销传播已经不足以产生好的效果。线上和线下、传统和新兴、认知和情感相结合的传播模式才能够获得更好的效果。在可以预见的未来,物联网时代可能产生营销传播的革命性变化,智能化的生活将导致信息传播无处不在,媒体之间的界限也将大大降低。

(七)互动和体验原则

随着信息技术不断深入人们的生活之中,深度的信息交互成为传播的主要方式之一。在深度的信息交互环境下,顾客更容易被说理性的信息所影响,产生高介入的信息加工,从而永久性地改变对品牌和产品的态度。与此同时,具有深度交互的社群类营销体系不但能够完成整合营销传播的任务,而且还能够成为客户关系管理的主要手段。

(八)产品线协调原则

在一些多产品线的企业中,全部产品线的整合营销传播也是必须考虑的问题。企业需要使单一产品线的整合传播与公司的其他产品线的定位相协调。这种协调既可能是不同产品线之间的相互区隔，也可能是不同产品线之间的相互匹配。例如，在宝洁公司，不同的产品线采用的是不同的品牌定位，此时就需要很好地区隔品牌之间的定位，不同品牌的整合营销传播一般是独立进行的。

三、整合营销传播的基本过程

整合营销传播包括三个基本过程，分别是：①整合营销传播计划；②整合营销传播执行；③整合营销传播效果评价。图 1-1 所示为整合营销传播的过程。

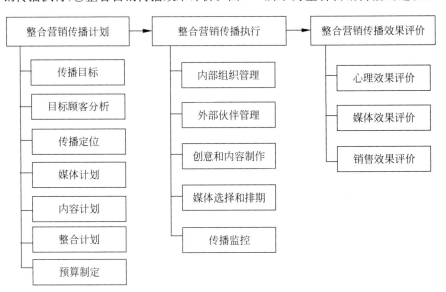

图 1-1　整合营销传播的过程

（一）整合营销传播计划

整合营销传播计划的制订需要考虑传播目标、目标顾客分析、传播定位、媒体计划、内容计划、整合计划、预算制定等方面的问题。

传播目标的设定是整合营销传播的起点。企业整合营销传播的目标往往是综合的，例如，企业会将品牌形象建设、产品销售、反击竞争对手、季节性推广、实现品牌忠诚等目标综合起来进行整合营销传播。在大的目标制定之后，还需要分解出具体的小目标，每一种传播媒体可能对应不同的目标和不同的消费行为，例如，电视广告的目标可能是获得顾客的认知和兴趣，但在卖场内的传播目标可能是获得销售的提升。另外,具体的销售目标和品牌形象目标(如认知度)也将是传播目标设计时需要考虑的问题。

目标顾客分析是整合营销传播的基础。进行目标顾客分析的主要目的是确定传播的目标市场,精准地向目标顾客传播信息。传统的目标市场研究是通过顾客细分分析来进行的,细分过程中可以采用人口统计特征、地理纬度等非常简单的细分标准,也可以采用生活形态、价值观等抽象的细分标准。随着电子商务时代的到来,传统的市场细分方式已经逐渐被精准的目标顾客画像所替代,企业可以通过更加精准的方式向目标顾客传播信息,例如,阿里巴巴平台就会向商家提供达摩盘的客户标签,商家可以通过选择客户标签精准地向目标顾客传播信息。

传播定位是整个整合营销传播的聚焦点。由于消费者很难在信息过载的今天注意和记忆品牌或产品的信息,企业就需要在传播之前很好地设计传播的定位。传播定位的目的包括以下几个方面:一是与竞争对手的品牌和产品相区隔。传播的定位可以通过品牌定位的差异化使顾客更加容易识别和记忆品牌或产品信息。二是持续强化品牌定位。品牌定位获得顾客的认知甚至使其产生联想并不是一件非常容易的事情,它往往需要企业进行长期的艰苦努力。通过整合营销传播的定位不断强化品牌定位是一种建立品牌联想行之有效的方式。三是获取有限的认知资源。由于市场竞争的激烈,顾客的认知资源越来越稀缺,这时就需要通过整合营销定位来争夺认知资源。例如,在品牌定位的基础上通过建立耳熟能详的品牌口号使消费者的认知努力最小化,从而使顾客从大量信息中快速识别品牌。

媒体计划是企业通过时间、空间、人群、行为、预算等的分析来选择营销传播的媒体。内容计划是在媒体计划的基础上,确定每个媒体需要采用的传播内容,这些内容既要保持品牌信息的一致性(例如,品牌定位需要保持一致),又要体现出对媒体特征的适应性(例如,电视广告的内容包含声音、图像,而户外广告内容仅包含图像)。整合计划指在营销传播过程中需要进行的资源整合,例如,内部组织与外部合作伙伴之间的协调配合。

预算制定是营销传播过程中最为关键的因素之一,它往往与营销传播的效果直接挂钩并动态进行调整。企业的营销传播预算可以采用自上而下(TD)的方式制定,由高管下拨各项营销费用;也可以采用自下而上(BU)的方式来确定,由各个部门申报资金。但在实际的操作过程中,采用的方式往往是混合的模式,例如,BUTD 的方式是先由各个部门向高层提交预算请求,再由高层管理人员协调并最终审核批准[1]。

（二）整合营销传播执行

在完成了整合营销传播的计划之后，接下来就是按照计划执行整合营销传播的方案。在执行过程中，将会涉及内部组织管理、外部伙伴管理、创意和内容制作、媒体选择和排期、传播监控等方面的工作。

（1）内部组织管理。内部组织管理的重点是建立与传播活动相匹配的项目团队和组织。对于一些大型的整合营销传播活动而言，建立跨部门的项目制组织体系是十分必要的。内部的组织管理不但需要协调内部的研发、生产、营销、销售等方面的关系，还要协调与外部合作伙伴之间的关系。同时，整合营销项目团队也需要根据整合营销传播计划的要求组织各类公共关系、广告、销售促进等的活动。

（2）外部伙伴管理。外部伙伴管理是指在整合营销传播过程中协调和管理外部的合作伙伴，从而顺利地完成整合营销传播过程中的外包性或合作性工作。要完成整合营销传播的全过程，就需要得到各种合作伙伴的帮助，这些合作伙伴包括市场研究公司、广告公司、内容制作方、媒体和传播资源、受赞助方、代言人、经销商、销售终端等。一些企业在整合营销传播过程中主要依赖广告公司协助完成市场研究、传播定位、内容制作、媒体选择等工作；但是另一些企业会将一个整合营销传播工作分解为不同的部分，只让合作伙伴参与其中的某一部分工作。外部伙伴的合作与管理往往决定了整合营销传播的效果。

（3）创意和内容制作。创意和内容制作是营销传播的重点和基础之一。创意和内容制作有两个方面的重要作用，首先它可以用于增强顾客的信息加工。创意和内容制作是品牌信息在众多的信息中脱颖而出的关键，它可以有效地促进本公司品牌信息触达顾客，同时好的创意和内容可以增强顾客对品牌的认知和记忆。第二，创意和内容已经成为营销传播的核心要素。随着社交媒体的兴起，内容为王的传播时代已经来临，人际之间的传播成为社交媒体传播的主要形式，在这种环境下，好的内容可以通过人际之间的传播快速提升信息的触达率，从而达到良好的传播效果。

（4）媒体选择与排期。媒体选择与排期的操作是整合营销传播得以产生其效果的关键。在选择媒体时，首先需要考虑所选媒体是否与整合营销传播的目标受众相匹配，其中需要特别关注目标顾客的行动路径和触点。由于整合营销传播需要多种媒体组合起来传播，因此，在媒体选择过程中还需要考虑不同媒体在不同时间、不同顾客触点、不同认知过程中的作用，同时也需要考虑媒体的规模、时长和位置。在不同媒体上的投放需要进行媒体的排期，媒体排期不仅需要按照时间统筹安排各种媒体，更需要考虑在不同认知阶段投放不同的媒体。媒体的排期有不同的策略，包括连续性排期策略、脉冲式排期策略和间歇式排期策略。相关内容将在后面的具体章节中讨论。

（5）传播监控。传播监控已经成为整合营销传播过程中必须关注的问题，只有有效的传播监控才能够保证传播达到预期的效果和性价比。之所以要进行传播监控是因为传播过程中广告主、广告公司、媒体之间往往存在不同的传播计量方式，因此需要在传播过程中确认播放次数、播放时长、版面大小、点击次数等指标，以便确保传播合同的有效执行。一般而言，传播的效果需要由第三方进行监控，特别是在网络媒体的投放过程中，很多企业都会选择第三方公司来监控媒体的传播。目前，市场上已经出现了很多独立的广告传播监控公司，如秒针，它们的主要作用是站在独立的立场上对媒体传播进行相应的监控。

（三）整合营销传播效果评价

整合营销传播效果的评价可以采用三种不同的方式，分别是媒体效果评价、心理效果评价和销售效果评价。

媒体效果评价是整合营销传播评价最为常用的指标。在传统的整合营销传播过程中，媒体效果评价主要关注的是信息的到达率、到达频次和到达成本，数据大多依靠调查和估算。但在电子商务的环境下，媒体效果评价发生了一些变化，出现了千人点击率成本（CPC）等一些新的指标。同时，在电商环境下所有的评价均可以数字化，这使企业可以非常容易地追踪营销传播的效果。例如，企业非常容易监控一个网络名人的信息传播带来了多少点击、多少转/传播等。由于数字化时代的到来，媒体效果的评价逐渐成为一种主流的传播效果评价方法。

心理效果评价主要关注在整合营销传播过程中顾客心理的变化，例如，比较传播之前和传播之后品牌提及率、品牌认知、品牌态度、购买意愿等方面的变化。心理效果评价既可以用于整合营销传播之前的样片测试，也可以用于全面地评价整合营销传播效果。不过，心理效果评价也有很多不足之处，如样本选择偏差、不能直接测量传播效果、操作困难等。但心理效果对整体的传播效果测量，以及长期的传播效果测量还是非常有价值的。

销售效果评价关注的是整合营销传播过程带来的销售效果。销售效果评价一般关注的是短期的、直接的销售结果。传统上，可以通过计量经济模型来测算广告投放与销售之间的关系,从而评价哪些媒体产生了销售效果及广告的弹性和广告的保留率是多少。不过,在数字化的环境下,企业可以通过精准的方式进行销售效果的评价,例如,企业可以通过千人销售成本(CPS)来测量广告带来的销售结果。不过,尽管销售效果的评价是企业非常关心的,但销售效果仅仅是整合营销传播的一个短期目标,企业还应当关注整合营销传播的长期效果,例如,对品牌形象的提升。

四、整合营销传播的新特征

(一)数字化

传统的营销过程是很难进行精确的记录、追踪、评价和应用的。但是,在数字化环境下,营销的整个过程变得可追溯、可监控、可评价、可利用。举例而言,很多企业给呼叫中心建立了数字化的推荐系统,当顾客打电话到呼叫中心时,就可以根据顾客的资料在很短的时间里判别出顾客的潜在需求,这时就可以在完成了顾客的咨询服务之后实施精准的推荐。可以说,在数字化营销的时代,市场环境分析、顾客的细分和定位、产品的设计、定价、渠道和整合营销传播全部都可以实现数字化的记录、追踪、评价和利用,整合营销传播的过程也从原来的割裂和模糊状态变得更加精准、紧密和有逻辑。

(二)精准性

在传统的整合营销时代,精准传播到人是非常困难的。例如,市场研究公司为了获得单一来源数据,需要获得消费者购买产品和观看广告两种数据,并将两种数据相匹配才能够形成单一来源数据。在购买数据方面,企业在早期采用聘请消费者记日志的方式记录家庭户每天的销售情况,后来发现这种方法有很多遗漏,于是就变成通过与超市等机构合作建立扫描系统的办法来获取数据,但这种方式同样也存在问题,因为公司的扫描仪器很难覆盖每个商家,很多购买数据无法获得。在广告观看数据方面,为了获得家庭户的电视观看数据,市场研究公司需要与家庭户签订相关协议才能够将仪器放入家庭户之中。之后将购买和广告观看数据匹配起来才能够获得单一来源数据。但是,这一问题在网络环境下得到了顺利的解决。如果能够获得同一个人的跨屏行为数据,就有可能建立一个单一来源的多屏数据,从而使精准变得可能。例如,企业如果能够得到顾客看了哪些视频广告(视频网站)、搜索了哪些商品(搜索引擎数据)、与哪些人有交流(社交媒体数据)、购买了哪些产品(电商平台)等数据,将这些数据匹配起来就可以获得一个顾客单一来源数据的完整画像。

(三) 交互性

随着社会化媒体的兴起,营销传播逐渐进入了交互传播时代,即企业可以通过社交媒体或者社群与顾客进行持续互动,增加顾客的体验,了解顾客的声音。当前,社群营销已经成为企业营销传播和社会化客户关系管理的关键手段,它对于存量客户的整合营销传播有非常重要的作用。以下是小米手机通过社交媒体与顾客的沟通获得传播和客户关系管理效果。

【案例】小米的数字化营销[2,3,4]

小米公司成立于2010年4月,这家以手机作为核心产品的企业在成立之初就没有选择传统的营销模式,而是全面采用数字化的营销模式来进行销售。这体现在以下几个方面。第一,建立了以微博为核心的粉丝经济体系。公司在成立之后通过运营CEO雷军个人的微博和小米微博获得大量粉丝,这些粉丝是日后产品销售的基础。第二,建立微博为核心的产品改进体系。通过与粉丝互动获取产品研发和产品改进的信息,从而保证了顾客的满意。第三,只通过互联网渠道销售产品。在2011年产品上市之初,中国的年轻消费者已经开始习惯于网络购物,此时电商销售渠道的费用不高,而线下销售渠道的费用非常高。这使小米有了较大的价格空间进行系列运营。第四,间接产品补贴经营。小米手机具有极高的性价比,这种极高的性价比一方面来源于不使用传统渠道节省的成本,另一方面是小米的间接补贴策略。小米通过很高的性价比获得了大量的顾客,这样就可以向顾客销售与手机相关的产品来获得利润,如保护套。第五,生态系统建设。小米在运营的初期就建立了MIUI生态系统,通过整合手机充值、快递查询、订票、代驾、挂号等服务,增加顾客的黏性并进一步获利。最后,数字化整合营销传播。小米建立了专门的社交媒体传播队伍,通过微博、微信和其他各种社交媒体进行品牌形象和产品的传播。小米的传统营销渠道也独具特色,特别是其新品的发布会获得了大量"米粉"的支持。

（四）分享性

当前的整合营销传播最为显著的特征之一是出现了大量人际之间的分享和病毒式的营销活动。人际之间的信息分享聚焦在有趣的或有价值的内容，并通过植入品牌信息达到传播的目标。除了用有趣和有价值的内容驱动人际分享之外，也有一些企业通过向每个分享人直接补贴的模式获取人际之间的分享。例如，滴滴专车就通过红包模式大量进行人际之间的传播。

（五）实时性

数字化环境下的整合营销传播与传统营销不同的另一个特点是实时性。这种实时性不但体现在营销分析的低成本和高效率之上，也体现在营销传播的精准性和可评价性之上。例如，电子商务网站的运营者可以通过数据挖掘的方式在几秒之内快速确定关联产品，并向客户进行推荐。再如，实时竞价广告（RTB）可以在 0.1s 之内识别有需求的顾客，并向这些顾客精准推荐产品。

（六）可评价性

营销传播效果的评价一直是一个难题，原因是数据记录非常困难，例如，传统的模拟电视需要通过安装特殊的仪器才可以监控家庭户的电视观看行为。因此，美国百货商店之父约翰·沃纳梅克（John Wanamaker）曾感慨道："我知道我的广告费有一半浪费了，但问题是我不知道是哪一半"。这是在传统营销环境下企业的无奈。研究表明[5]，在报刊投放广告时，超过35%的投放是完全无效的，还有超过 7% 的媒体投放的效果不是非常强。但是，在数字化营销时代，广告投放无法评价的情况得到有效缓解。广告的效果评价从以前的每千人成本（cost per mille，CPM），逐渐过渡到更为精准的每点击成本（cost per click，CPC）、每行动成本（cost per action，CPA）、每购买成本（cost per purchase，CPP）、每销售成本（cost per sales，CPS），这就有效地将广告投放与销售的结果结合起来。

（七）融合性

数字化环境下的整合营销传播并非孤立存在的，它往往能够与传统的营销和使用场景很好地融合，从而形成传统和数字化之间的联动和放大。

很多企业在进行传统营销推广的同时也利用手机等新媒体进行相关的传播。例如,国美在 2015 年 3 月 15 日做的"黑色星期五"推广方案就采用了线下新闻发布会、候车亭广告、地铁广告、外墙广告、店内展示等传统营销传播手段,同时他们又利用员工自媒体、分公司自媒体、顾客自媒体、网络"大 V"等方式对相关的营销活动进行广泛的人际传播。一些实体类的商户也在尝试通过顾客对 Wi-Fi 的使用在店内进行精准的推荐,同时尝试在公司的微信服务号与线下卖场之间实现联动。可以说,在当前的营销环境下,整合营销传播正在与传统营销不断融合,形成新的营销手段和形式。

> **【案例】零售商 TESCO 的无店铺销售**
>
> 英国最大的零售商 TESCO 在进入韩国之后,充分利用移动互联技术,在地铁站中设置扫码购买区,消费者只需要用手机扫码就可以购物并获得送货上门服务。这一做法形成了很好的 O2O 销售体系,有效地打破了商圈的限制。

将来的整合营销传播会受到技术进步的巨大影响,技术驱动为导向的整合营销传播时代将会到来。例如,在汽车、智能家居甚至衣服都可以联网的状态下,顾客的行动轨迹、生活习惯、关联人群、消费倾向等数据将成为向他们推荐产品、提供增值服务的依据,这种万物互联带来的结果是任何与顾客相关联的实物都有可能成为精准向顾客推送信息的媒体。再如,虚拟现实技术的出现将使人们远程身临其境,由此带来的虚拟旅游、虚拟教育、虚拟娱乐等产业均可能改变营销传播的路径。可以说,技术和数字驱动将成为未来整合营销传播的重要方向。

本章小结

整合营销传播是一种可以获得增值价值的传播过程,这种增值来自于不同媒体通过传播一致性的信息对顾客进行多次的触达。整合营销传播需要与企业的战略相匹配、与品牌的定位相匹配,需要关注顾客认知资源的获取,需要将传统与新兴的媒体相结合,需要考虑顾客的互动和体验。整合营销传播的过程包括计划制订、计划执行和效果评价三个阶段,每个阶段均体现了上述整合营销传播的基本思维和原则。未来的整合营销传播将不断向数字化和技术驱动的方向前进，由以往的由上而下操作模式逐渐向上下结合的操作模式转变，精准的整合营销传播将会大大提升传播的效率和效果。

思考题

1. 什么是整合营销传播？
2. 整合营销传播需要遵循的原则有哪些？
3. 整合营销传播包括哪些具体的操作过程？
4. 数字化环境下的整合营销传播有哪些新的特点？
5. 整合营销传播的发展趋势将会怎样？

参考文献

[1] 特伦斯,辛普,张红霞. 整合营销传播：广告与促销[M]. 北京：北京大学出版社,2013.
[2] 雷培莉,陈铭哲,赵博杨. 手机品牌虚拟社区营销策略研究：基于小米手机的营销分析[J]. 价格理论与实践,2014：72-73.
[3] 徐梦军. 小米手机的"粉丝营销"策略研究[J]. 科技创业,2015,11：37-41.
[4] 周明. 小米营销策略中的微博营销[J]. 商业评论,2014,10：16-19.
[5] 黄劲松,赵平,阎衡秋. 服务企业的报刊媒体评价研究[J]. 中国管理科学,2006,14(4)：114-120.

第二章
信息加工理论

本章的主要目的是介绍整合营销传播的相关理论,帮助读者了解顾客是如何在整合营销传播过程中加工信息的,从而理解顾客在整合营销传播过程中的心理变化,为整合营销传播操作框架的建立奠定基础。通过本章的阅读,读者可以了解基于消费者行为和心理的广告相关理论。

一、概述

整合营销传播过程中的信息加工是指顾客对广告信息的处理过程,这一过程将产生认知、情感、意愿等相关信息加工变量。广告信息加工的研究已有近百年的历史,但对它的系统研究是在 20 世纪 40 年代之后。最早的广告信息加工模型是 AIDA 模型,它是由 Lewis 在 1898 年首次提出的,当时 Lewis 认为人员销售的说服效果具有层次性,当销售人员向消费者介绍产品之后,将产生注意(attention)→兴趣(interest)→愿望(desire)→购买行动(action)的层次影响过程。1925 年,Strong 将 AIDA 模型引入广告效果评价,成为第一个广告层次效果模型。在随后的 40 年里,该模型一直占据统治地位。60 年代初期学者们提出了另外两个颇有影响的广告层次模型,即 Colley 在 1961 年提出的 DAGMAR(defining advertising goals for measured advertising results)模型[1]及 Lavidge 和 Steiner 在 1961 年提出的七阶段广告层次效果模型。

由于电视的兴起,20 世纪 60 年代中期至 70 年代初期,学者们开始关注广告的低涉入信息加工效果。当时学者们认为电视广告的展露时间过短,信息量较少,是一种没有效果的广告。Krugman[2]是第一位对电视广告说服效果进行解释的学者,他认为大多数电视广告面临受众的信息低涉入情况,它们与印刷广告的沟通方式不同。当受众看到这种广告时不会去注意和精细化加工信息。Krugman 认为当不断重复这些低涉入的广告时,它们也能够达到印刷广告那样强力说理的效果,而且低涉入广告还能够降低受众的戒备心理,使他们更加容易接受广告的信息。Deighton 在 1984 年提出的二阶段说服模型也是低涉入层次模型,该模型的基本思想是在消费者接触广告的第一阶段,消费者产生较弱的品牌信念,通过第二阶段的试用或其他直接的产品接触,消费者可以进一步证实广告信息,从而进一步产生品牌态度和购买意向。后来,有学者通过实证研究证明了两阶段说服模型的科学性。

到了 20 世纪 70 年代,广告认知受到了学者们的关注。当时有两种关于广告认知的模型,即认知结构模型和认知反应模型。认知结构模型最早由 Fishbein 在 1963 年提出,该模型认为广告说服过程是广告信息与消费者的期望价值相匹配的过程,因此,消费者的品牌态度受到消费者产品信念的影响;认知反应模型最早由 Greenwald 在 1968 年提出,该模型认为消费者看到广告之后,会比较广告信息与以前的知识和信念,从而产生对广告的支持(support argument)、反对(counterargument)和对广告信息来源贬损(source derogation)等的反应,并由此进一步影响品牌态度[3]。20 世纪 70 年代末至 80 年代初,一些学者希望对这两种认知反应模型进行整合,并提出了包含信念和认知反应两个变量的广告说服模型。20 世纪 80 年代之后,认知反应理论在广告研究之中被更多地采用。

从 20 世纪 70 年代末开始,广告信息涉入程度的调节作用成为学者们关注的重点。在这一时期,最为著名的广告说服理论是由 Petty 和 Cacioppo[4]提出的精细加工可能性模型(ELM),该模型直到今天仍然被认为是一个最全面的模型。

20 世纪 80 年代中期之后,广告信息加工的研究开始向多元化方向和非认知领域发展,其中主要的研究领域包括:情绪和情感对广告效果的影响、潜意识的影响和广告态度的影响等。其中广告态度得到了学者们极大的关注,原因是该变量包含了认知以外的情感因素。广告态度的研究一直持续到 20 世纪 90 年代中期。MacKenzie,Lutz 和 Belch[5]提出的中介影响模型(dual mediation model)是这一时期最具代表性的广告说服模型。该模型将广告态度纳入认知反应模型之中,描述了受众的态度形成过程,从而更加完整地解释了广告说服的机理。

20 世纪 90 年代之后,消费者经验作为一个广告说服的变量开始受到学者们的关注,品牌熟悉成为学者们研究广告信息加工的主要变量。到了 20 世纪 90 年代末,Vakratsas 和 Ambler[6]根据 40 年的广告研究成果将广告效果模型划分为七类:①市场反应模型(market response model);②认知信息模型(cognitive information model);③纯情感模型(pure affect model);④说服层次模型(persuasive hierarchy model);⑤低涉入层次模型(low-involvement hierarchy model);⑥综合模型(integrative model);⑦无层次模型(hierarchy-free model)。其中,市场反应模型就是本书所指的销售效果评价模型,而另外六种模型是从认知、情感和经验三个消费心理纬度对广告效果进行评价。

根据以前的研究,我们提出了以下的整合营销传播信息加工框架,如图 2-1 所示。当广告投放之后,不但直接影响消费者的认知和情感,而且会影响消费者对品牌的态度;广告的直接心理影响也会影响消费者对品牌的态度。产生上述影响的过滤因素包括:①消费者的动机。消费者在某一时期有较强的欲望购买某种产品时,他对该类产品广告的注意将会增强。②消费者的涉入程度。例如,愿意学习和获取信息的消费者更容易接受到广告的信息。③消费者经验。例如,消费者在购买使用产品之后会更加理性地分析广告的内涵。④消费者本身的其他特点。例如,愿意尝试新的产品和服务的消费者更容易受到新产品广告的影响。⑤环境因素。在不同的

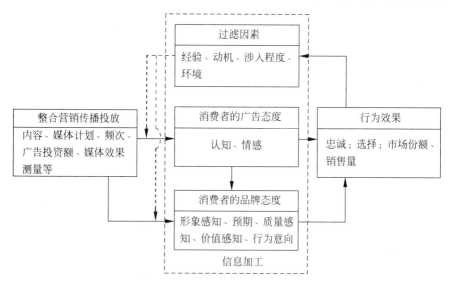

图 2-1 整合营销传播产生效果的过程

资料来源:作者整理

环境下,消费者会产生不同的认知和情感变化。另外,消费者购买使用产品之后过滤因素会得到修正。例如,消费者在购买了某种产品之后,其消费动机会下降;消费者在使用了某种产品之后,消费者将更多依靠自身经验做出判断,环境变化带来的影响将减弱。以下我们将对整合营销传播的信息加工体系进行描述。

二、层次说服模型

(一) AIDA 模型及其拓展

1. AIDA 模型

AIDA 模型最早作为一个推销员模型提出,该模型认为面对顾客开始推销时应该包含四项步骤:①注意(attention)。推销员首先要引起顾客的注意,即要将顾客的注意力集中到你所说的每一句话和你所做的每一个动作上,并让顾客了解产品和品牌的特性。②兴趣(interest)。如果第一步的介绍能够得到顾客的认同,就可能引起顾客对产品的进一步兴趣,从而可以进一步与顾客进行交流并说服顾客购买产品。③愿望(desire)。通过前两个阶段的推销,顾客如果能够感觉购买产品所获得的利益大于所付出的费用,顾客就会产生购买的欲望。一般认为,推销员需要有丰富的产品和专业知识才能够在推销中使顾客产生购买欲望。④行动(action)。当前三个阶段顺利达成之后,顾客将进入行动阶段,在这一阶段之中顾客仍然可能会放弃购买,因此推销员仍然需要在付款、购买体验、购买过程等方面给予顾客进一步的帮助。顾客的行动实际上也包含了口碑传播和网络分享行为。

AIDA 模型在随后被应用于营销传播领域,企业可以按照 AIDA 的四个不同步骤配置不同的媒介进行相应的传播,从而达到每一步的目标。例如,在注意阶段,企业可以通过广告使消费者了解和知道品牌;在兴趣阶段,企业可以通过试用、参与等方式使顾客深度了解产品从而产生购买的兴趣;在愿望阶段,企业可以通过提供较高的性价比或利益促使顾客产生购买的愿望;在行动阶段,企业可以通过便利的购买过程和购买体验使顾客产生购买行为。以下我们给出了一个可口可乐在中国市场的联合推广案例。

> **【案例】可口可乐和魔兽世界在中国的联合推广**
>
> 随着网络游戏成为中国年轻人偏爱的主要娱乐活动,可口可乐曾在中国与《魔兽世界》的代理商九城进行了一次联合推广活动。在这一活动中,可口可乐首先进行了长达半年的网络广告、报刊广告、活动海报等宣传,签约了 12000 个主题网吧,聘请歌星组合 S.H.E 制作变身网络游戏人物大战兽人老板的电视广告,并在中央电视台播出。并举办了系列的魔兽世界争霸赛,如果顾客购买可口可乐饮料,就可以兑换魔兽世界的游戏点卡,并可能得到游戏装备。可口可乐还在上海、南京、福州等 20 余座城市推广其《魔兽世界》嘉年华活动,在现场可以参与试玩和抽奖活动。可口可乐还建立了 iCoke 网站,用于兑换游戏装备和点卡。这一联合推广活动获得了巨大的成功,在联合推广期间,有 475 万人参加了嘉年华活动,iCoke 网站每天的点击率达到了 250 万次,累计达到了 7500 万次。可口可乐当季的收入和利润均增长了 15%。活动结束时,魔兽世界在全球有 750 万玩家,其中 350 万来自中国大陆。
>
> 对于这一联合推广活动,我们可以通过 AIDA 模型进行解读。在注意(A)阶段,可口可乐主要通过报刊广告、网络软文和电视广告达成注意的目标;在兴趣阶段(I),可口可乐主要通过嘉年华活动、网游争霸赛和现场的游戏推广达到目标;在愿望阶段(D),可口可乐主要通过给予游戏装备和点卡奖励、现场的推广使人们产生尝试的愿望;在行动阶段(A),可口可乐主要通过持续的网络兑奖、网吧现场推广等方式使人们购买饮料并持续参与网游。

尽管 AIDA 这一营销传播的层次模型是在 100 多年以前提出的,但是,它在今天仍然具有重要的应用价值。当我们在进行全渠道的整合营销传播时,就可以通过在 AIDA 的不同阶段布置不同的线上或线下媒体去达成 AIDA 各阶段的目标,这一整合过程将使企业有目的和有逻辑地在不同的时间中投放不同的媒体,从而达到统一和一致的营销传播目标。

2. AIDA 模型的拓展形式

20 世纪 60 年代一些学者拓展了 AIDA 模型。Lavidge 和 Steiner 在 1961 年提出了一个七阶段模型(图 2-2),该模型认为说服的过程包含认知、情感、行为三个部分，并可以细化为不知道、知晓、有相关知识、喜欢、偏爱、信服和购买七个阶段。在该模型中，认知阶段包括了知晓和有相关知识两个阶段，之所以这么划分是因为顾客的产品知识对后期的决策有显著的影响。在行为部分，该模型加入了信服阶段，它对顾客的决策有重要的影响，很多企业为了获得顾客对品牌和产品的信任而付出了很大的代价。

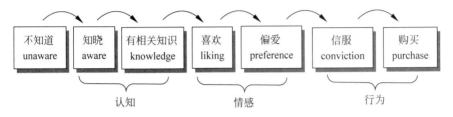

图 2-2　Lavidge 和 Steiner 的七阶段模型

Colley 在 1961 年的一本专著中提出了广告效果应当与广告的目标相匹配，这本专著叫《定义广告目标测量广告效果》(*Defining Advertising Goals for Measured Advertising Results*)。在该书中，Colley 提出了不知道→知晓→理解→信服→行动的层次说服模型，强调顾客对产品和品牌信息的理解及信服是促进购买的关键变量。

在工业品营销的环境下，AIDA 模型有了一些改变，人们认为此时的层次说服模型是知晓→兴趣→评价→试用→行动。评价和试用环节充分体现了工业品购买过程的理性决策特征。

随着新媒体的出现，广告产生效果与受众的人际间分享有着重要的关系，因此，一些人将分享(sharing)加入了 AIDA 模型之中，形成了 AIDAS 模型，并用该模型来解释新媒体产生作用的过程。

另一个适用于新媒体环境的模型是 ACPS 模型，该模型包括知晓、考虑、购买、分享四个阶段。

图 2-3 给出了新媒体环境下的 ACPS 整合营销模型。该模型由认知（信息告知，引起关注）、意愿（产生兴趣，深入了解）、购买（产生交易）及分享（反馈感受，传播扩散）四部分组成。

信息告知(awareness)：全方位立体传播引起潜在消费者的注意。消费者通过传统的媒介手段，如电视、报纸、杂志、户外、店面，或者通过互联网、智能终端传播、口碑传播等新兴方式接触到产品信息。

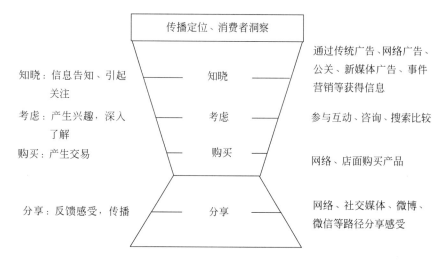

图 2-3 新媒体环境下的 ACPS 整合营销模型[7]

资料来源:刘润峰.联想 MIIX 产品整合营销传播方案及研究.北京航空航天大学硕士论文,2014.

购买意愿(consideration):获得信息认知后,有意愿、产生兴趣的潜在消费者会有进一步的行为跟进,比如参与到品牌的营销活动中,参与与品牌的互动,深入了解更为全面的企业、产品、服务的信息,搜索相关内容或对产品进行横向比较等。

产生购买(purchase):购买行为的产生。通过前两个阶段的引导,潜在消费者完成考虑、对比、咨询后产生实际购买的行为。

扩散分享(share):自发的传播过程。在购买行为完成后传播并未终止,基于新网络环境和新媒体平台,以消费者为中心的传播形式已经诞生。每个消费者都可通过自媒体发布产品信息,自发地对产品信息进行分享、传播。而且这种传播行为并非只发生在购买行为之后,在 ACPS 行为模式的各个阶段,消费者都可能产生独特体验,并将这些信息扩散。

(二)消费者加工模型

消费者加工模型(consumer processing model,CPM)认为消费者从完全没有接触品牌信息到最后产生行动包含八个步骤,分别是暴露信息→关注信息→理解信息→认同信息→记忆信息→提取信息→制定决策→采取行动,CPM 模型充分显示了消费者在信息加工过程中的选择行为,也就是说,只有一部分消费者会产生某一阶段的行为。例如,当企业向消费者暴露信息时,只有很少的一部分消费者会关注到这些信息。有人研究发现,一个消费者一天可能接触到 300 则广告,但是只有很少的信息会被消费者所关注。当消费者关注到某种产品信息时,也只有一部分消费者理解广告中的信息,而理解信息的消费者之中只有一部分认同信息,认同信息的消费者之中只有一部分会记忆信息。因此,一个企业想通过信息传播影响消费者的购买决策是非常困难的,它需要经过一个漏斗的选择过程,每个步骤均可能被消费者剔除,从而无法达到信息传播的效果。

消费者加工模型是一种非常便于思考企业整合营销传播逻辑的模型,该模型认为企业从品牌信息曝光到顾客购买行动之间存在着多种不同的心理和行为阶段,而这些顾客的心理和行为将会深刻地影响整合营销传播的效果。在应用 CPM 模型的过程中,企业需要做到以下几件事情:①选择有效的信息暴露渠道;②制作能够引起消费者关注的信息;③传播前进行事前测试以避免信息无法理解;④传播前进行目标消费者的认同测试;⑤传播前进行消费者的记忆测试;⑥在消费者的购买场所发布信息提醒消费者。

三、态度改变模型

(一)精细加工可能性模型(ELM)

精细加工可能性模型(ELM)是 1977 年 Petty 在他的博士论文中首先提出的。经过了 40 多年的发展,尽管有一些学者对 ELM 有一些批评,但 ELM 在心理学领域已经成为一个具有公理性质的理论。ELM 的提出是有一定的原因的,在 20 世纪七八十年代,存在各种各样的信息加工理论,但其中一个很大的问题是,这些理论自身或相互存在很不一致的结论,这种情况出现的主要原因是信息加工是一个非常复杂的系统,它不但包含了事物本身、信息源、说服环境等问题,还包含了被说服对象个人状态问题。Petty 等学者为了解决这一问题,就设想能够提出一个整合信息来源、信息本身、被说服对象状态和说服环境的有广泛适应性的模型[4,8](Petty 和 Cacioppo,1986 年;Petty 和 Wegener,1999 年)。经过 Petty 等学者的努力,ELM 最终得以诞生。

ELM 是一个关于态度变化的模型,该模型认为说服取决于人们对信息的精细加工程度,而受众的动机(包括问题涉入程度、信息相关度、结果承诺、不一致信息的唤醒作用、认知需要等)和能力(包括是否分心、信息理解力、对问题的熟悉程度、适当的知识结构、恐惧的唤醒作用等)是影响受众信息精细加工程度的主要变量。这些变量决定说服的两条路径,即中枢路径和边缘路径(central route and peripheral route),如图 2-4 所示。当受众的

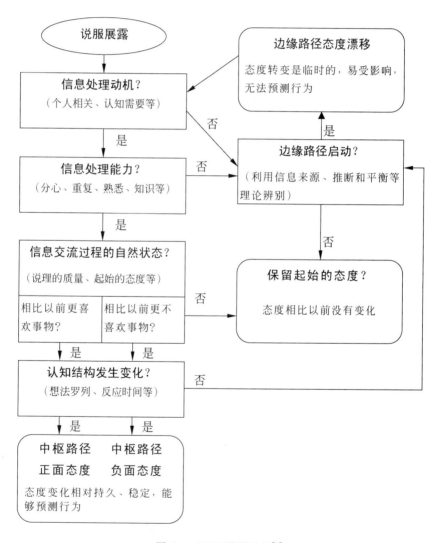

图 2-4　ELM 说服过程[8]

信息加工动机和信息加工能力均较高时,人们对信息的精细加工程度较高,这时说服过程处于中枢路径,消费者会理性评价广告产品的优缺点,进行产品属性、价格或品牌的比较,从而决定其态度是否改变和是否购买产品。当消费者信息加工动机或信息加工能力较低时,人们对信息的精细加工程度较低,说服过程处于边缘路径,这时消费者仅仅根据一些线索(例如,广告中的专家意见、广告中的形象代言人等)进行判断并进而决定他们的态度。ELM认为,当受众通过中枢路径改变态度时,改变后的态度比较稳定(resistant)和持久(persistent),并且能够预测行为;但是,当受众通过边缘路径改变态度时,改变后的态度往往是临时的和不稳定的,而且不能够预测行为。

ELM在心理学领域提出之后,Petty等人[9]发表了一篇非常著名的文章,很好地再现了说服的两个路径,也将ELM引入了广告研究领域。之后,ELM被广告研究人员广泛认可,有学者认为它是迄今为止最完整的广告效果模型,它能够简要地将各种复杂的广告理论进行整合并成为一个完整的系统。ELM在整合营销传播中有着重要的实际操作价值,企业需要区分哪些信息传播是中枢路径的,而哪些是边缘路径的。在品牌知晓过程中可以采取边缘路径的策略,如请代言人;也可以采用中枢路径的策略,如发布品牌故事。前者只能够短暂地影响品牌态度,而后者可以持久地对顾客的品牌态度产生影响。

(二)广告态度模型

广告态度模型是指认知、态度、意愿之间的关系带来的模型。一般认为认知会导致态度,态度会带来意愿,即认知→态度→意愿,它又名认知反应模型。典型的例子是顾客首先理性评价品牌的特点(认知),之后产生对品牌的偏好(态度),最后产生购买的意愿(意愿)。但是学者们认为态度→认知→意愿和意愿→认知→态度也是可能存在的。例如,人们先购买了产品(意愿),然后再对产品进行认知和评价(认知),最后对品牌产生喜好(态度)。以下我们进一步讨论认知反应模型。

认知反应是指人们看到了外部信息并进行信息加工而自发产生想法(thoughts)的过程,它通常是看到外部信息过程中或之后的反应。认知反应模型是Greenwald在1968年首先提出的,该模型认为认知反应是展露于态度之间的中介影响变量,广告展露将影响消费者的品牌态度,进而影响消费者的购买意向。20 世纪 80 年代初期,消费者的广告态度成为了学者们研究的重点。广告态度是指在一个特殊的广告展露瞬间,对广告喜爱或不喜爱反应的倾向,一些学者认为它是消费者的一种情感反应,但也有学者认为广告态度是认知和情感的综合体。如何将广告态度这一重要变量的影响加入认知反应模型之中逐步成为研究的重点。

学者们通过研究发现消费者的广告态度是广告产生效果的重要中介变量。随后,学者们[5]提出了广告态度产生中介影响的四种层次说服假设,即情感转移假设(affect transfer hypothesis)、独立影响假设(independence influences hypothesis)、双中介影响假设(dual mediation hypothesis)和交互中介假设(reciprocal mediation hypothesis),如图 2-5 所示。

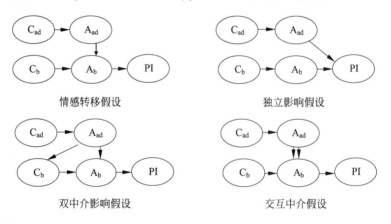

图 2-5　广告态度中介影响的四种假设模型[5]

注:C_{ad}—广告认知反应,A_{ad}—广告态度,C_b—品牌认知反应,A_b—后品牌态度,PI—购买意向。下同。

(1) 情感转移假设:情感转移假设得到了一些实证研究的支持。Mitchell 等人[10]曾发现广告态度解释品牌态度的方差甚至超过品牌信念(beliefs)和属性评价。MacKenzie 等人[5]认为情感转移假设符合 ELM 的理论,广告态度对品牌态度的直接影响代表边缘路径的影响,品牌认知对品牌态度的影响代表中枢路径的影响。ELM 认为在大多数情况下消费者处于广告信息低涉入状态,此时广告态度对品牌态度的影响将大于品牌认知对品牌态度的影响。

(2) 独立影响假设:由于品牌态度具有一定的稳定性,它的形成是由产品属性等因素驱动的,而广告态度类似于"对购买条件的感觉",它具有不稳定性和受环境影响的特征,不会对稳定的品牌态度产生影响,因此,该假设认为广告态度不影响品牌态度,而是直接影响购买意向。

(3)双中介影响假设:广告信息来源所形成的态度将影响认知和情感反应,同时,广告展露所产生的情感会作为广告说服过程中的"线索(cue)",进而增强或减弱被试者对品牌信息的接受程度。因此,广告态度同时影响品牌态度和品牌认知反应。

(4)交互中介假设:根据平衡理论,消费者具有同时喜欢或同时不喜欢广告和品牌的特点。对于成熟品牌而言,消费者以前的经验和品牌态度也会导致品牌态度对广告态度的反向影响,因此,广告态度和品牌态度之间存在交互的影响。

MacKenzie 等人[5]通过实证研究发现,以上四种假设均通过了统计检验,但是相比较而言,双中介影响模型(dual mediation model,DMM)是最优的模型。在随后的研究中,双中介影响模型优于其他模型也得到了证实。

不过,在病毒广告的环境下情况有所变化。黄劲松等的研究显示在病毒广告环境下,广告态度将直接影响分享意愿,同时由于病毒广告的低介入特征,广告态度对品牌认知的影响不显著,但品牌态度对分享意愿有显著的影响,如图 2-6 所示。

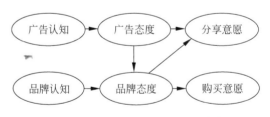

图 2-6　病毒式广告的态度模型[11]

四、条件反射模型

(一)经典条件反射理论

经典条件反射最早是由诺贝尔奖获得者、俄国生理学家伊凡·巴甫洛夫(Ivan Pavlov,1849—1936)提出的。他在研究中发现,当把食物显示给狗时,狗会分泌唾液。在这个过程中,他又发现如果在给狗食物的半分钟之内反复给一个铃声(中性刺激),之后,狗就会在只给铃声的条件下分泌唾液。这就是说一个中性的刺激与一个能引起某种反应的刺激相结合,就可能使动物学会对那个中性刺激做出反应。

在经典条件反射过程中,能够引起狗的本能反应的刺激被称为无条件刺激(UCS),即肉骨头;无条件刺激导致的唾液分泌反应称为无条件反应(UCR),即肉骨头(UCS)能够自然引起狗的唾液分泌(UCR)。条件刺激(CS)在巴甫洛夫的实验中就是铃声。当无条件刺激(UCS,肉骨头)和条件刺激(CS,铃声)在空间和时间上不断配对出现时,就会出现条件反射(CR),即狗在没有肉骨头、只有铃声的情况下也会出现唾液分泌反应。

经典条件反射有以下几个特征:①强化。中性刺激与无条件刺激在时间上的结合称为强化,强化的次数越多,条件反射就越巩固。②多种刺激均有效。来自体内外的一切有效刺激(包括复合刺激、刺激物之间的关系及时间因素等)只要跟无条件刺激在时间上结合(即强化),都可以成为条件刺激,形成条件反射。③可以形成多级条件反射。一种条件反射巩固后,再用另一个新刺激与条件反射结合,还可以形成第二级条件反射。同样,还可以形成第三级条件反射。在人身上则可以建立多级的条件反射。④消退。对条件刺激反应不再重复呈现无条件刺激,即不予强化,反复多次后,已习惯的反应就会逐渐消失,如学会对铃声产生唾液分泌的狗,在一段时间听到铃声而不喂食之后,可能对铃声不再产生唾液分泌反应。⑤恢复。消退了的条件反应,即使不再给予强化训练,也可能重新被激发,再次出现,这被称为自然恢复作用。⑥泛化。指某种特定条件刺激反应形成后,与之类似的刺激也能激发相同的条件反应,如狗对铃声产生唾液分泌反应后,对近似铃声的声音也会产生反应。

经典条件反射理论被大量用于广告传播之中,企业可以将自身的产品或品牌与消费者熟悉的刺激(如影视明星)相联系,且不断重复传播,从而获得好的传播效果。当品牌逐渐被消费者熟悉并喜爱之后,还可以通过品牌延伸来形成多级条件反射,使品牌的价值最大化。

(二)操作性条件反射模型

经典条件反射的主要问题体现在它是一种被动的条件反射,强调"没有刺激,就没有反应",但伯尔赫斯·弗雷德里克·斯金纳(Burrhus Frederic

Skinner,1904—1990)认为要注意区分"引发反应"与"自发反应"的区别,由这两种反应可以产生两种行为,分别是应答性行为和操作性行为。

斯金纳认为如果一个操作发生后,接着给予一个强化刺激,那么其强度就会增加。为此,斯金纳采用了一个箱体来进行他的理论测试,这一箱体后来被称为斯金纳箱。实验中箱内放进一只白鼠,并设一杠杆或键,箱子的构造尽可能排除一切外部刺激。当白鼠压杠杆时,就会有一团食物掉进箱子下方的盘中,白鼠就能吃到食物,这时白鼠就会不断去压杠杆。根据操作性条件反射原理,斯金纳甚至成功训练两只鸽子玩一种乒乓球游戏。因此,只要巧妙安排强化程序,就可以训练动物习得许多复杂的行为。当然,操作性条件反射也会出现消退现象,斯金纳总结说:"如果在一个已经通过条件化而增强的操作性活动发生之后,没有强化刺激物出现,它的力量就削弱。"

操作性条件反射对于企业的整合营销传播有着重要的作用。例如,当企业希望顾客能够不断访问公司的官网时,就需要在顾客访问过程中不断强化顾客的行为,如不定期获得奖励或优惠,有不断更新的知识或内容,有较强的社区互动等。当顾客通过主动的访问行为可以获得硬性或软性的利益时,就可能形成访问的习惯。

本章小结

本章主要描述了一些经典的信息加工理论,最为古老的信息加工模型是 AIDA 模型,这类层次说服模型已经被广泛应用了 100 多年,产生了大量的拓展模型,直到今天 AIDA 及其拓展模型仍然被用于解释新媒体的整合营销传播。除了层次说服模型,最为重要的信息加工模型是 ELM 和广告态度模型。ELM 所提出的两条产生说服效果的路径一直是人们思考信息传播如何产生效果的关键。广告态度模型则讨论了认知反应所带来的一系列变化。这类态度改变模型对于今天我们思考整合营销传播有着重要的意义。另一类信息加工模型是条件反射模型,在本章中介绍了经典条件反射和操作性条件反射两类模型,它们的拓展形式在今天仍然有着重要的发展,例如,对于评价性条件反射,在今天仍然有大量的学者投入研究。

思考题

1. 什么是信息加工？
2. 层次说服模型包括哪些？如何在社交媒体的环境下应用层次说服模型？
3. 什么是顾客加工模型？它在实际的整合营销传播中有何应用价值？
4. 精细加工可能性模型（ELM）包含哪两条信息加工路径？它们各自的特点是什么？
5. 经典条件反射理论在广告信息加工中的应用价值是什么？
6. 操作性条件反射在整合营销传播中的应用场景有哪些？

参考文献

[1] COLLEY R H. Defining advertising goals for measure advertising results[M]. 2nd ed. America: Association of National Advertises, INC. Ninth Printing, 1984.
[2] KRUGMAN H. The impact of television advertising: learning without involvement[J]. Public Opinion Quarterly, 1965, 29: 349-356.
[3] WRIGHT P L. The cognitive processes mediating acceptance of advertising[J]. Journal of Marketing Research, 1973, 6: 53-62.
[4] PETTY R E, CACIOPPO J T. Communication and persuasion: central and peripheral routes to attitude change[M]. New York: Springer-VerlagInc, 1986.
[5] MACKENZIE S B., LUTZ R J, BELCH G E. The role of attitude toward the Ad as a mediator of advertising effectiveness: a test of competing explanations[J]. Journal of Marketing Research, 1986, 19: 130-143.
[6] DEMETRIOS V, AMBLER T. How advertising works: what do we really know? [J]. Journal of Marketing, 1999, 63: 26-43.
[7] 刘润峰. 联想MIIX产品整合营销传播方案及研究[D]. 北京：北京航空航天大学, 2014.
[8] PETTY R E, WEGENER D T. The elaboration likelihood model: current status and controversies. In Chaiken, Shelly and Yaacov Trope. Dual-Process Theories in Social Psychology [M]. New York: The Guiford Press, 1999.
[9] PETTY R E, CACIOPPO J T, SCHUMANN D. Central and peripheral routes to advertising effectiveness: the moderating role of involvement [J]. Journal of Consumer Research, 1983, 10: 135-146.

[10] MITCHELL A A, OLSON J C. Are product attribute beliefs the only mediator of advertising effects on brand attitude? [J]. Journal of Marketing Research, 1981, 18: 318-332.

[11] HUANG Jinsong, SONG S, ZHOU L N, et al. Attitude toward the viral Ad: expanding traditional advertising models to interactive advertising[J]. Journal of Interactive Marketing, 2013, 27(1): 36-46.

第三章
整合营销传播的道德与法律

本章的主要目的是介绍整合营销传播中的道德问题和法律、法规问题。在道德问题方面将讨论道德问题的类型、产生根源、规范;法律、法规问题主要讨论我国《广告法》和《互联网广告管理暂行办法》的相关规定。本章的内容将帮助读者了解整合营销传播中道德与法律问题的管理规范和实施要点。

一、整合营销传播过程中的道德

近年来,整合营销传播过程中的道德问题受到了广泛的关注和研究,特别是在一些新兴市场和法律、法规不够健全的市场,整合营销传播的道德问题尤为严重,需要社会各方面的进一步关注。

(一)整合营销传播过程中的道德问题

1. 掠夺性价格和欺诈性价格

某些企业制定掠夺性或欺诈性的价格,产品定价是产品成本的几十倍甚至上百倍。与此同时,企业通过欺诈性的广告宣传和营销传播来使顾客信服其产品的质量和高性价比,以此获得欺诈性利润。这种掠夺性和欺诈性的营销传播在某些保健品行业尤为突出,一些保健品品牌(如中华鳖精)也因此付出了惨痛的代价。

2. 通过低俗的宣传吸引眼球

在营销传播过程中,一些人为了在传播中获得关注,为了增强内容的刺激性、提高转播的轰动性,可能会利用低俗的内容,降低文化格调来吸引眼球,以庸俗猎奇的内容获取受众的注意力[1]。例如,近年来一些网红和名人不惜采用涉黄的方式吸引人们的关注。

3. 营销传播中不道德的竞争手段

随着竞争的不断加剧,市场的争夺变得越来越困难,在这种情况下,某些企业实施不符合企业道德标准的竞争手段,损害竞争者的合法权益,扰乱市场竞争秩序。例如,一些旅游企业通过"杀价"和"零团费"吸引旅游消费者,然后以低标准的用餐、用房、用车来降低成本,压缩景点游览时间、强迫游客购物。

4. 设计与传播严重失真的宣传广告

一些企业为吸引消费者,不顾实际情况,设计并传播虚假的、误导性的广告欺诈消费者。这些广告往往使用模糊性、攀附性、误导性、夸大性的语言夸夸其谈,广告所涉及的产品和服务内容与真实情况严重不符,严重损害了消费者的利益。下面是一个某旅行社的案例。

> **【案例】旅游合同的模糊条款损害消费者利益**[2,3]
>
> 广东省某旅行社被媒体曝光称,该旅行社与游客签订旅游合同时,合同中有关住宿、景点等规格的条约用词含糊,导致了消费者的不满和投诉。例如,合同中的住宿标准是提供"三星级饭店或相当于三星级饭店",合同中没有明确标注住宿饭店的名称、地点、星级,这就可能出现住宿饭店较差的情况。又如,在合同中规定"旅游费用包括统一安排的景区景点门票",它很容易被理解为全部景点(景区)的门票,但事实上,景点(景区)可能有多个项目,门票只是进入部分,许多游览项目、子旅游景区是需要进一步付费的。

(二) 整合营销传播道德问题产生的根源

在买方市场中,企业营销人员常常更易面临利润和道德的两难选择。研究表明,一个机构或个体对道德的信任和信心越强,其经济实力和竞争力也会越强,因为商务关系在很大程度上是建立在相互信任和企业信誉基础之上的。下面我们讨论道德问题产生的几个根源。

1. 利益冲突带来的道德问题

营销决策会产生各种利益冲突,这是因为不同的市场主体有着不同的利益,他们之间的冲突是很难避免的,例如,公司与顾客的利益冲突,公司与营销人员的利益冲突,企业与社会的利益冲突等。这时,每一个营销决策都可能会给某个利益攸关者带来利益获得或损失,每一个营销决策就可能成为一个道德决策,当某一利益方过分强调自身的利益时就可能产生道德问题。

2. 信息不对称带来的道德问题

信息不对称给商家留下了空子,会带来"逆向选择"和"道德风险"问题。逆向选择是一种"劣币驱逐良币"的现象,指在价格水平一定的条件下,信誉好、质量高的交易对象会退出交易,而信誉差、质量低的交易对象会大量涌入。道德风险则是指拥有信息优势的商家发布虚假信息欺骗处于信息劣势的顾客,通过损害后者的利益来为自己牟利。在整合营销传播过程中,逆向选择主要表现为假冒伪劣商品泛滥,道德风险则表现为卖方对买方的各种欺诈[3]。

3. 高市场竞争压力带来的道德问题

企业营销是一种具有高不确定性、效果难以预估的工作,因此营销人员比企业中其他人员如工程技术人员、生产人员、人力资源管理人员、财务人员等面临的市场竞争压力更直接、更大。当人们面临巨大竞争压力和目标难度时,往往会降低自身对道德的约束,所以容易产生道德问题。

4. 法律局限带来的道德问题

法律和道德完全是两个不同的规范要求。法律是保障社会有效运行的"底线规则",许多不符合道德要求的行为并不能得到限制。而且,法律具有一定的滞后性,一条法律规定从起草到实施,可能需要经过几年时间,这在互联网时代的今天,明显是稍显落后了。因此,仅仅依靠法律和市场机制的调节很难规范道德,这时,很多企业就可能在不违反法律但违反道德的情况下追求利益的最大化[3]。

5. 社会诚信体系缺失带来的道德问题

当社会的诚信体系尚未建立时,有一些企业通过非诚信行为获得了利益,并对竞争对手产生了非常大的威胁,其他的企业就可能也为了追求利益最大化跟随这种反道德经营行为。社会诚信体系的缺失为不道德营销行为提供了土壤和机会,也给诚信经营的企业带来了困难。

(三) 整合营销传播的道德规范

1. 人员建设方面的道德规范

企业的道德管理与企业领导者的道德素质和要求有着密切的关系。企业领导者的道德素质是本企业道德观的具体体现,提升企业领导者的素质就能加强本企业传播道德方面的建设。另一方面,在整合营销传播过程中加强员工的社会责任感,在营销传播活动中要求员工严格遵守高尚道德的交易原则,强调企业与消费者真诚合作,提倡公平、自尊、博爱、正直、诚信等民族优良传统和行业的优秀道德观念都能够很好地建立营销传播的道德体系。为了树立良好的营销道德体系,企业也有必要招募培训道德素质较高的营销人员,强化对员工的道德培训,实施行之有效的道德激励约束机制。

2. 企业产品和服务方面的道德规范

优秀的产品和服务体系建设有利于建立消费者与企业之间的信任,也有利于在整合营销传播过程中实现更好的道德管理。为此,企业应该向消费者提供优质的产品和服务,应当提高产品的安全性,完善现有的服务质量标准,加强营销调研力度,制定符合消费者满意度的服务标准和程序,对营销人员进行业务培训,树立规范化服务理念。同时,进行品牌营销,提升本企业产品的文化品位,并在某一领域独树一帜,形成一种品牌,带给消费者更好的消费体验。

3. 产品定价方面的道德规范

制定合理的产品定价目标,当企业营销目标是追求企业利润最大化时,企业应先根据成本费用确定产品的基本价格,再根据消费者的需求进行价格的修订。企业还应尽量保证产品价格的高透明度,选择合理的产品定价方法。当企业营销目标是保持或抢占市场份额时,企业的价格一般会与竞争对手的产品价格相关,等于或低于竞争对手的产品价格,此时企业应该避免不断杀价,防止恶性价格战。

4. 广告方面的道德规范

企业应该设计真实可靠的广告,应注意避免使用模糊性、攀附性、误导性、夸大性的宣传用语。广告中不应过多与同行业竞争产品比较,更不能通过诋毁竞争对手的产品误导消费者。

二、《广告法》及其规范的行为

(一)《广告法》概述

《中华人民共和国广告法》(以下简称《广告法》)是我国规范广告活动的重要法律,它围绕商品及其广告运作环节制定了相应的管理办法和规则。《广告法》实施至今已有 20 多年,它在一定程度上规范了广告活动,促进了广告业的健康发展,同时也在一定程度上有效地保护了消费者的合法权益,维护了社会经济秩序[4]。

《广告法》于 1994 年 10 月 27 日由第八届全国人民代表大会常务委员会通过,1995 年 2 月 1 日起施行。2015 年 4 月 24 日,第十二届全国人民代表大会常务委员会第十四次会议通过了《广告法》的修订版。修订后的《广告法》自 2015 年 9 月 1 日起施行。

《广告法》共 6 章 49 条,对该法的调整范围、广告准则、广告活动、广告的审查、违反本法的法律责任等问题作了规定。《广告法》的 6 个部分分别是总则、广告内容准则、广告行为规范、监督管理、法律责任和附则。它不但是我国广告管理机关进行广告管理的主要依据,也是广告主、广告经营者、广告发布者从事广告活动应当遵循的基本原则。

(二)《广告法》规范的基本内容

《广告法》的制订及修订与我国社会经济发展的状况是密切相关的。在改革开放之前的计划经济环境下,广告没有其生存的空间。但是随着中国的市场经济得到了发展,广告成为企业经营中不可或缺的行为。这时,广告法的出台就变得非常必要。《广告法》的目的主要有以下几个方面:①维护社会经济秩序;②保护消费者正当权益;③保护企业正当权益;④促进广告行业的发展;⑤规范广告活动。为了达到上述目标,《广告法》的制订遵循着相应的原则,包括诚实守信原则、公平合理原则、真实可信原则、合理竞争原则。在这些原则之下,《广告法》就可以规范企业和个人的行为,从而达到社会、企业和消费者和谐发展的目标。

《广告法》对广告活动的规范主要有以下几个方面的特点。第一,设定了准入规则。在《广告法》中,对广告的主体进行了规定,并限制了不具备经营资格的个体和企业进行广告活动。第二,《广告法》对广告行为进行了规范,规范的内容包括企业的广告内容和广告行为。第三,《广告法》规定了事前审查事项。在广告流入市场之前要求企业和媒体进行严格的审查,并对相关的责任人进行了详细规定。第四,《广告法》注重事后惩罚。《广告法》规定了工商行政部门的执法地位,并大幅度提升了惩戒力度。第五,《广告法》规定了政府与市场共同承担责任和义务。在《广告法》中,除了规范市场行为之外,行政管理的特征依然存在,这符合我国当前的经济管理体制。

修订后的《广告法》更加适应当前的经济发展状况,但是,由于数字媒体的兴起,互联网广告的形态、特征、模式和操作均发生了巨大的变化,《广告法》很难规范这些具体的变化。因此,在《广告法》修订一年之后,《互联网广告管理暂行办法》被发布,弥补了《广告法》存在的不足。

(三) 修订后的《广告法》新增的内容

1. 广告的界定更加清晰

修订前的《广告法》中,广告的定义强调商品经营者或者服务提供者"承担费用",而修订后的《广告法》第一章总则第二条中规定"在中华人民共和国境内,商品经营者或者服务提供者通过一定媒介和形式直接或者间接地介绍自己所推销的商品或者服务的商业广告活动,适用本法"。不难发现,旧法中"付费"是广告的必要条件,而新法中"付费"不再是必需。这一点与国际上关于广告定义的主流研究一致。这就是说,除了传统概念中需要付费的大众媒体,在互联网时代,对广告活动影响越来越大的"自媒体"也被纳入修订后的《广告法》适用的范围。

2. 明确了虚假广告的定义和成立条件

修订前的《广告法》中,并未对虚假广告进行相关的阐述和规定,而修订后的《广告法》第二十八条规定,广告以虚假或者引人误解的内容欺骗、误导消费者的,构成虚假广告。修订后的《广告法》界定和打击虚假广告的目的在于提高广告行业的信誉,避免欺骗和误导消费者的行为发生。对于可能存在的虚假广告行为,通过法律的形式,确定其成立的条件,这将成为工商行政管理部门、司法机关等在进行处罚和裁判时的法律依据。

3. 明确了广告代言人的责任和义务

修订后的《广告法》明确了广告代言人的概念,将它界定为除广告主以外的,广告中以自己的名义或者形象对商品、服务作推荐、证明的自然人、法人或者其他组织。修订后的《广告法》要求代言工作必须"依据事实",并"不得为其未使用过的商品或者未接受过的服务作推荐、证明",未满10周岁的未成年人不得做代言人。在虚假广告中作推荐、证明受到行政处罚未满3年的自然人、法人或者其他组织,不得作为广告代言人。修订后的《广告法》对于广告代言人有了明确规定,将其列入了广告责任主体的范围之内,即明星代言的是虚假广告,同样负有连带责任。

4. 广告内容准则更加完善

修订后的《广告法》对医疗等18种不同类型产品的广告内容做出了明确规定,完善了保健食品、药品、医疗、医疗器械、教育培训、招商投资、房地产、农作物种子等广告的准则。与修订前的《广告法》相比,这些内容准则更加严格,涉及范围更广泛。

5. 增加了对互联网广告行为的规范

修订后的《广告法》第四十四条规定,利用互联网发布、发送广告,不得影响用户正常使用网络。在互联网页面以弹出等形式发布的广告,应当显著标明关闭标志,确保一键关闭。修订后的《广告法》对互联网广告也进行了相应的规范,适应了近年来企业经营环境的变化。

6. 明确了工商行政管理部门的职权

修订后的《广告法》第四十九条规定了工商行政管理部门在履行广告监督管理职责时所具有的职权范围。第五十条至五十三条则规定了在履行其监督管理职能的过程中,工商行政管理部门应当尽到的义务。这些新增的条款有利于明确工商行政管理部门的权责,使其更好地行使监督管理职能,也更有利于保护广告从业者的合法权益,有利于防止工商行政管理部门针对广告行业违法行为的不作为、不公正处理,督促工商行政管理部门准确、公正地行使其职权。

7. 加强了对广告违法行为的处罚措施和惩治力度

修订后的《广告法》第五十五条至第七十三条规定了法律责任。与修订前的《广告法》相比,修订后的《广告法》全面涵盖了对违法行为的具体处罚措施,加大了惩罚力度,提高了违法成本。另外,修订后的广告法新增了资格处罚,对于发布虚假广告,例如,医院违法发布虚假广告可以吊销营业执照。

8. 加强对媒体的监管

传媒作为载体,发布广告时承担重要责任。新《广告法》对发布广告的媒体和平台也作了严格规定,加大了违法的处罚力度。媒体发布违法虚假广告,过去只罚款广告费用的1~5倍,修订之后最高可以处罚200万元,加强了对发布违法广告的震慑。

9. 其他新增事项

在修订后的《广告法》中新增了若干规定。首先,禁止烟草变相广告。修订后的《广告法》对烟草广告作了更加严格的规定,禁止在一切大众媒体和公共场所发布烟草广告,禁止变相发布违法广告。烟草制品生产者或者销售者不得利用其他商品或者服务的广告、公益广告宣传烟草制品名称、商标、包装、装潢以及类似内容[4,6]。其次,规定10岁以下不能代言。由于10岁以下的孩子行为能力和判断能力较弱,很容易被误导,修订后的《广告法》规定未成年人不能代言广告,学校、幼儿园和其他少年儿童活动的场所中不允许做广告,在教材里面不能做广告。

三、《互联网广告管理暂行办法》的相关规定

(一)《互联网广告管理暂行办法》概述

《互联网广告管理暂行办法》(以下简称《暂行办法》)的出台背景是当前有大量的新型互联网广告被企业采用,但以往的广告法规对这类广告没有

做出相应的规定,这就导致了虚假、欺诈的互联网广告泛滥。2016年9月1日,我国首部专门规范互联网广告的法规——《互联网广告管理暂行办法》正式施行[5]。《暂行办法》共29条,主要从立法目的、适用范围、行业自律、特殊类别广告规定、广告可识别性、主体义务、程序化购买、禁止性条款、工商部门行政职权及管辖等方面对互联网广告做出了规定。

《暂行办法》中明确指出,互联网广告应当具有可识别性,显著标明"广告",使消费者能够辨明其为广告。付费搜索广告应当与自然搜索结果明显区分。未经允许,不得在用户发送的电子邮件中附加广告或者广告链接等。

此外,APP是移动互联网应用服务的主要入口,也是移动互联网广告的重要载体。《暂行办法》规定利用APP等互联网应用程序发布的广告是互联网广告。网络红人、网络"大V"等自然人通过自己的微信、微博等社交媒体发布的商业广告也属于《广告法》和《暂行办法》调整、规制的范围,同样需要遵守相关的法律规定[5]。

(二)《互联网广告管理暂行办法》规范的要点

1. 付费搜索被定性为广告

《暂行办法》第三条对付费搜索有了明确的规定,互联网广告包括推销商品或者服务的付费搜索广告。《暂行办法》要求,付费搜索广告与自然搜索结果明显区分并标明"广告",也就是说,目前冠以"商业推广"或"推广"之名的搜索结果今后将与其他自然搜索结果泾渭分明。关于"付费搜索服务"的范围,国家互联网信息办公室2016年6月发布的《互联网信息搜索服务管理规定》明确规定,凡是运用计算机技术从互联网上搜集、处理各类信息供用户检索的服务都叫信息搜索。因此,应用商店的搜索、排名方式,淘宝、京东等对店铺和商品的展现和排序方式,实际上都属于"付费搜索服务"的范畴。这意味着,《暂行办法》出台后,一些互联网服务企业应该按照《暂行办法》要求做出调整。

2. 自然人被纳入监管范围

《暂行办法》对互联网广告主体进行了定义。《暂行办法》规定,为广告主或者广告经营者推送或者展示互联网广告,并能够核对广告内容、决定广告发布的自然人、法人或者其他组织是互联网广告的发布者。根据这一表述,自然人被列入广告发布者之中,也就是说,自媒体发布广告也将受到监管,包括转发广告的网络"大V"。

过去,作为自然人,网络"大V"们因没有进行工商登记,不能成为工商部门的监管对象,但其转发行为往往具有较大社会影响,网络"大V"本身也会获得商业收益,社会对此争议颇多。《暂行办法》则规定网络"大V"在微博上转发广告帖,如果广告违法,网络"大V"要承担相应违法责任。此外,《暂行办法》明确了自媒体的多重责任:建立、健全互联网广告业务的承接登记、审核、档案管理制度;审核查验并登记广告主的名称、地址和有效联系方式等主体身份信息;建立登记档案并定期核实更新。

3. 广告入网门槛被抬高

《暂行办法》在《广告法》的基础上对广告主、广告发布者、广告经营者的责任进行了进一步明确或重申。根据《暂行办法》,广告主对广告内容的真实性负责,委托互联网广告经营者和广告发布者在发布广告、修改广告内容时,应当以书面形式或者其他可以被确认的方式通知互联网广告经营者、广告发布者。而互联网广告发布者、广告经营者则应当查验有关证明文件,核对广告内容并配备熟悉广告法规的广告审查人员,有条件的还应当设立专门机构,负责互联网广告的审查。这些规定在一定程度上提高了互联网服务企业的运营成本,而那些违法互联网广告有可能从源头被过滤掉。

《暂行办法》对现有法律、法规鲜有提及的"程序化购买广告"也做出了规定。"程序化购买广告"是互联网广告行业的特殊运营模式,指集合中小网络媒体资源(又称联盟会员,如中小网站、个人网站、WAP站点等)组成联盟,通过联盟平台帮助广告主实现广告投放,以及进行广告投放数据监测统计。广告主则按照网络广告的实际效果向联盟会员支付广告费用。在实践中,这一组织主体被称为"广告联盟"。

《暂行办法》对广告联盟的三方,即广告需求平台、媒介方平台和信息交换平台做出具体明确的规定。在订立互联网广告合同时,各方应当查验合同对方的主体身份证明文件、真实名称、地址和有效联系方式等信息,建立登记档案并定期核实更新。媒介方平台经营者、广告信息交换平台经营者及媒介方平台成员对其明知或者应知的违法广告,应当采取删除、屏蔽、断开链接等技术措施和管理措施。

4. 严格规范特殊行业

《暂行办法》还特别强调了医疗、药品、特殊医学用途配方食品、医疗器械、农药、兽药、保健食品广告等法律、行政法规规定须经广告审查机关审查的特殊商品或者服务的广告,未经审查,不得发布。广告发布者需严查相关领域广告审查表。有些公司针对这一规定采取了一些行动,例如,百度公司配备了专人对广告进行审查,除收取医疗广告审查证明,还强制医疗、药品、保健品、食品四大行业广告主提交主体资质证明,包括营业执照、IPC 证和行业主体资质证明等共计 10 种证明。

本章小结

本章讨论了营销传播过程中的道德问题,也讨论了修订后的《广告法》及《互联网广告管理暂行条例》。从整合营销传播过程中的道德角度看,企业应当恪守道德的底线,遵守社会道德规范,诚信经营,主动承担相应的社会责任。只有这样才能营造一个相对公平、公正、真诚、开放的营销环境。从整合营销传播的法律、法规角度看,当前的企业经营环境正在发生非常剧烈的变化,互联网环境下的广告已经逐渐成为企业营销传播的主要形式,在这种环境下,《广告法》修订版和《互联网广告管理暂行条例》得以出台,从行为主体、广告内容、广告行为、广告管理、惩罚措施等多个方面对传统广告和互联网广告进行了规范。本章对这两个重要的法律、法规进行了描述,通过对本章的阅读能够较好地了解当前广告法律、法规的相关变化。

思考题

1. 整合营销传播常有哪些道德问题?
2. 整合营销传播的道德问题产生的根源是什么?
3. 修订之后的《广告法》对整合营销传播做出了哪些新的规定?
4.《互联网广告管理暂行办法》规范互联网广告的要点是什么?

参考文献

[1] 黄鹏,何西军. 整合营销传播:理论与实务[M]. 上海:复旦大学出版社,2014.
[2] 孙美丽. 旅游企业营销道德评价研究[D]. 大连:东北财经大学,2012.
[3] 特伦斯,张红霞. 整合营销传播:广告与促销[M]. 北京:北京大学出版社,2013.

[4] 胡晓菲. 从"史上最严广告法"借势营销看新修订前的《广告法》对比[J]. 现代经济信息,2016,3:19-20.
[5] 倪宁. 互联网时代广告法制建设——基于2015年广告法的研究[J]. 广告传播研究,2015,9:13-17.
[6] 环球网. 今日！最严厉的《互联网广告管理暂行方法》将施行. i. http://w.huanqiu.com.

第二部分

整合营销传播的媒体

第四章
传统促销方式

本章的主要目的是介绍传统促销方式的组成要素、功能作用和发展状况，帮助读者了解传统促销方式的核心内涵，理解传统促销方式组成要素的功能作用，为进一步深入学习传统促销方式的相关知识奠定基础。

一、概述

在市场经济的条件下，企业市场营销活动的内容是十分广泛的。人员推销与公共关系、传统广告及销售促进并称为传统四大促销手段。其中人员推销和销售促进与消费者直接面对面接触，对销售结果有直接且重要的影响；公共关系、传统广告则是面对一个相对广泛的受众群体，更多地起到宣传媒介的作用，从而扩大消费者基数，给销售打下良好基础。

按照这四大促销手段在营销传播途径中的地位和作用顺序，形成了营销管理的漏斗原理。公共关系面对相对广泛的社会组织和大众，是漏斗的最上层；传统广告面对可能对产品产生兴趣的潜在客户进行投放，是漏斗的中层；人员推销和销售促进是漏斗的尖层，属于精准营销，主要指进行面对面的针对性促销。

二、公共关系

从公共关系的定义来看，有广义和狭义之分。广义上的公共关系指各类组织对涉及的公共类事务的管理；狭义上的公共关系是指致力于培养企业与各受众之间的亲善感、增加企业可信度的组织活动，具有营销导向性和企业支持性。它通过各种传播媒体，促进大众对企业组织的了解，拉近消费者和企业之间的距离,增强消费者对产品、品牌和企业的认同,帮助企业在社会中形成口碑浪潮传播,使企业和产品形象深入人心,并以最低的成本增进客户的购买欲望,为企业营销筑起支撑平台。

(一)公共关系的功能

公共关系作为漏斗营销理论中最上层的部分,对提高企业认知度、提供营销支持和品牌造势起到了不可或缺的作用。它至少可以实现以下几方面的成果:

(1)提前营销,锁定潜在客户

通过公共关系的宣传策划,在一种尚未发布的产品或尚未实现的观念上制造某种神秘感,提前锁定潜在客户。

> 【案例】特斯拉公司model3发布会上的提前营销
>
> 特斯拉公司是一家领先的电动汽车公司。在成功举行的model3电动汽车发布会上,公布了尚未定型、有巨大遐想空间的车型和技术数据,并承诺后期一定会给大家带来最具科技感的汽车,随后开放预订模式,吸引了大量科技和环保爱好者,在真正产品还需1年多时间才能上市的情况下,收获了近40万辆汽车订单和约4亿美元的定金,取得了巨大成功。

(2)吸引公众对特定品牌的关注

企业通过各种商业赞助活动,吸引公众对特定品牌的关注,加深公众对相关产品的印象。例如,德国大众奥迪公司赞助播映了多部好莱坞大片中的追车镜头,如《变形金刚》《我,机器人》等,创造了很好的科技品牌感,同时又在各种媒体广告中反复弘扬,提升品牌和产品形象,让人们在不知不觉的艺术享受中接受了广告宣传,从而关注、购买奥迪产品。

(3)重新塑造品牌定位

通过市场调研发现市场新需求,通过提供全新产品重新塑造和定位老品牌。例如,英国的 Wall's(Ice Cream Ltd. ,中文名"和路雪")原本是一家肉类制造商,后来企业发现了市场对冰激凌的巨大需求,改为生产冰激凌,对该品牌重新定位,终于凭借良好的口味风靡全球冰激凌市场。

(4) 将"坏事"变为"好事"

企业面临突发事件造成的品牌和产品危机时,努力从不利局面中挖掘有利因素,通过积极快速的反应化解危机,有时反而会出现事半功倍、峰回路转的效果。

> **【案例】特斯拉公司对一起交通事故的处理**
>
> 2016年初美国特斯拉公司的一辆model3电动汽车发生交通事故,车辆损毁严重,车上乘员平安无事。为此,特斯拉公司借机大肆宣传,事故是由于小孩偷开父母汽车,操纵不当所致,乘客在如此严重的事故中没有出现伤亡,正好证明了特斯拉汽车具有严格的安全保护措施,产品质量非常可靠。结果,不仅公司的品牌形象没有因此受损,产品销量反而出现大幅上涨。

(二) 公共关系的内容

著名营销学者菲利普·科特勒教授曾经以"PENCILS"(铅笔)的比喻,形象地提出以营销为导向的公共关系所涉及的七个领域。

(1) P(publication)——出版物

这里的出版物不仅仅指期刊和宣传册,也可以是报纸、杂志软文等,其传播的对象可以是内部员工和股东,也可以是大众媒体和消费者,目的都是对企业的产品、服务、文化和品牌形象进行宣传,是一种重要的公共营销工具。如台湾研华科技公司出版的期刊 *My Advantech* 和《智慧城市白皮书》,该出版物的主要内容是全球最新的市场需求,最前沿的城市智能化故事,以及企业内部技术研究、新产品开发情况等,图文并茂、引人入胜,是一部内容丰富、与时俱进的出版物,不仅传播了企业的文化价值观,同时实现了和员工的成果交流,也使企业的形象和声誉得到了提升。

(2) E(event)——事件

利用特殊事件来创造新闻,比如一个旧址改造的历史博物馆、一次主题演讲、一次学术讲座、一次时装表演等,不同的企业制造不同的新闻,传递不同的信息。如美国网球公开赛的赞助商之一林肯汽车将位于USTA国家网球中心的一个废弃的建筑物改造成了一个外部有人造码头、内部有摄影棚和世界网球发展历史影像资料的专题博物馆,吸引了大批潜在消费者前来观赏,通过创造事件和顾客产生了生活方式的共鸣,并宣传和提升了品牌价值。

(3) N(news)——新闻

这里所指的新闻,可以是一场新闻发布会或是记者招待会,也可以是一项工程的揭幕典礼或是奠基仪式,总之,只要能吸引新闻媒体的眼球,让各大报纸杂志、电视等媒体竞相报道即可,目的是成为焦点新闻。华为荣耀联合特斯拉中国举办"荣耀特斯拉极客之旅"新闻发布会,公告一出便点燃了无数人的激情,所有媒体争相报道,为特斯拉在中国的宣传渗透及华为手机的大卖做好了铺垫。

(4) C(community relation)——社区关系

社区关系是指企业与所在地公共组织及普通民众之间的睦邻关系,小到个人、团体,大到政党、国家。社区关系的好坏,对于企业的生存与发展有着十分重要的影响。日本地震的核泄漏事件,使日本民众降低了对企业和政府的信任度,大批民众上街游行抗议,要求关闭核电站,此次事件不仅对日本的政治经济产生了影响,甚至也对全球其他有核电站的国家造成了危机传播。

(5) I(identify media)——确定媒体

围绕传播的目标,通过市场营销的战略部署,分析受众群里的消费特点、生活习惯和年龄分层结构等信息,挖掘受众群体接触媒体的主要渠道和方式,以最低的成本整合资源,优化媒体组合,达到预期的目标。比如在收视率高的言情电视剧中插播针对年轻人的美容化妆品广告,其效果远远大于在其他媒体宣传的效果。

(6) L(lobby)——游说

游说是指一般通过公众人物、意见领袖等关键人物,在特定的环境中,如报告场合、演讲场合等公共场所(也可以是小范围的封闭场所),面对广大的听众发表意见、抒发情感,通过感情打动听众,用气势感召大众的一种公关手段。无论是在白宫还是在电视中,在众多的听众面前,福特汽车总裁李·艾柯卡用他极具超人魅力的演讲,大大推动了克莱斯勒汽车的销售,令濒临破产的克莱斯勒公司起死回生。

(7) S(social cause marketing)——社会理念营销

企业的长期目标不是满足大众的需求和赚取巨额利润,而是着眼于未来,达到社会营销目标,这就要求企业要平衡企业和消费者利益及社会长远利益之间的矛盾。企业不仅要关注市场,也需要关注环境污染、资源保护和公益扶贫等社会问题。

> **【案例】麦当劳更换食品包装纸**
>
> 麦当劳公司看到了社会公众对环保的重视和需求,决定把其食品的塑料包装改换成一次性的环保纸包装。公司总裁里斯对外宣称说:"因为消费者对塑料包装感觉不好,所以我们决定更换为环保纸包装。"这一行动立刻引起了很多自然保护基金组织和环保人士的共鸣,甚至有环保基金组织免费将其刊登在报纸的主要版面,这使麦当劳得到了全国的追捧。最终麦当劳的这一举措不仅增加了销售额和利润,同时也在消费者心里树立起了"环境保护产业先导者"的社会形象。

三、传统广告

传统广告即传统广告媒介,是组织向大众传播信息的物质载体。虽然现代社会广告的传播方式越来越多样化,但传统广告在广告发展历程中的重要地位不容忽视,仍有其不可替代的作用。一般意义上的传统广告主要有报纸广告、杂志广告、电视广告和广播广告,本节重点介绍的是这四类广告媒介的特点和其运用方法。

(一)报纸广告

1. 报纸概述

报纸是最早诞生的大众传播媒体,也是最早向消费者传播广告等消费信息的大众传播媒体,现在仍然是被广泛使用的主要广告媒体之一。它的特点是通过定期采用文字、符号、图像等视觉刺激形式,以印刷纸质文件的方式,有规律地将信息传播给大众,进而影响人的心理活动,最终给人留下深刻印象。

报纸除了传播范围和受众面广,渗透力强以外,没有阅读时间的限制,并易于保存,可以根据不同的发行地区和发行对象,有针对性地发布产品广告和宣传。而如何选择合适的报纸是报纸广告推广的成败关键。

2. 报纸广告的选择策略

对报纸进行选择，首先要考虑市场推广的范围。不同的产品和服务对应不同的消费者，也就面对着不同范围的报纸读者，因此，发布广告的报纸类型和范围也有所不同。一般而言，生产量大、消费者具有全国普适特点的产品，如食油、大米、酒类等，适合在全国性报纸上做广告；而某些具有地域特色的产品，则更适合在地方性报纸上做广告。当然，开拓某地区市场也可选择地方性报纸做广告。如果是不同的专业市场、专业产品，可以选择专业性报纸，如医疗健康类报纸、法律服务类报纸等。

无论是选用全国性报纸还是地方性报纸做广告，一经选定，就要考虑具体选择哪家报纸的问题。这就需要综合考虑报纸自身的特点，在许许多多同类报纸中，选择最适合的一家。这里不仅要考察报纸的发行量、发行范围、读者分布等，还需要考察报纸的具体内容。

报纸的发行量和发行范围、读者分布直接关系到报纸本身的影响力，从而也直接关系到广告传播的效果。发行量大、发行范围广、读者层次高的报纸，其影响力更大，广告传播的效果要远远好于在这些方面处于弱势的报纸。

报纸的内容也非常重要，尤其在激烈的报纸行业市场竞争中，只有具有真正吸引读者内容的报纸，才能在竞争中保持优势，争取到更大范围的读者认同，从而对发行量和覆盖面产生持续的正面影响。这样才可以把广告的优势持久发挥。

对广告宣传而言，还有至关重要的一点是，选定的报纸所刊载的内容是否具有可信性、是否能赢得读者的充分认同。内容一向具有可信性、能够为读者认同的报纸，其所刊载的广告也会在读者心中产生信任，从而带来良好的广告宣传效果；反之，其刊载的广告也难以取得读者的信任，广告的宣传效果也就差。

报纸的材质及后期排版、加工水平对报纸广告的效果也有很大的影响。不管是什么样的读者，对报纸的最基本要求就是拿着要舒服、版面要整洁、编排要合理。材质好的报纸具有更好的手感和质感，再加上整洁明快的版面设计，可以使报纸具有更加直观的吸引力，让读者心情愉悦、顺畅阅读；而材质较差、排版混乱的报纸，则会使读者产生直观的厌烦情绪，从而影响对报纸的阅读，进而影响到广告的效果。

3. 报纸广告的版面投放策略

选择什么样的媒体组合最好，需要广告品牌将需求、特点及资源进行综合细分和考量。策划出好的广告作品以实现产品或者服务销售的最大化,拟出好的广告文案以和大众产生心理上的深度精神共鸣,是企业及广告商的最大目标。这就需要制定合适的报纸广告版面投放策略。

报纸的页面大小、版面分布、栏目空间不同,包括从字体到文章排版布局,从分布大小到栏目分类,其对公众的吸引力和告知性差异也很大。通常来说,广告版面越大,位置越醒目(如头版),关注度越高,效果也最好。但具体性价比如何,广告效果是否值得高昂的版面费,则需要结合财务状况综合判断。

当然,根据广告内容的不同,报纸广告的版面编排及设计也完全不同。根据差异化的产品及不同的宣传需要,在版面的色彩、设计及空间布局上下功夫,目的是加强视觉冲击力,能够最快速、最深刻地刺激到消费者购买的欲望或者联想力。如房地产类的项目广告,楼盘名称一定要醒目,优势一定要简洁有力地表达出来,文字一定要少;而健康新产品的推广类或是企业宣传类的广告,一定要打出吸引人眼球的标题,同时配备具有说服力、能深入消费者内心的软文,以增强产品在大众心中的烙印,使阅读者能够产生联想和记忆。

综合来说就是,明确对象、标题新颖、内容完整、构图简洁明快;最重要的是,如果是不同时间段内的多次广告,一定要色调主题统一,如果条件允许,可以进行连续多次广告刊登,这样可以达到强化和凸显产品或企业的效果。

(二) 杂志广告

1. 杂志概述

杂志也属于视觉媒体的一种,也称为期刊,和报纸同属印刷类的媒体。自诞生之日起,杂志便成为信息传播的重要工具,在传统媒体中的地位及作用也是不可或缺的。杂志的时效性不如报纸,但它比报纸更加具有可读性,艺术表现形式也更加多样化,更能吸引相对高端的读者。从广告宣传的角度看,杂志上投放的广告除了能达到易于保存、重复宣传的效果外,还能通过深入的文字、搭配逼真的画面或者广告射影更加快速冲击读者的视觉印象,使其更容易达到心理上的认同。同时,杂志的读者通常都是特定人群,因此其广告宣传的到达率也是最有针对性的。

2. 杂志广告的市场投放策略

杂志广告的刊登形式与杂志的封面和内文的构成是紧密相连的,内容比报纸更加丰富、限制性小,版面处理上也更加多样。通常杂志广告的刊登形式有封面广告、彩色全页广告、目录页广告、内页广告、外插页广告、复式和联页广告等。企业和广告人同样根据市场投放需要及资源整合效果的最大化,筹划杂志媒体的市场投放策略。

（1）时间策略

杂志广告的投放时间策略可以从广告频率上来把控,按照分布的次数可以分为固定的频率和变化的频率,根据市场投放的需求交替运用,在时间的把控上可按照集中策略、均衡策略、季节策略、节假日策略四种方法来操作。

集中策略:在短时期内选定某一类别的几种杂志对目标市场发动突击性的集中广告宣传,对读者进行深度挖掘,迅速地提高产品的影响力、品牌的服务或企业的声誉。这种策略投入量大,适用于抢占市场的激烈时期。

均衡策略:有节奏地针对目标市场进行阶段性、重复性的广告投放,以达到深挖市场潜力,提升品牌知名度的效果。需要注意的是,为了避免重复性的广告投入给消费者带来单调、厌烦的情绪,一定要在广告的编排及形式表现上增加创意和新鲜感。

季节策略:这种方法主要针对季节性强的产品,为了提前抢占市场份额和加强消费者的心理暗示。比如说空调、冷饮等季节性消费特别明显的产品,这类产品过早推广或过晚推广,都有可能给企业带来资源的浪费或是抢占市场时机的延误,所以在广告投放阶段一定要重点把握好季节性变化规律。

节假日策略:节假日的消费收益通常比工作日高,所以在节假日销售开始之前到结束期间,给购买杂志的消费者配备小礼品等,同样可以提高人们对产品的认知度,这通常是零售企业和服务行业比较常用的广告投放时间策略。

（2）标新立异策略

杂志的印刷复杂精美,是在于它能够突出表现广告的艺术形态,既然要与艺术"联姻",就一定要有不断的创新,以满足消费者不断的需求变化,关注社会的需求变化。广告创作者只有用富于新意和冲击力的表现手法传达出独特的信息点,才能够在众多广告中脱颖而出,成为公众的焦点,并利用其新奇性及独有的标志性和辨识度,让消费者留下独特和深刻的心理感知和联想记忆。

美国广告大师李奥·贝纳有句名言:"每一种产品都有其与生俱来的戏剧性,要找到它并非易事,但它总是存在的。一旦你找到它,它将成为广告各种诉求中最有趣、最可靠的一种。"好的创意甚至只有画面没有文字,有的画面不仅能传达文字甚至能发出"声音",这样的广告才能在消费者的心里留下烙印,在思想上与之产生共鸣,那么广告的宣传效果也就达到了,才能谓之为成功的广告营销。例如,WMF 的刀具广告形象地表现了其产品具有把食物原材干净利落地切成两半的功能;NHA 的家具广告则创意地采用了翻开杂志立体的家具就跃然纸上的方式来宣传其产品。

(3)类新闻广告策略

杂志的"新闻"广告成本较低,内容深入,效果好,深受企业和广告主的青睐,一般以与消费者能产生情感类的共鸣为主线来撰稿,比如以亲情、爱情、孝心、品德等来博得大众的认可,文笔真诚,实事求是,不是以让客户消费为基调,而是以情感故事为主线,对于企业宣传和提高品牌影响力,效果特别好,比如我们熟知的"太太口服液——让世界心动的女人",以经典故事营销讲述了"滋阴派创始人朱丹溪之传承 600 年的美",将品牌和概念紧密结合,把魅力营销做到炉火纯青。

当然,类新闻广告除了文字剖析深入,情感真挚以外,标题也十分重要,最好能有"一石激起千层浪"的效果,特别是对于面临处理产品危机的企业,这种广告策略一旦正面作用被放大,可以迅速地使企业危机峰回路转。同时,品牌也可以借鉴权威部门发布的信息,迅速在市场推广中配以软文进行宣传和造势。

【案例】爱仕达铝压力锅以旧换新的广告"新闻"

1994 年 5 月,当时的中国国内贸易部与轻工总会联合发出消费警示:铝压力锅的正常使用寿命为八年,超过使用期限及老标准生产的压力锅就有"爆"锅隐患。作为专业生产铝压力锅的公司,爱仕达迅速做出反应,立刻推出以旧换新活动,并且配以健康厨房、健康饮食的软文,主动告知"中国装饰环境检测中心的警示:厨房油烟危害健康",除了倡导使用压力锅之外,推出自己的另一产品——无油烟不粘锅,立刻激起了消费者的购买欲望,达到了事半功倍的效果。

(三) 电视广告

1. 电视概述

电视最早诞生于英国,20 世纪 50 年代在发达国家普及,而后逐渐出现在世界各个角落。在今天的工业社会中,电视几乎是无处不在的,在我国,目前电视的普及率已超过 85%。相比于报纸、杂志、广播等媒体,电视媒体属于视听两用媒体,可以同时在视觉和听觉上给观众群体以直观的信息刺激,并且可以综合运用多种传播手段,具有多样化的表现因素,能使观众产生强烈的舞台感和代入感,激发人们的心理感知,在轻松愉快的气氛中给观众留下深刻的印象。可以说,随着电视的普及,电视已成为今天传播广告信息最为有效的工具之一。

2. 电视广告的分类和特点

从类型上看,电视广告具有多种形式,每种形式都有自身独特的传播途径和宣传手段。从广告节目宣传的集中程度看,主要包括以下类型:

(1) 植入式电视广告

这样的电视广告本身包含在电视节目之中,往往根据剧情发展的自然需要而出现,包括剧中出现的道具、设定的场景、剧中人物生活的片段展示等,令观众难以觉察,在不知不觉之中完成广告的传播。如最近上演的热播电视剧《欢乐颂》,全剧贯穿了相当数量的植入式广告,包括宜信公司、搜狗搜索等,这些植入式广告没有广告的明显痕迹,也没有令剧情显得突兀,达到了较好的广告效果。

(2) 插播式电视广告

此类电视广告的形式最为多见,常常出现在两个正式的电视节目间隙。该类广告的展示时间常常只有数秒到数十秒,多以一个独立的生活片段、场景展示或者专项宣传的形式出现。此类广告的特点是:主题鲜明,让观众对要推广的产品一目了然;形式活泼,常常使用夸张和比喻、拟物等手法,在给人深刻印象的同时突出产品性能;反复出现,往往在多个电视节目之间多次播出,符合人的记忆特点,加深观众对广告产品的记忆。

(3) 专题式电视广告

专题式电视广告是指为了宣传某一类产品,专门制定一个电视节目,在特定的时间播出,以影响观众的一种广告形式。专题式电视广告多采用访谈类、介绍性的节目制作手法,在数分钟至十来分钟的节目时间内,通过专家和客户访谈、对产品详细介绍的方式,集中式、灌输式宣传某一类产品。从效果上看,专题式电视广告通过反复宣讲的方式,在一定程度上可以强化观众对某一类产品的正面印象,加深记忆。但由于节目本身属于对产品的集中单一宣传,缺乏足够吸引力,容易造成观众疲劳,进而回避此类广告。

3. 电视广告的宣传策略

电视广告作为一种有效的宣传手段,为众多商家采用。要想在激烈的同质化竞争中脱颖而出,除了广告本身要求制作精美、内容新颖、简洁明快之外,还要把握好有效的宣传时机,制定有效的宣传策略。

(1) 选时间段策略

电视节目从理论上说,可以实现 24 小时不间断播出。然而根据观众的正常生理和心理特点,观看电视最多的时间集中在 19 点到 23 点,这个时间段也被称为黄金时段。据统计,中国中央电视台在 19 点到 20 点的收视率在 30% 左右,远远高于其他时段。因此,从广告本身的传播效果上说,在黄金时段播出的广告可以被最多的人关注,从而达到最广泛的宣传效果。然而,从成本上而言,黄金时段的广告费用也大大超过其他时段的广告费用。无论是中央央视黄金时段产生的广告"标王",还是美国 NBC 电视网黄金时段的广告"播主",都要付出远超一般时段的广告费用。从这个角度说,成本和收益的衡量也至关重要。具体而言,可以根据广告受众群体的特征,来决定是否需要在黄金时段进行广告宣传。如广告本身的受众群体为社会大众,如某一品牌的牙膏等大众消费品,选用黄金时段的广告无疑会达到最好的效果;如广告的受众群体较小,比如豪华品牌的昂贵汽车,或者奢华的出国旅行安排,选用黄金时段则会造成受众群体的无效效应,其性价比不如在另一时段的广告。

(2) 选频道策略

电视媒体也和报纸等其他传统媒体一样,具有地域性传播的特点。从电视台的角度而言,既有面向全国观众的中央电视台,也有观众多为地方人群的地方电视台。不同电视台播出的电视节目,传播的广度大有不同,广告成本也有很大差别。因此,根据产品本身的定位,选择最适合的电视频道播放广告节目,就是很重要的宣传策略。例如,某一产品已经具有相当大的地方知名度,下一步希望走向全国市场,则选取中央电视台进行广告传播最为合适;相反,如果是个初创的消费类品牌,或者产品的消费习惯带有明显的地方特征,则选取特定的地方电视台进行广告传播,就更为恰当。同理,某些具有明显受众特征的专题频道,如娱乐类、音乐类、烹饪类专题频道,则适合某些专业类产品的广告播出。

(3) 选热点策略

由于电视节目本身的即时性和社会性,在某一个特定时期,常常会有较为明确的大众热点在电视媒体中反复出现,引起较高的社会关注度,这个时期的电视收视率也会急剧上升。从产品的宣传角度说,如在此时加大电视广告的推广力度,本身就可以收到比平时更好的传播效果。如能结合热点,制作契合热点的广告(如电影《变形金刚》播出期间制作的类变形金刚的复印机广告),则往往可以收到意想不到的关注和收获。

(四) 广播广告

1. 广播概述

广播是一种听觉媒体,其主要特点是通过声响刺激人的听觉器官,将听觉信号转化为心理活动,让人获得对广播传递的信息的理解和认知。它是信息传播最快的媒体之一,通过无线电通信系统,可以把音乐、语言、文字、声音、对话、实况等快速地传播给听众。1920年11月2日,美国第一家商业电台 KDKA 在匹兹堡正式注册开播,标志着世界上第一家公认的广播媒体的诞生。1932年美国总统选举中,NBC 和 CBS 成功报道了这次竞选活动,使广大广告商充分注意到这一新兴媒体的潜在优势,一时间广告大量涌向广播媒体,致使报纸收入锐减,由此报纸和广播的竞争才拉开了序幕。20世纪50年代,随着电视机的出现和普及,声音和图像的结合带来了巨大的市场冲击,使得广播广告市场迅速下降,但作为四大传统媒体之一的广播,在广告传播上仍有其不可替代的作用。

广播的受众群体很广泛,不仅仅是因为它可分布的范围广,而且其针对的听众群体可以不受文化限制,不受时间、地点的限制,无论在家里,还是在出租车上,随时都可以切换不同的频道以切换收听内容,因此广播广告比报纸广告、杂志广告达到细分受众的能力也更强。当然,广播也是传统媒体中广告制作费用最便宜的一种,所以对企业和广告商来说受众面也非常广泛。

2. 广播的市场投放策略

广播媒体的听众大多都是被动接收广播信息,而且给听众的感受直观性也较差,所以要想做到有效的广告市场投放,一定要把握其选择性弱、寿命短、不易出彩的缺陷和其突出的优势,扬长避短,才能变被动为主动。

(1) 时间策略

广播广告的费率结构会随着广播时段市场吸引力的不同而不同,例如,上午和下午的时段比中午和深夜的时段更贵。同时,也可以分析不同时段消费者的生活习惯及情绪,或者区分不同时段所针对的年龄层次,对广告的受众群进行细分。

(2) 反复策略

广播广告大部分都有被动受众的特点,听众大多在收听广播的时候注意力都不够集中,处于伴随状态,容易转移。因此,为了加深听众的记忆,突出和强调产品的名称,一定要在广播广告投放时采用合理重复的方法。当然,为了能提升品牌知名度,广告播放可以采取不同阶段的重复,广告内容的精细化加工也可以随着广告重复暴露次数的增加而提高,从而促进对广告内容的理解和记忆,实现广告的说服目的。

(3) 选频策略

广播电台的类型和区域性特点都不一样,不同内容的节目的收听率也会差距很大,所以广告在频道投放的编排上也要有策略地进行,哪怕节目播放的时间段不在黄金时间,只要节目市场反馈高、效果好就可以投放。比如早几年南京电台有个午夜情感类节目,可能是主持人的声音特别柔美亲切,常常能和听众达成心理上的共鸣,即使是在午夜,收听率仍然很高。这样的节目做广告投放,不仅节省费用,还能达到预期效果,往往收听率的一个百分点就意味着巨大的财富。

(4) 语音策略

广播语言要尽可能通俗化、口语化,内容简短精练,避免同音异义词造成歧义,突出主体,便于收听。广播作品是听觉艺术,表述一定要比较风趣生动,如果语言不具有感染力,就很难打动听众。广播语言要以一种亲切、自然的口吻与听众交流,而且尽可能地让语言的表述中产生一定的语境和意境,营造出个体的语言环境和可供听众产生想象的背景空间。

(5) 配乐策略

广播广告不仅是一种商业行为,也是一种艺术。广播的音乐和音响效果是广告的生命力所在。通过合适的音响和配乐,听众对广播传递的信息可以在更舒适的环境下接收,从而留下更深刻的记忆和印象。

四、销售促进

销售促进,顾名思义,即是通常所说的"促销"。目前,对销售促进并没有一个统一的定义,但不管是哪一种定义,其要素都包含了"短期、额外的激励"和"立即扩大产品的销售"。可以说,销售促进就是通过提供额外的激励暂时地改变一种产品对于销售者或购买者的特定价格或价值,从而促成该产品扩大销售的一种行为。

销售促进的实质是一种信息传递和信号反馈。某一类产品的提供者,可能是生产商、销售商,通过提供特定时间段的额外激励,将激励信息作为一种信号传递给销售团队或者产品的潜在购买者,而销售团队和购买者对此信号做出正面反馈(如更加卖力的销售行为、立即实施的购买行为),从而促成该产品的销售。这种信息传递的方式可以是多种类型的,如可以通过发放广告的方式,或者销售员推销的方式,或者提高销售团队奖励的方式等。

在市场上,不同的销售促进主体有着不同的销售促进对象,但整体而言,都遵循一个原则,就是促销的对象根据产品的流通进程单向指向。比如,制造商之于批发商、零售商、消费者;批发商之于零售商、消费者;零售商之于消费者。由此,构成了不同层次的促销类型。

(一)销售促进的作用

销售促进的作用包括以下几个方面:

(1)加快产品的入市

通过提供额外的激励,在短时间内激起人们对该产品的了解热情,培养客户群体,促进人们对产品的购买欲。

(2)吸引消费者实现初次购买

从心理上说,消费者对新产品的尝试会更加犹豫,而恰当的激励措施可以降低消费者的风险成本,从而促成新产品的消费。

(3)建立稳定的消费习惯

持续一段时间的激励有助于刺激消费者持续的消费行为,从而建立其对某种产品的长期稳定消费习惯。

(4)去库存积压

通过促销的激励手段,可以在短时间内大量增加某类产品的销售,从而有利于减少产品的库存,防止出现产品积压。

(5) 提高市场占有率

运用促销的手段,可以强化市场渗透,加速市场占有。

(6) 提升企业形象

通过开展促销和让利活动,可以表达企业对广大消费者的酬谢,也有利于建立企业在消费者心中的良好形象。

(二) 销售促进的方式

为了迎合市场销售模式,销售促进的方式和方法多种多样,下面介绍几种常用的方式。

(1) 开展竞赛和游戏

竞赛和游戏的促销方式是指通过利用人们的好奇心和求胜心理,通过举办特定规则下的比赛或者游戏,吸引人们参与相关活动,给优胜者发放特定的激励,借机扩大产品的宣传和影响力,刺激产生重复购买行为,从而促进某一类产品的销售。例如,某些消费品牌赞助的娱乐类电视节目,就是通过在竞赛和游戏中植入广告完成促销;再比如某些公司通过购买产品获得积分即可参与特定的比赛或游戏并赢得奖励的方式,促进相关产品的销售。

(2) 兑奖、换取彩票

通过购买相关产品取得兑奖或者换取彩票的资格,以此激励相关产品的销售。

(3) 提供奖励和赠品

购买相关产品将获得赠品,或者给予一定的奖励,激励购买行为的发生。

(4) 发放样品

给消费者直接免费发放一定数量的产品供其使用,降低消费者的风险成本,激励消费者尝试使用新产品,促进某一类产品的销售。

(5) 发送代金券

通过电子邮件、期刊、直邮等方式发送给消费者,提供象征性的优惠,以鼓励消费者购买产品。

(6) 提供回扣与返还

生产商为了鼓励消费者重复购买或推荐购买,在已购买客户提供消费凭据时返还一定的比例的现金或是报销一部分费用。

(7) 开展抽奖活动

通过一次或多次购买产品而获得参与抽奖的机会,让客户有机会以较小的付出获得大额的奖品,以特别的奖品或活动流程来吸引特定的消费群体。

(8) 进行捆绑式促销

捆绑式销售可以涉及一个公司旗下的多个品牌产品,也可以涉及多个公司多种产品,企业为了提升消费额,刺激购买欲望和消费兴趣,消费者必须搭配不同品牌或产品购买,才能享受一定的优惠。

(9) 促进连续购物

一般商场或店铺经营者使用比较广泛,可以采用持续的购物计划,例如,周一购买两包薯条可享受第二包半价,周二可以享受面包半价等,具体形式和方法可以多样化。

销售促进可以在一个特定的时间段内有效提升特定产品的销售水平,但也有其局限性。例如,对高级品牌而言,促销和让利行为造成的降价在一定程度上会使得产品的高端形象受损,削弱高端消费者对该品牌的忠诚度;同时,也可能促使潜在的消费者减少日常购买行为,转为等待某个特定的促销时段购买,进而从整体上降低了产品的消费量。此外,销售促进提供的激励是短期和额外的,并不能在长远时间段内一直保持,因此,促销时期出现的产品销售上升或者消费偏好增加的情形未必能保持长久,而这容易造成企业对长远生产计划制定的误判,给企业带来困扰和损失。

五、人员推销

人员推销,顾名思义,就是通过某个或某些个体与消费者的沟通和互动行为,实现商品或服务的销售。沟通和互动行为的目的是实现销售,无论采取什么形式的沟通和互动,其目的都是为了实现所期望的交换。人员推销主要发生在经济领域,特别是生产型企业,一般是指企业采用"面对面"的人员主动激发销售的活动,它既是个人行为也是企业行为。

美国学者西历·克桑德尔指出:"推销已经成为企业成功的决定性因素,它主宰着利润、投资、生产和就业。"从普遍情况来看,对销售队伍的投入仍然占据了当下企业投入的最大部分,如美国一些企业的营销费用预算中,有40%~75%用于人员推销及其管理。在我国,很多企业,特别是中小企业,由于财力有限,无法用公共关系和广告做营销推广,也大量使用人员推销,这是既节约成本,效果也最显著的促销方式之一。

(一)销售人员

销售人员是人员推销活动的灵魂,是企业和消费者之间的桥梁和纽带。人员推销活动的每一次任务可能都不相同,但销售人员都需承担销售产品、树立企业形象、沟通和搜集信息、提供服务等相同的基本职责。销售人员包括销售管理人员和一线推销员,推销活动的成效主要取决于互相联系的两个方面,即销售管理人员管理水平和一线推销员的推销能力。所谓管理水平,包括销售队伍管理水平和业务管理水平,如何提高管理水平是企业销售管理人员的重要任务;所谓推销能力,是指一线推销员是否胜任推销工作,具备顺利完成推销任务的能力,是否可以及时了解顾客需求,与顾客形成良好沟通,具备良好的说服力。推销能力对于一线推销员至关重要,不断提高推销能力是一线推销员的第一要务,同时,销售管理人员也应当担负起培育、提高一线推销员能力的责任。

(二)销售流程

销售是通过销售人员对消费者直接主动推销的一系列活动流程来完成的。这类活动包括:寻找潜在客户、评估客户、准备进行访问、介绍和示范产品、处理异议、确定价格及交货时间等成交条件、签订合同等,此外还包括售后服务与跟踪、客户关系维护及完成推销活动所必需的辅助性工作,如商务差旅、市场和人际调研、文案及合同制作、必要的交际等。其中,与客户的接洽、会谈、说服购买是销售流程的核心,但为了完成这个核心部分,扎实细致的准备工作也是必不可少的。据美国的一项调查,推销员花在旅途及等待会见、调研及案头工作上的时间分别占全部工作的26%和33%。剩余的41%才是真正与客户接洽、会谈、说服购买的时间。虽然销售流程中的准备工作要占据大量的时间,但只有实现了销售流程的核心部分,整个销售流程才变得有意义。

(三)销售评估

企业都会花很多时间和精力来抓住最有希望的销售机会,如何通过对销售流程进行细分并对效果进行评估,从而选出最有价值的销售机会,是管理者面临思考的问题。在销售效果的评估中,销售漏斗是最为常用的工具,适合规范化、长周期、多人数的复杂销售过程管理。它是指通过模拟漏斗的形式对销售流程的重要性进行划分,并进行阶段性评估,以评价销售人员的工作。企业将销售漏斗与人员评估制度结合起来,不仅可以督促销售人员及时对客户进行全流程跟踪服务,而且对销售的各个阶段作了清晰的划分,随时统计出不同阶段客户的转化率。管理层还可以根据销售进展情况统筹安排资源调配,及时区分核心客户、优质客户和一般客户,防止将企业的资源浪费在难以获得回报的领域,从而提高企业销售效率,并真正地做到以客户为中心,从而达到企业与客户的双赢。

(四)客户关系

人员推销是否能长久持续地获得成功,其核心关键是能否建立良好持续的客户关系。所谓建立良好持续的客户关系,是指推销员采用各种方式和手段,实现与客户不间断的业务联系和人际互动,从而增强互信,降低交易成本,赢得更多的销售机会。推销人员与客户保持这样的业务联系和人际互动,不仅可能得到"回头客",还可能通过客户的口碑相传,获得交叉销售机会,甚至说服潜在或未转化客户达成购买。可见,建立良好的客户关系对提高推销员个人销售业绩、提升企业整体销售水平都有着重要意义。

本章小结

本章主要介绍了营销传播媒体中的传统媒体,包括公共关系、传统广告、销售促进和人员推销四大类。按照这四大类传统媒体在营销传播途径中的地位和作用,逐一介绍了它们的概念、分类、作用等,尤其对传统广告这一大类传统媒体所包括的具体类型进行了较为详尽的介绍和分析。

思考题

1. 美国广告大师李奥·贝纳有句名言:"每一种产品都有其与生俱来的戏剧性,要找到它并非易事,但它总是存在的。一旦你找到它,它将成为广告各种诉求中最有趣、最可靠的一种。"这句话对于杂志广告的市场投放策略来说,包含着怎样的含义?
2. 请举例说明现实中存在的社会理念营销和其所发挥的社会效应。
3. 广播广告与电视广告的传播特征是什么,有哪些相似和不同的方面?广播广告与电视广告相比,应该在投放策略上注意些什么?
4. 销售促进和人员推销的联系和区别是什么?

参考文献

[1] 百度百科. 营销公共关系. http://baike.baidu.com/view/3368248.html.
[2] 邓相超. 广告媒体[M]. 郑州:郑州大学出版社,2008.
[3] 绳鹏. 销售行为学[M]. 北京:中国社会科学出版社,2005.
[4] 特伦斯,辛普,张红霞. 整合营销传播:广告与促销[M]. 北京:北京大学出版社,2013.
[5] 张永. 人员推销教程:理论·技巧·案例[M]. 北京:机械工业出版社,2001.

第五章
传统互联网媒体

本章的学习目标是掌握传统互联网媒体几种常见的表现形式,掌握传统互联网媒体的概念、类别、特点及其设计原则,同时了解影响传统互联网媒体传播效果的各种因素,为进一步做好传统互联网媒体广告的设计与制作奠定基础。

一、概述

当前,人们对互联网的使用程度正在加深,人们越来越依赖互联网,在互联网平台上的停留时间也越来越长。作为互联网营销的一种强有力的促销手段,网络广告应运而生。1994年10月27日,美国著名的 *Hotwired* 杂志首次在其官网上推出了网络版广告内容,发布了AT&T(美国电话电报公司)等14家客户的广告[1]。AT&T公司的广告语是"Have you ever clicked your mouse right HERE? →YOU WILL",这则广告被称为互联网媒体史上的第一则广告,它标志着网络广告的诞生。此后,广告主和浏览者逐渐接受了这种新的广告形式。1999年第46届国际广告节将网络广告列为继平面广告、影视媒体广告之后一种新的广告形式。全球互联网广告进入了快速发展时期。

本章着重介绍传统互联网媒体广告的几种常见形式及其相关的基础知识,包括概念、特点、分类、广告的设计原则和影响传播效果因素的分析等。传统互联网媒体的主要形式包括展示或旗帜广告、富媒体广告和电子邮件广告。

二、展示或旗帜广告

旗帜广告(banner advertisement)就是那些出现在各种网络页面上用以表达商家广告内容的图片或动画。

旗帜广告是将传统线下广告技术转移到线上的一种广告形式,它们就像是电子广告牌。旗帜广告通常被做成 JPG 格式的图像和文字或生动活泼的 GIF 动画跳动效果,或者做成色彩斑斓的霓虹灯闪烁效果等,它运用极其精练的语言和图片来展示企业的产品、服务或品牌形象,然后通过超链接技术将访问者直接牵引到提供该产品或服务的企业网站,以获得更多更加详细的信息。理想情况下,旗帜广告能够诱使消费者点击链接转至该品牌的目标传播媒体(通常是企业网站),并最终实现消费者的购买行为。旗帜广告作为连接消费者与广告发布者自身网站的一个通道,彰显了网络广告的极大优势[2]。

(一)展示或旗帜广告的分类

展示或旗帜广告按照规模、展示方向和展示形态可以分为三大类。

(1) 按照旗帜广告的规模来分,可分为全横幅广告、直立式广告、宽版直立式广告、矩形广告、中等矩形广告、大型矩形广告、垂直矩形广告七大类广告形式,其种类和规模见表 5-1。

表 5-1　网络旗帜广告的种类和规模

类型	像素尺寸	正方像素
全横幅广告	468×60	28800
直立式广告	120×600	72000
宽版直立式广告	160×600	96000
矩形广告	180×150	27000
中等矩形广告	300×250	75000
大型矩形广告	336×280	94080
垂直矩形广告	240×400	96000

(2) 按照旗帜广告的展示方向,可分为横幅广告和竖式广告两种。横幅广告一般出现在网站页面的顶部和底部;竖式广告一般出现在网站页面的左右两侧。

(3) 按照旗帜广告的展示形态,可分为静态广告、动态广告和交互式广告三种。①静态广告是指在网页上呈静止状态的图片广告,一般由文字和图画构成,结构相对比较简单,更多的是通过新颖的创意和色彩搭配来提升广告的吸引度。静态旗帜广告的最突出的优点是制作简单且兼容性好,所有的网站都能接受且可正常运行,它在网络广告发展的早期使用得比较多。然而它的缺点也是显而易见,静态的图片对浏览者的吸引度是有限的,所能传达的信息量也极为有限,所以,它的点击率并不高,广告传播的效果很一般。大量事实证明,静态旗帜广告的点击率要比动态和交互式的旗帜广告低得多。②动态广告,顾名思义,是以动态的形式呈现在网页上,其基本原理就是把一连串的图像连贯起来形成动画效果,形成过程类似于动画片的制作。动态旗帜广告一般由2~20帧的画面组成,通过一个个跳动的画面可以更加形象地传递给浏览者更多的信息量,动态的画面可以给浏览者留下更加深刻的印象。所以,动态广告的点击率普遍要比静态广告高。③当静态广告和动态广告都不能完全满足需求时,一种更加吸引浏览者的交互式广告产生了。与静态广告和动态广告相比,交互式广告的呈现形式更加多样化,如游戏、插播式、问卷、下拉菜单、表单等。交互式广告增加了与浏览者交互的功能,比如浏览者可以在广告中填入数据信息或通过点击广告中的下拉菜单和选择框而获取更多的信息内容[3]。

(二)展示或旗帜广告的设计原则[4]

1. 动态化设计

我们都知道,动态的东西比静态的东西更加具有吸引力,广告就是这样。相关研究表明,动态广告的吸引力是静态画面的四倍,内容表达得更形象,广告效果也更好。赛尔公司采用动态广告后,其主页访问的人数上升了45%。

2. 秒级控制

在实际的应用中,设计动态广告时应尽量将动态效果控制在3s内,最长不超过5s,因为时间过长会影响浏览者的浏览速度且易产生厌烦情绪,这一点已经在众多的商业案例中得到验证。

3. 差异化设计

动态的展示或旗帜广告是由若干个画面组成,各个画面应运用色彩丰富、层次鲜明、风格迥异的形式逐一出现在浏览者的眼前,从而带来更强的视觉冲击力,吸引浏览者的注意力。

4. 简洁性

精练简洁的语言是旗帜广告的特性之一。广告设计者应将广告正文文字长度设计得最短,突出关键字。适当使用图案,因为图案能使信息凝聚,而且更易吸引浏览者眼球。

5. 巧用色彩搭配

在各种设计中,颜色起到令人醒目的作用。当人们看到一个实物时,首先看到的是它的颜色,其次才是实物本身。网络旗帜广告即是如此,它可以通过完美的、具有视觉冲击力的色彩搭配来增强广告的吸引力,使浏览者在打开网页的一瞬间便被广告的色彩所吸引。但一定要注意色彩的使用数量,应当尽可能使用少的颜色,避免弄巧成拙,造成混乱扰人的结果。切记设计中没有不好的颜色,只有不好的搭配。

(三) 影响旗帜广告传播效果的因素[5]

1. 广告位置

与传统广告一样,网络旗帜广告也非常重视广告的放置位置,因为这直接决定了浏览者是否能够看到广告。通常情况下,一个网页不会同时放置2个以上的旗帜广告,在网页的顶端和底部放置两个相同的旗帜广告,效果最佳。因为当人打开网页,处于顶端的旗帜广告可能还没来得及出现,浏览者就已经拖动下拉条向下浏览网页内容了,这样就错过了顶端的旗帜广告。不过,当他浏览到底部时,底部的旗帜广告一定已经出现了,这样也就必定会被浏览者看见。仅次于底部的位置是网页的顶端,当浏览者打开一个网页时,如果他浏览得速度稍微慢一些,在当前打开的页面停留的时间能够达到5s(因为一般的旗帜广告在网页上的展现速度最慢也会在 5s 以内),那么浏览者不用拖动滚动条就可以看到顶端放置的旗帜广告了。因此,网页顶端的位置也受到很多广告主的青睐。

2. 点击率

旗帜广告的点击率是指互联网浏览者通过点击旗帜广告访问目标网站的频率。它能充分反映网页上某一旗帜广告的受关注程度和对浏览者的吸引程度。而网页浏览者是否能够看到广告并对其产生兴趣而发生点击行为,对广告产品或品牌能否在消费者人群中建立忠诚度的影响是很大的。相关研究表明,如果浏览者看到旗帜广告但没有点击它,那么在消费者中产生的影响只有5%。而如果浏览者看到广告后并点击查看了,该消费者的忠诚度可以高达50%。一则旗帜广告的点击率的高低主要受浏览者对广告品牌的认知度或感兴趣的程度、广告产品的特性与浏览者需求的迎合程度及广告本身的新颖创意程度三方面因素影响。

3. 互动性

互联网广告的最大特点就是网络广告传播中的广告受众与传播者之间的互动。展示或旗帜广告可以通过在广告中增加与相关消费群体的喜好、兴趣相匹配的内容来增强广告受众与传播者之间的互动,这样可以大幅度提升展示或旗帜广告的有效性。

4. 一致性

这里所说的一致性,是指两方面的一致性,即同一系列的旗帜广告要始终保持与广告主题内容的一致,以及旗帜广告的内容和风格要与该网页内容保持一致。通常情况下,呈现在网页上的展示或旗帜广告大多是以同一个广告目标为中心,按时间先后逐次展示不同的旗帜广告,各个广告的内容和样式要在风格和反映的主题上保持一致,这样不仅变换的图片可以有效吸引浏览者的注意力,而且还可以在不同的角度反映广告主题内容,传播更多的信息量,让浏览者对广告主题有更全面清晰的认知。同一系列的展示或旗帜广告的内容与展现风格还需要与所在网页内容相协调、相匹配,因为浏览者访问网页时,必定是对该网页内容有所认知或感兴趣的,所以与网页内容密切相关的旗帜广告能更容易吸引到浏览者的关注,从而有效提高旗帜广告的点击率。

三、富媒体广告

富媒体(rich media)广告是指使用浏览器插件或其他脚本语言、Java语言等编写的具有复杂视觉效果和交互功能的网络广告。富媒体广告效果的展示能否顺利实现取决于两个方面,一是网络站点的服务器端设置,二是访问者的浏览器配置。因此可见,与展示或旗帜广告相比,富媒体广告的兼容性相对较差,它对浏览者的网络软件和硬件有一定的技术要求。

富媒体广告是以浏览者体验为中心,运用现代富媒体技术,通过现代网络营销手段将触觉信息(视听觉)和互动信息进行优化组合,通过开放的网络平台与浏览者进行互动传播,以达到最佳的广告传播效果。富媒体广告除了能够提供在线视频的即时播放之外,其广告内容本身还可以添加网页、图片、超链接等信息资源,与视频影音同时同步播放。因其广告传播的内容与形式极为丰富,故称之为富媒体广告。

(一) 富媒体广告的特点[6,7]

富媒体广告具有动态、交互性、数据易收集和大容量四大特点。

(1) 动态,富有表现力。富媒体广告在网络上传播的信息量和效果远远超过展示或旗帜广告,它不仅有文字和图片的展示,而且还可以插入音乐、影片或动画效果,表现力极为丰富。即使再大的广告文件,它也可以通过富媒体技术的巧妙运用实现大容量广告文件在网络媒体上的流畅播放,最大限度地给浏览者以强烈的视觉冲击力。

(2) 交互能力强。互联网广告的最大特点就是广告传播中的广告受众与传播者之间的互动。如果没有互动,就无法体现出网络广告的优势。富媒体广告与广告浏览者之间的交互有了更多更深入的形式,比如多方游戏、竞赛、调查等,相当于在广告的传播者与受众之间搭建了一个便捷的交流平台,进一步激发了受众参与互动的热情,使得二者的黏度更高,而这些复杂的交互功能都是依靠先进的富媒体技术而得以实现。

(3) 更多可收集的数据,有利于开展精准营销。富媒体广告能够提供更多可监测的交互性内容,它能捕捉更多数据,比如广告的点击率、播放的次数、完全播放的次数、转发的次数等,并通过这些数据对消费者的心理与行为进行研究分析,甄别出受众人群,并做出市场预判,为广告产品或品牌展开精准营销活动或宣传活动,进而达到一种强曝光、高点击率的效果。

(4) 超大容量,独立运行。由于包含了丰富的媒体形式,除了文字和图片外,富媒体广告通常还会加入动画、影音或语言等效果,这就使得富媒体广告文件很大,传播的内容非常丰富,但大文件就会出现播放卡顿或用时长的问题,富媒体广告则完全不存在这样的问题,大容量的广告文件依然可以在网络上流畅播放,那么,它是如何做到的呢?原来富媒体广告与其所在网页内容的展示是相互独立进行的,没有先后顺序,在网页打开的同时,富媒体广告也已经在后台悄悄地进行了,时刻准备着浏览者点击播放,不会占用带宽。所以当浏览者点击观看富媒体广告时,它便可以流畅播放。

(二) 富媒体广告的分类

相对于单调沉闷的旗帜广告，富媒体广告丰富多彩的动画形式能够吸引更多网站访问者的眼球。富媒体广告的形式包括弹出式广告、缝隙广告、扩展类广告、视频广告和其他形式广告。

1. 弹出式广告[6]

弹出式广告是指当浏览者浏览某个网页时，网页上会自动弹出一个很小的对话框，该对话框或在屏幕上不断盘旋、或漂浮到屏幕的某一角落，当浏览者试图关闭时，另一个广告对话框马上又弹了出来，使得浏览者不得不浏览该广告内容，以达到更好的广告传播效果。后来由于人们逐渐对弹出式广告产生了极大的厌恶，很多弹出式广告都被设置为被点击关闭后 24h 之内不得再次弹出。

2. 缝隙广告

缝隙广告出现在两个网页之间，而不是像弹出式广告那样出现在网页内部。弹出广告和缝隙广告都是强加于人的，但与弹出式广告不同的是，缝隙广告不会打断人们的互动体验，因为它们是在浏览者等待网页下载时出现的。浏览者不得不耐心地等待缝隙广告播放结束，因为页面上没有能够停止广告的"关闭"选项，而这种选项在弹出式广告里是有的。

3. 扩展类广告[6]

扩展类广告是指在现有页面内广告位置上，当鼠标滑过或触发后，广告显示面积发生变化的以 Flash 文件形式呈现的广告。扩展类广告因其变幻莫测的样式能给浏览者留下深刻的印象，它曾受到众多广告主的青睐。扩展类广告的基本原理是当浏览者将鼠标滑过或点击广告时，广告即被触发，在保持原广告位不变的情况下，进行横向、纵向或多方位的扩展。当鼠标移开后，扩展部分就会自动消失，广告恢复原状。由于扩展类广告的播放是由浏览者主动触发的，它对浏览者的干扰性相对较小。扩展类广告的主要表现形式有下拉扩展、上升扩展、撕页扩展、扩展视频及自定义扩展等。

4. 视频广告[6]

视频广告是指广告中含有视频文件的网络广告形式。当浏览者打开网页时,自页面右下角浮出基本无损伤压缩的原视频内容,即视频广告。为了引起浏览者的关注或吸引更多的浏览者观看视频内容,视频文件中通常还会添加一些互动元素,如提示有解压代码或热点新闻,或者玩一段小游戏等。如果浏览者对互动元素感兴趣,便会点击广告参与互动,这样视频广告内容也就随即播放展现出来了。视频广告的主要表现形式有标准的视频形式、画中画形式、产品外形形式、焦点视频形式等。

5. 其他形式广告

其他形式广告即非以上形式出现的富媒体广告形式,包括地址栏广告、网页背景、全屏广告、浮动广告等表现形式。

(三) 富媒体广告的设计原则[7]

1. 目标导向

制作任何一则广告之前,首先要了解两个问题,即广告的产品或品牌是什么?广告要达到的目标是什么?得到这两个问题的准确答案后,方可开始广告设计和制作,且须以品牌传播的目标和广告目标为基准,运用先进的富媒体技术,将营销卖点与艺术创意完美结合并呈现在网络上,最大程度地刺激浏览者的兴趣点和消费需求。

2. 新颖富有创意

新颖、别出心裁的创意会令人耳目一新、久久难忘。广告的目的是吸引眼球和刺激消费,所以广告必须要有创意。广告业有这样一个信念:创新不死,广告永存。而富媒体广告设计的灵魂就在于创新。富媒体广告丰富的表现形式赋予了创作者更广阔的想象空间,而先进的富媒体技术又使得这些新颖的创意得以实现。

3. 关联性

在上文中已经说过,广告创作之前要先了解广告产品或品牌情况,为的就是保证广告的创意与产品或品牌本身、消费者的关注点、竞争者的优劣势等相关联,充分体现出广告产品或品牌的特点和优势,且正好与消费者需求契合,刺激消费者的消费欲望。

4. 主题简洁

富媒体广告之所以称之为"富媒体",就是因为其具有丰富的表现形式,可以是文字、图像、影音、动画等形式穿插在一起呈现。为了最大限度地吸引眼球,广告的设计形式要做到丰富多彩、别出心裁,但广告的创意一定要简单明了、直奔主题,切记复杂多变,集中多方力量于一个重点并将其打入浏览者心中,方能使浏览者过目不忘。

5. 注重情感

美国一位广告大师说过:"我坚信一流的情感,才能组成一流的广告,所以我每次在广告作品中注入强烈的感情,让消费者看后忘不了丢不开。"其实当消费者购买某种产品或服务时,很多时候他们也是为了追求一种情感上的满足。如果能将人类的亲情、爱情、友情等情感或故事情节融入到富媒体广告中,既可以赋予广告产品或服务生命力和人性化的特点,又能激起消费者的怀旧或向往的情感共鸣,从而诱发消费者对广告产品或服务的消费欲望,实现网络广告传播的目的。

(四)影响富媒体传播效果的因素

在网络时代技术条件影响下,富媒体广告是突破原有简单沉闷的网络广告形式变化而产生的。创意是富媒体广告媒介的表达手段,技术是富媒体广告设计的支撑力,完美的富媒体广告设计是创意与技术相结合的产物。

(1) 广告创意

富媒体广告获得成功的必要条件之一是广告创意。首先,创意的表现形式一定要与广告主题紧密契合,这是互联网广告真正迷人之处;其次,利用富媒体广告的特性,充分调动网页浏览者参与互动的热情,将广告效应发挥到极致;最后,充分尊重浏览者的选择权,要靠独特的创意和形式"拉"来观众,而不是采用强"推"的方式硬塞给浏览者。同时设置重放按钮,以便浏览者可以反复观看喜欢的广告。

(2) 技术支撑

富媒体广告的制作过程离不开强大的技术支撑。正是因为计算机技术和互联网技术的高速发展,出现了富媒体技术,即在网络环境下通过网页、流媒体、富网络应用等先进技术对多种媒体进行渲染展示和交互控制的技术,随后富媒体广告也就应运而生。在富媒体广告出现之前,一则网络广告的文件大小一般不到 50KB,而富媒体广告能达到 2MB 之大。可见,富媒体广告通常需要两方面技术的支撑,一是富媒体广告中的文字、图片、声音、影像或视频、动画、互动等融合在一起制作而成的技术;二是这样形式丰富的广告得以在网络上顺畅呈现的技术。以上两方面技术缺一不可,否则富媒体广告要么做出来不是真正的"富媒体",而还是以前那些单一形式的媒体广告,缺乏动感和互动,要么就无法呈现。

> **【案例】轰动一时的"蓝色风暴"**[6]
>
> 　　百事可乐在我国已经是大家耳熟能详的品牌,而它的品牌传播的成功之处就在于百事可乐公司所创造的一个又一个让人耳目一新、记忆深刻的广告。多年前,百事可乐曾在网易网站上做过一则非常出色的广告,那就是轰动一时的"蓝色风暴"富媒体广告。当浏览者打开网易首页时,会出现一个蓝色并快速旋转的"龙卷风",因其震撼的画面和色彩的冲击,使广告强烈吸引了浏览者的视线。龙卷风在屏幕上刮过时,页面文字似乎受到龙卷风的席卷而开始不停地抖动。蓝色龙卷风刮到网易服务导航栏时,导航版块似乎也受到龙卷风的推力而开始向右移动、收缩,这时一个浮动广告慢慢展开,告知浏览者百事可乐的广告新片将于6月24日20:00在全国同步震撼上映。网易公司广告创意组把广告主题和富媒体广告形式密切结合,采用"风暴"的创意和"震撼"的视觉冲击力,把"蓝色风暴"主题呈现得淋漓尽致,为品牌创造了最大的表现空间,让每天超过3000万的网易首页浏览者在第一时间受到了百事可乐"蓝色风暴"的感染。

(3) 交互程度

　　富媒体广告除了通过丰富且极具表现力的广告形式来吸引浏览者的关注,还要想方设法让浏览者主动参与到广告中,通过双方积极密切的互动,获知广告产品或品牌相关信息,使其很愿意体验该产品或服务,进而对该品牌形成良好的印象,并有可能向其他朋友宣传该品牌,逐渐形成大范围的品牌效应,并最终影响消费者的购买意愿和购买行为。

四、电子邮件广告

(一) 电子邮件广告的概述

　　电子邮件广告是以订阅的方式将行业、企业及产品信息通过电子邮件提供给所需要的浏览者,以此与浏览者建立联系。电子邮件广告一般采用文本格式或 HTML 格式。有些商家为了增强邮件的趣味性,会利用富媒体技术把视频、动画等结合起来制成动态的电子邮件广告,但考虑到电子邮件系统的兼容性,目前通常采用的是文本格式。另外,电子邮件广告中也会经常设置一个 URL,直接链接到广告企业的官方网站或提供产品/服务的特定页面,感兴趣的人就会点击这个链接以获取更详尽的产品、服务或活动信息。有些电子邮件广告是一次性投放的,有些则是定期或不定期多次投放到接收者的邮箱。

电子邮件广告是一种成本低、便捷、市场反应迅速、覆盖率高和关注度高的网络广告形式。电子邮件广告具有定向精准投放的功能,甚至可以具体到某一个人,也就是说,电子邮件广告可以针对某一个人发送特定的广告,这是其他任何一种广告方式都无法企及的。

(二) 电子邮件广告的特点[8]

1. 制作简单、成本低

电子邮件广告的设计制作相对其他富媒体广告形式是简单易操作的,没有很强的技术要求,只要在广告内容的编辑上下足功夫,就能制作出漂亮的电子邮件广告。电子邮件广告的设计开发商拥有庞大的数据资源,网络广告主利用这个数据库能够对邮件接收者的群体进行有效分类,如兴趣爱好、消费喜好、收入水平和大致年龄段等,进而精确地定位产品消费对象。广告主只需为目标消费者市场支付费用,因此,这就为广告主节约了很大的广告投资成本。最后发送电子邮件广告是免费的,只需承担低廉的网费即可。

2. 精准锁定目标群体

通过电子邮件,广告的发布可以准确地定位浏览者需求,有针对性地实现目标广告的精准投放,提高广告发布的有效性。

3. 覆盖面广、覆盖率高

电子邮件广告被发送到目标消费群体后,该邮件会被存储在接收者的收件箱中,除非接收者主动将其删除,否则会一直保存在收件箱中。也就是说,即使接收者当时没有看到邮件广告,以后也有可能看到并发生购买行为。所以,电子邮件广告的覆盖范围和覆盖率都远远大于传统广告和其他形式的互联网广告。

4. 广告传播快

利用互联网为载体,广告主通过电子邮件广告的方式在很短的时间内将自己的产品或服务传递给数以万计的目标消费者群体,从而达到迅速传播的效果。

(三)电子邮件广告的分类

电子邮件广告可划分为两大类,索求邮件(solicited e-mail)和非索求邮件(unsolicited e-mail)。索求邮件是邮箱使用者主动要求的或同意接收的电子邮件,而非所求邮件是一类不请自来的邮件广告,邮箱使用者是被动接收的。通常情况下,广告商会在发送电子邮件广告之前征得邮箱用户的允许后将其归类到该电子邮件广告目标客户列表中,广告服务商会根据约定的电子邮件广告发送规则定期推送电子邮件广告,这种方式是国际上通用许可行销的方式。而那些未经允许却接收到的电子邮件广告则被视为垃圾邮件。目前的邮箱系统可以自动识别出垃圾邮件并将其直接归档到垃圾邮件文件夹中,所以垃圾邮件完全丧失了网络营销传播的功能。

索求邮件可以分为三种形式的邮件广告,即邮件列表广告、每日电子邮件广告、普通电子邮件广告。①邮件列表广告。商家通过各种渠道获取客户或潜在客户的邮箱地址,然后将这些邮箱地址都加入一个邮件列表中。当商家要向外传播其新产品或服务时,就会给邮件列表上的成员发送一些他们感兴趣的、有价值的信息,同时附带广告产品或服务的推广信息,从而起到电子邮件广告营销的目的。邮件列表上的成员通常只能接收邮件,不能发送或回复邮件。②每日电子邮件广告。这类广告大多发生在门户网站平台内,平台内注册的个人会员每天都会收到包含有该门户网站每日更新的资讯或信息,以及某些商家的广告内容的电子邮件。③普通电子邮件广告。普通电子邮件广告是指商家通过各种渠道获取客户或潜在客户的邮箱地址,并直接向其电子邮箱发送电子邮件广告。目前来说,这种方式最方便也最常见,但商家在发送邮件广告前,一定要对接收者加以分析并区别对待,这样不仅可以避免接收者产生"垃圾邮件"的印象而招致反感,还能做到精准投放,广告效果会更好。

(四)电子邮件广告的设计原则

通常一则电子邮件广告内容主要包括邮件称呼、主题、正文标题、正文、页面设计等,广告主为了达到良好的广告传播效果,应对这五部分内容进行精心设计,下面我们将具体说明电子邮件广告的设计原则。

1. 个性化

亲切而个性化的邮件需要营造出一对一、面对面谈话的气氛,就如同两个朋友在对话。例如,邮件开头直接称呼顾客的名字,而不是像群发广告那样称呼"尊敬的先生/女士"。邮件落款处除了有广告主的企业名称外,还最好加上企业营销员的名字,能进一步拉近与顾客的距离,并使顾客有种针对性定制化服务的感觉,可增强反响率。页面设计也同样需要针对目标浏览者的特性进行设计,如果针对的是个人浏览者,内容要具有高度吸引力和亲和力;如果针对的是企业浏览者,广告的页面设计就要突出专业性,内容措辞要更加严谨和谦虚。

2. 新颖创意性

新颖创意可以说是贯穿在电子邮件广告的每一部分制作中。现以邮件主题和正文标题为例加以说明。通常情况下,人们在收到邮件时首先看到的是邮件主题和发件人,如果是一个陌生发件人发来的邮件,就会通过邮件主题来判断是否有必要打开邮件查看其内容。因此邮件主题一定要新颖有创意,能激发人的兴趣,同时不能让人误解为垃圾邮件,这样才能促使收件人打开邮件阅读正文。当收件人开始阅读邮件内容时,一个醒目且具有创意的标题,同样会牵引着阅读者继续阅读邮件正文,了解广告的具体内容,进而提高邮件广告传播的效果。

3. 简洁性

为了提高电子邮件的可阅读性,广告内容要简短清晰,简洁明了,忌长篇大论。现在的年轻人普遍具有的一个特点是更乐于接收零散的、碎片化的信息,太长的文章只会让人望而却步,而何况是广告。如果确实有很多产品或品牌相关的内容和信息要展示给阅读者,那么,可以在邮件正文中加入超链接,将其引导至企业的官网或销售旗舰店,这样不仅避免了繁多的信息量,而且还将顾客的兴趣延伸到了产品或服务的发源地,在那里顾客可以获得更多更详细的宣传推广的信息,大大增加了顾客购买产品或服务的可能性。另外,电子邮件广告要尽量避免使用附件,由于很多浏览者担心病毒传播,往往拒收带有附件的陌生邮件。

(五) 影响电子邮件广告传播效果的因素[9]

1. 目标消费群体的定位

优秀的市场营销员都清楚地知道在推销任何一款产品或服务前都要先明确其自身的市场定位,因为不同的市场定位决定了不同的推广对象,如果向一位单身女青年不断地发送婴幼儿护肤产品的电子邮件广告,最终的结果恐怕是徒劳加成本的浪费。因此目标消费群体的精准定位就显得尤为重要。

2. 电子邮件地址的收集量

产品的市场规模是指市面上本类产品的消费者数量,而如何在本类产品消费群体中赢得最多消费者取决于建立沟通联系的目标消费者的数量,即电子邮件地址的收集量。收集邮件地址的方法主要有四种。第一,找机会询问客户是否有意愿订阅企业的电子报或产品营销邮件,并留下接收邮件的邮箱地址;第二,运用各种搜索方法收集电子邮件地址;第三,通过商业渠道购买,但向这种方法获得的邮件地址发送广告效果相对较差,因为卖邮件地址的商家为了获取利润,肯定会反复售卖这些邮件地址,而这些信息就会流向很多其他的买家,他们都会像这些邮件地址展开大量的广告推广活动,而致使目标消费群体对电子邮件广告产生了厌恶情绪;第四,加强与目标顾客的互动。可以定期搞一些网上的促销活动,让目标顾客参与进来,如打折优惠、玩游戏闯关得奖、猜谜等,以提高企业与顾客之间的黏度,营造自己的网上客户群,不断用电子邮件来维系与他们的关系。

3. 电子邮件广告内容的表达力

具有吸引力和说服力的电子邮件广告应当做到主题突出、内容简洁明了和设计风格统一。做到主题突出,为了让消费者不对邮件广告产生反感,一定要在最短的时间内让消费者领会邮件意图,并吸引他们继续阅读邮件内容;内容简洁明了,即用最精练简短的语言描述出产品或服务的核心价值和吸引点,可以配合使用准确且像素小的图片以提高阅读效率;设计风格统一,即所表达的内容、选取的图片及主题都要与产品本身的风格相适宜且统一。

4. 选择合适的电子邮件广告形式

前面已讲到,电子邮件广告主要分为两大类别,求索邮件和非求索邮件。广告主应选择求索型邮件,而避免使用垃圾邮件(即非求索邮件),以免给企业或产品品牌带来负面效应。同时,在进行电子邮件广告传播时,还应有订阅或退订提示,尊重浏览者的选择权。

5. 电子邮件广告的发送频率

电子邮件广告发送的次数太多,很可能导致顾客产生厌烦情绪,不仅不能有效提高营销效果,反而会弄巧成拙。可如果广告发送的次数太少,则可能错失良机,不能达到刺激消费的作用。因此,商家应合理控制电子邮件广告的发送频率,商家可以通过对产品或服务的自身情况、相关资讯量及目标客户对产品或服务资讯的需求程度等方面的研究分析而确定邮件发送频率与目标客户接受程度之间的一种辩证关系,从而合理应用电子邮件广告的发送频率。

本章小结

本章着重介绍了三种传统互联网媒体广告形式,即展示或旗帜广告、富媒体广告和电子邮件广告。分别从其概念、特点、分类、评价原则和影响传播效果的因素等方面对传统网络广告做了详细讲解。旗帜广告就是那些出现在各种网络页面上用以表达商家广告内容的图片或动画。它是将传统线下广告技术转移到线上的一种广告形式,就像是电子广告牌。富媒体广告是指使用浏览器插件或其他脚本语言、Java 语言等编写的具有复杂视觉效果和交互功能的网络广告。它是以浏览者体验为中心,运用现代富媒体技术,通过现代网络营销手段将触觉信息(视听觉)和互动信息进行优化组合,通过开放的网络平台与浏览者进行互动传播,以达到广告效果的信息传播活动。电子邮件广告是以订阅的方式将行业、企业及产品信息通过电子邮件提供给所需要的浏览者,以此与浏览者建立联系。它一般采用文本格式或 HTML 格式,也可以利用富媒体技术把视频、动画等结合起来。

与其他多数广告媒体相比,互联网广告拥有两个关键特征:个性化与交互性。网络广告传播中浏览者与营销传播者之间的互动是以增强品牌与客户(包括潜在客户)黏合度为目的的。

思考题

1. 请总结点击率在互联网媒体广告传播中的重要性是什么?
2. 富媒体广告越来越受到广告主的喜爱,一则好的富媒体广告应该包含哪几点关键要素?
3. 如何防止电子邮件广告成为垃圾邮件?

参考文献

[1] 史晓燕,单春晓. 网络广告设计与制作[M]. 武汉:华中科技大学出版社,2015.
[2] 王晶. A Study of the adaptability of online advertising—focusing on banner ads[D]. 广州:广东外语外贸大学国际商务英语学院,2006.
[3] 李如意. 互联网广告形式探究[D]. 南昌:南昌大学,2007.
[4] 廖芹. 网络旗帜广告的策划和设计[J]. 商业研究,2003,279:121-122.
[5] 廖芹. 网络旗帜广告的有效性分析[J]. 商业时代,2003,13:64.
[6] 李倩. 最具感染力的网络广告形式——富媒体广告[J]. 新闻界,2007,5:163-164.
[7] 雷超越. 浅谈网络富媒体广告的技术和创意要求[J]. 商业文化,2015,4:135-136.
[8] 高菲. 电子邮件广告人性化发展研究[D]. 西安:西安石油大学,2014.
[9] 阳艳群. 电子邮件广告的营销策略探析[J]. 营销策略,2012,8:54-55.

第六章
社交媒体

本章主要介绍了社交媒体的概念、发展历程、类型及特征。系统介绍了微信、微博、贴吧、论坛等常见社交媒体形式。详细分析了不同类型用户特点及其对应的营销策略。读者可结合本章内容,体会身份营销服务在各种社交媒体广告中的内在价值,综合提升营销能力。

一、概述

(一) 社交媒体的概念

社交媒体是一系列基于 Web 2.0 技术及思想的网络应用,它为用户提供了自己生产内容(UGC)的创造与交流的工具及平台[1]。以上是西方学者们广泛认同的社交媒体定义。而在我国,"社交媒体"、"社会化媒体"及"社会性媒体"都是通过"social media"直译过来的。本书正是鉴于其兼具"社交"和"媒体"两方面,将其译作"社交媒体"。通过以上定义,我们可以了解到,西方学者较多认同社交媒体是基于 Web 2.0 技术及理念,允许用户进行内容创作、互动、协作与分享的一系列网络应用。从某种意义上讲,社交媒体实现了信息传递"去中心化"的目的,每个人都是信源、信道、信宿,处于网络应用中的所有人都可以向外发布信息、传播信息。当然在这过程中,也同时从外界接收信息,从而实现信息的快速出笼、传播及反馈。此外,社交媒体满足了用户对信息、社交及过程享受等不同方面、不同程度的需求,同时也强调不同类型的用户在不同信息传播过程中的心理体验,挖掘其内在价值,采取适当的营销手段,从而实现提高社交媒体转化率的目的。

(二) 社交媒体的历史及趋势

纵观中国社交媒体发展历程,可将其大体分为四个主要的阶段:①BBS时代。该时代的关键技术为Web1.0;创新点为点对面交互式、信息多节点化、分散信息聚合;代表产品是天涯、猫扑、西祠胡同等;资本集中期是1994—2006年。②娱乐化社交网络时代。该时代的关键技术是Web2.0;创新点是娱乐化概念和低成本代替;代表产品是人人网、开心网、搜狐白社会等;资本集中期是2006—2008年。③微信息社交网络时代。该时代的关键技术是Web2.0及基于位置的服务(LBS);创新点是朋友圈和移动客户端产品;代表产品是米聊、微信、简简单单等;资本集中期是2009年至今(SoLoMo时代)。④垂直社交网络应用时代。关键技术是Web2.0及LBS(基于位置服务);创新点是强联系、小圈社交概念及社交媒体商业模式探究;代表产品包括之前的产品与游戏、电子商务、分类信息等相结合所产生的新产品;资本集中期与前三个时代并存[2]。

随着社交媒体的不断发展变化,并逐步趋于成熟,各类社交媒体产品开始探索差异化发展战略,开始逐步从"增量性娱乐"向"常量性生活"演变,视频、直播更能博人眼球,线上平台内容将更加开放与丰富。同时,社交媒体开始趋于向移动设备转移,逐步形成"社交+本地化+移动"新格局。《诗经·大雅·文王》中:"周虽旧邦,其命维新。"大道无常,"其命维新"。面对这样一个瞬息万变的时代,并没有颠扑不破的真理,唯有永不停息的开拓创新。与此同时,在这个人人都是麦克风的社交媒体时代,要求每个人更加自律,要求相关机构加大信息审查及监管力度[3]。

(三) 社交媒体主要类型

在了解了社交媒体的基本概念、发展历程及未来大体趋势之后,下面进一步介绍社交媒体的类型,不同类型的社交媒体会聚合不同类型的用户群体,适合采用不同类型的营销方式达成营销目的。下面按不同维度对社交媒体进行分类:①按功能细分。购买媒体、赢得媒体、自由媒体。②按付费模式。自有媒体、付费媒体、赚得媒体。③按使用方式。知识共同维护型、信息分享与扩散型、即时通信型、综合型。④按交际关系。强关系、弱关系。此处需要特别注意的是,虽然社交媒体比起传统媒体更加集群化,但经典的媒体分类仍然对其适用。一个常见的认识误区是将社交媒体与赢得媒体等同起来,这样显然是不正确的。此外,娱乐导向的强关系型平台更容易使用户产生更多的互动,而提供信息的弱关系型平台就不太能够刺激用户进行更进一步的互动[4]。

(四)社交媒体的主要特征

"'三网'融合"、3G/4G、LBS(location based services)等技术的规模化发展促使社交媒体应运而生并不断发展壮大,给人们的生活带来了翻天覆地的变化。那么,社交媒体到底凭借着哪些特性成为诸多媒体中的佼佼者呢?这是因为它有如下几个特征:(1)数字化。社交媒体的数字化是提供资源整合的基础,为用户提供随时、随地、形式多样并且可以与任何人进行交互的平台。(2)虚拟化。构建了一个虚拟世界,为用户打造跨时空的超体验,改变其生活、思维及行为方式。(3)交互性。使每位用户都能成为信息的控制者、传播实践的发声者,人人都是创造者,人人都是自媒体。(4)跨媒体性。体现"跨域传播"和"跨界融合"的特质,降低成本、取长补短,实现世纪媒体大融合。此外,社交媒体还具备信息传播的即时性、渠道多样性、信息海量性、方式灵活性等特点[5]。

二、社交媒体盛行原因分析

任何成功必有其道。社交媒体之所以盛行并呈现出爆发式增长,其背后的理论依据是"六度区隔理论"(six degrees of separation)。简单地说,我们与世界上任何一个人,最多仅需要通过六个人即可与之认识。这也被称为"小世界问题"假设。这也就是说,通过某种中介平台,便可以将任何两个素不相识的人联系起来,产生必然联系,并形成几何级数增长的社交网络。各种商业机构也纷纷挖掘其商业价值,试图通过这样一个网络向有着相似兴趣的人们进行消费推荐,降低成本的同时,进行精准营销,以期提高转化率[6]。

除了"六度区隔理论"之外,约瑟夫·瓦尔特的"超人际模型"理论也能进一步阐释社交媒体能够盛行、甚至部分人宁愿在网上交流也不愿在线下交流的原因。下面就简单介绍一下"超人际模型"能够如此贴心地满足用户在社交中对信息沟通及情绪管理两个最基本的需求,从而风靡全球的四个主要原因及涉及的理论知识点。(1)视觉线索缺失,主要涉及印象管理理论。(2)传播速度与节奏控制,主要涉及精心整饰原理。(3)线索单一,对象理想化。(4)积极持续互动,进入行为确认、认知夸大的循环[7]。

> **【案例】社交媒体的病毒传播**[8]
>
> 2011年6月,北京发生罕见的特大暴雨过后,一位男青年将杜蕾斯安全套套在鞋子上防水,结果被人拍下并上传至新浪微博,引起网民疯狂转载,如病毒般传播开来。当时据第三方统计:本次微博传播至少覆盖了5700万新浪用户,而腾讯微博、搜狐微博的转载量也至少在千万级别以上。最终这篇微博被转至杜蕾斯官方微博上,杜蕾斯鞋套"雨夜传奇"成功引爆。据《中国日报》报道,此为社交媒体最成功的营销案例之一。
>
> 杜蕾斯鞋套雨夜获得微博/博客营销类金奖时,专家点评概要如下:社交媒体时代,内容为王。杜蕾斯鞋套"雨夜传奇"为社交媒体内容运营策略的研究提供了典范。内容做到足够新奇有趣、易产生共鸣、互动性强,便有可能促使网民自愿转发,从而实现广告传播效果,塑造良好品牌形象。无可否认地,杜蕾斯运营团队非常善于借势,能够迅速捕获热点话题、把握时机、积极正向引导,创造出最高转发9万余次的"雨夜传奇"。
>
> 威汉营销传播集团主席及首席执行官陈一枬总结杜蕾斯鞋套"雨夜传奇"时,特别强调了数字化在营销活动中的强大影响力。其数量之大、速度之快、影响范围之广都是超出想象的,当然这也正是其魅力所在。

三、社交媒体用户特征分析

社交媒体能够久盛不衰,除了有强大的理论支撑外,用户的积极参与也必不可少,如何在众多用户不断洗牌的过程中洗出自己的核心用户群,持续地为自己的企业提供源源不断的收益及支持,也成为我们关注的焦点。细分用户群,趋利避害,已成为营销活动的重要组成部分。

不同的社交媒体会吸引不同类型的用户。下面将从用户细分五个维度、七类人群展开分析,了解不同类型用户的不同需求,辨析哪些可以为我所有,哪些要积极争取,而哪些又不得不加以防范。逐步壮大、巩固高转化率目标客户,从而提升营销效果。社交媒体用户细分为以下五个维度:①社交互动活跃度。主要表现在与好友的互动程度,如对好友发布的信息予以评价或是浏览好友动态的频度及其互动程度。②兴趣享乐信息关注取向。对个人兴趣相关信息的分享取向，偏向于与好友共同分享抑或自己独自默默关注。③行业资讯关注取向。对行业资讯及动态关注的方式，是更倾向于采用个人独自进行碎片化浏览抑或采取集中化关注，组建社交群组，拓展行业人脉，经常进行交流、互动。④资讯关注取向。对不同类型资讯的偏好，时事政治抑或社会焦点抑或娱乐新闻等。⑤自我表达积极性。乐于在社交媒体上展示自己生活动态及发表个人观点抑或很少展示表露自己。

根据以上关注取向的五个维度，可以将用户大体划分为七类人群：①根据社交互动活跃度及信息共享取向等维度，可以将用户分为乐活O2O圈子社交型、集体兴趣乐享型、行业兴趣沉浸型及信息舒心解压型。②根据资讯关注取向维度，可以将用户分为大众明星粉丝型、社会环境洞察型及社会资讯全面汲取型。

而以上七类人群又可以划分成高转化率用户及低转化率用户，其中乐活O2O圈子社交型、集体兴趣乐享型、行业兴趣沉浸型、信息舒心解压型及大众明星粉丝型用户均属于高转化率用户；而社会环境洞察型及社会资讯全面汲取型用户均属于低转化率用户。高转化率的几种类型成为高转化率用户的原因比较容易理解，此处不再赘述。对两类低转化率的用户我们进行一下简要的说明。首先，对于社会环境洞察型，这类用户使用社交媒体的主要动机是了解新闻资讯或好友动态及热点人物。微博为此类用户获取资讯的主要渠道，因此他们会关注很多媒体的官方微博，实时、便捷地获取信息，同时会根据获取的信息，梳理出自己的观点。此类用户之所以转化率很低，是因为其与好友的互动性较弱，主要以浏览为主，多为受过高等教育、有较强社会责任感的男性。而对于社会资讯全面汲取型，此类用户同样主要以微博作为主要的信息获取渠道，主要关注新闻动态及行业资讯，对自己的行业信息有较高的关注度，同时会转发并加以评论，会有一定的好友互动。但很少会展示个人生活照片，社交媒体依赖度较低，此类多为已婚、受过高等教育的男性。尽管以上两类都是对新闻资讯较为关注，但将其的注意力引导到实际的注册、购买、支付的比例却是比较低的[9]。

四、社交媒体营销

面对复杂的社交媒体用户群及用户行为，如何在社交媒体平台上展开具有创新性的营销活动呢？核心是要牢牢把握住三方面：内容、关系及互动。基本模式是明确营销目的、制定营销战略、灵活运用多种手段展开营销活动。而面对会聚了大量的用户群的社交媒体平台,如何通过一系列的营销活动来影响用户习惯及行为,从而促成用户消费行为呢?目前,普遍的做法是在用户细分的基础上建立精准营销、情景化营销、口碑营销及动态身份营销等诸多营销手段。利用社会存在理论,提供用户身份营销服务,从而逐步提升社交媒体的转化率。

(一)社交媒体营销的理论依据及传播机制

下面先简单介绍一下社会存在理论,唯有先明确其背后的理论依据,充分理解社交媒体营销传播参与机制,才能以不变应万变,做到将理论灵活运用于自己的营销活动中,更好布局,最终达成自己的营销目的。社交媒体传播中的一个非常重要的因素便是社会存在感(social presence)。社会存在感是指交流双方在彼此心理上的显著程度及对双方人际关系影响的显著程度。使用户更好地体现出社会存在感,才更有利于社交媒体营销传播效果的提升[10]。

社会存在感由意识、情感社会存在感、认知社会存在感这三方面组成:①意识(awareness)。在社交活动中,对其他社会成员存在、各种问题响应等问题的感知情况及对他人相关信息的注意力。注意力集中度的高低是直接衡量社会存在意识高低的重要指标,它们呈现正相关关系。②情感社会存在感(affective social presence)。社交活动中,与其他社会成员产生的情感联系及情感回应,它是产生社会存在感的前提。③认知社会存在感(cognitive social presence)。在社交活动中,对自己与其他社会成员之间的互动关系所赋予的意义[11]。以上值得注意的是:不同情况下,不同用户对这三方面的感知程度会存在一定程度的差异及变化,我们要针对不同类型的用户进行细分,根据其特点满足不同层面及层次的需求,积极做正方向引导,通过促进用户直接参与社交媒体品牌营销传播活动,来间接促成实际的购买行为[12]。

社交媒体营销具体传播过程为体验—使用心得—口碑传开—大卖特卖。在以上传播参与机制的基础上,社交媒体在整个营销活动中具备以下四大功能:对消费者行为的监测、放大、回应及引导,广告主也正是通过社交媒体的以上四大功能不断影响消费者的购买决策。值得注意的是,社交媒体营销绝非单纯的变相付费营销,而是需要诸多元素支撑经营:理论框架、基础设施、绩效管理系统、品牌定位及重定位、品牌资产、互动渠道等[13]。

(二)社交媒体营销方式

在了解以上社交媒体背后的理论及运行机制后,再针对几类高转化率的社交媒体传播营销方式及其显著优势进行简略分析。明确不同社交媒体传播营销的效果各不相同,针对不同营销目的选择适合的平台及产品。在用户体验的社会存在感方面,社交媒体的效果要优于传统媒体及互联网媒体;在广告影响力方面,情感性产品要优于充分信息型产品;在身份消费方面,强关系型社交媒体要明显优于弱关系型社交媒体;在自我展示方面,弱关系型社交媒体要优于强关系型社交媒体。

根据以上优劣势分析选择了适合自己的平台及产品后,就要对应选择适合自己的营销方式。下面对几种主要的营销方式及其特点进行简要介绍:①口碑营销。相较于门户网站等传播方式,转化率更高,费用更低。②情景营销。精准、互动性高,更好拓展产品和品牌认知度,激发客户忠诚度。③动态身份营销。相较于传统匿名受众,社交媒体开放平台方便识别用户身份,清楚了解用户在某一特定时间、地点的情景身份,并为其提供与其需求动态匹配的身份营销服务,改善用户的存在感体验,从而使自己的产品或服务能够更好地满足用户存在感及社会身份构建的内在需求,提升营销转化率[14]。

【案例】腾讯影业——《魔兽》背后的资本赢家[15]

2016年6月8日,《魔兽》在中国大陆首映并展现出极强的爆发力,打破零点场和首映日多项纪录,上映四日票房近10亿。尽管许多媒体人和分析师对其战绩褒贬不一,但在他们的资本赢家名单里却无不出现一个名字——腾讯影业。

腾讯影业成立不到9个月,《魔兽》是其2016年的第二部作品。通过《魔兽》,腾讯影业不仅为自己做了品牌宣传,而且充分展示了腾讯在电影宣发过程中发挥的巨大能量。众所周知,腾讯拥有无可比拟的信息传播优势,得益于其拥有微信和QQ两大社交媒体平台。腾讯影业副总经理陈洪伟曾在举例说明腾讯影业手中的资源时透露:2016年春节红包推送活动中,将《魔兽》的信息加入到红包之中,仅这一商业广告投放的资源价值就为6000万元人民币以上,腾讯却分文未取。而对腾讯影业来说,这也是一次难得的练兵机会。《魔兽》联合出品方腾讯影业项目负责人张思阳表示:腾讯对《魔兽》的营销投入规模是空前的,基本整合了腾讯整个平台的各种资源。

如何引爆市场?腾讯的答案是腾讯。腾讯影业调动了腾讯不同的平台和工具触达用户、打动用户,并产生社交推力不断扩散。而QQ、微信、微博、腾讯视频、腾讯游戏、兴趣部落等拥有丰富用户数据的平台,为腾讯提供了精准营销的凭借。以QQ为例,腾讯影业深知目前QQ上活跃的主体用户多为"90后",他们才是当下影院观影的主力,但却并非魔兽游戏的核心粉丝,魔兽的核心粉丝是如今的"80后"。为解决这一矛盾,腾讯影业是如何打动目标用户的呢?腾讯定制了授权的QQ版魔兽形象——"厘米秀",用户可以根据自己喜好选择自己的虚拟形象装扮"厘米人",在手Q端聊天的过程中,会有两个小人做动作和表情互动。与此同时,腾讯还在QQ空间里用时下最流行的直播方式做了主创的直播互动,邀请吴彦祖、邓肯·琼斯、葆拉·波顿与QQ空间的用户互动,其效果非常好。此外,负责人张思阳表示:本次腾讯互娱的平台营销部将和腾讯运营已久的线上粉丝平台有诸多互动,将线下活动与线上粉丝相结合,在全国范围内为粉丝和玩家组织10场粉丝影院社交观影活动及各种大规模的同步线下活动,在最大范围内引爆初期的观影热潮。而腾讯影业负责运营的电影魔兽微信公众号经过较长时间的经营,用户互动见效显著。截至6月1日,粉丝数已达35万以上。以自媒体形式入驻猫眼社区,通过影评、资讯,直接拉动想看人数,近一个月魔兽想看人数新增20万以上,居第一位,电影魔兽自媒体在猫眼自媒体影响榜中一度排名第一位。目前超过2500万的零点场预售成绩算是好兆头,但对于腾讯影业而言,魔兽项目的评判标准绝对不止票房一个维度。未来,腾讯影业还有更多的营销战役将要完成。

(三)社交媒体的危机管理

尽管社交媒体有强大的理论依据及运行机制做支撑,同时兼具诸多高转化率的营销方式,但是仍然会面临用户流失的危机,对此我们将进行简要分析并提出一些因应策略,以做好社交媒体的危机管理。

中国目前拥有三亿多网民使用社交媒体,分别活跃在社交网站、博客、微博、微信及各种网络社区平台上。但2014年一项专项调查显示:社交媒体网民半年流失率为2.54%。其中,微博用户流失率为6.32%,微信用户流失率为2.62%。微博目前看来是普及率高但流失率也高,而社交网站由于QQ的强大影响,整体流失率较低。而从2014年社交媒体流失用户分析来看,学历和收入对其有较大影响:学历和收入越高,社交媒体使用的流失率就越高,而学历和收入越低,社交媒体使用的流失率较低。

社交媒体用户流失主要有以下几个原因:①浪费时间。据统计,浪费时间程度排序为:微信-微博-社交网站。②替代应用出现。新兴应用的大量涌现,也是社交媒体用户流失的一个原因。③久用丧失新鲜感。据统计,因此而使用户流失的严重程度排序为:社交网站—微博—微信。④互动减少。状态更新及信息回应等减少,互动变弱,也会极大影响用户使用社交媒体的积极性,从而导致用户流失。

面对中国复杂多变的社交媒体环境,应制定战略布局规划,提早准备,迅速反应。根据以上原因,建议如下:首先,针对不同类型用户细分,为其提供更具针对性的服务——碎片化娱乐性导向信息抑或集中化信息导向信息,提高单位时间的信息质量。其次,提高行业动态灵敏度,及时调整不同媒体战略布局。再次,及时关注用户动态,加强用户潜在需求挖掘及用户价值分析。最后,增强用户存在感体验,满足社会身份的需求,重视身份营销在社交媒体营销中的价值[16]。

五、主要的社交媒体介绍

社交媒体平台变幻莫测,更新交替非常快,在近几年是微博和微信的天下,尤其是微信用户关注度增长尤为显著,虽然是双足鼎立的局面,但是其他的社交媒体也在不同的程度上发挥着自己的作用。下面分别讲述微博、微信和其他社交媒体。

(一)微信

微信(Wechat)是由腾讯公司研发的专门为智能终端免费提供即时通信服务的应用程序,它可以在不同的通信运营商和不同的智能终端操作系统间利用网络迅速、便捷地发送文字、图片、语音和视频等,同时还具有媒体(微信公众号)、社交(朋友圈)、支付(钱包、购物、生活服务和企业服务等)、城市服务等功能,使用者能够通过"添加朋友"、"扫二维码"、"扫一扫"、"摇一摇"和"附近的人"等方式添加好友或关注公众号,还可以建各种类型的微信群,将有意思的内容分享给微信群内的所有好友及将用户看到的精彩内容分享到微信朋友圈[17]。

1. 微信的发展情况

2016年3月企鹅智库通过网络调研、中国信息通信研究院产业与规划研究所通过电话调研对微信大众用户、微信企业和行业用户,以及微信具体业务进行了大量数据抽样,发布了2016版《微信数据化报告》。报告中涵盖了社交、支付、媒体、生活服务和企业服务五项微信业务的数据,以及未来趋势的解读。报告数据显示,截至2016年2月微信注册用户6.97亿,月活跃用户达6.5亿,微信支付累计绑卡用户数超2亿,会聚公众账号已经超过了1000万,公众号每日提交的群发消息超过70万条,企业账号已达65万,城市服务已经上线16个省78个城市。特别是在当年除夕当天,统计数据显示:微信红包的收发总量达到了80.8亿个,微信支付介入的线下商户门店也已超20万家。从上述的数据可以分析出,微信在社交通信、内容宣传分享和生活服务等方面已经取得了非常棒的成绩,其作为连接用户和第三方服务商的连接器,开放合作,获得了诸多认可,间接带动了多个领域的升级[18]。

例如,微信通过硬件平台可以带动硬件制造业的升级,通过追溯源防伪、农业的定制化能够带动现代农业升级,通过智慧商圈、微信卡包和钱包的快速普及将会直接带动商业服务升级,通过微信支付和微众银行进一步带动金融服务升级,通过京东、微店、跨境电商等电商平台的加入可以带动电子商务的升级,通过生活服务、滴滴出行、车辆票务和城市服务将会加速带动益民服务方面的升级……。

微信在短短的五年时间内用户群迅猛增长,已经发展了那么庞大的数亿用户,这使得很多嗅觉灵敏的企业发现了发展垂直电商的重大机会。微信将会作为商家的绝佳营销工具,这些潜在的商业价值同时也会推动、带动微信营销的迅速发展。

2. 微信营销的优势和劣势

微信营销作为一个较新的课题,基本上没有什么现成的公认模型能够借鉴,同时,其功能也在不断改进和扩展,目前正处在从社交媒介向传播媒介、营销平台转化的过程中。微信虽然用户数量庞大,而且大多数企业都意识到了微信的作用,纷纷在企业实践中加以应用,但如何运用微信营销转化为一个商业平台还非常模糊,需要继续深入探索。下面分析微信营销的优势和劣势。

微信营销的优势:①营销目标更精准。商家通过与消费者之间的互动,对市场进行了细分,对消费者进行了精确的归类,商家可以直接将产品信息推送到相对应的消费者手中,这样,实现了营销目标和产品的高精准匹配,营销成功的几率也会大大提高,企业目标的实现也将变得更加容易。②快速接触目标客户。微信是目前最便捷的网络即时通信工具,可以传播文字、图片、图像、视频等多种多样的信息,而且还能够将微信已有的或是收到的内容群发或转发,商家利用这些便捷的功能来组织策划一些营销活动,使得效率更高,操作方式更灵活,可以较传统方式更加快速地接触到目标客户,营销效果自然显而易见了。③能够及时与客户保持紧密联系、融洽互动。利用微信丰富、便捷的信息传送方式,商家可以实时地同客户进行一对一沟通,积极互动,及时发现负面情绪,并积极地做出应对措施。通过互动交流,商家同客户间的关系将会更加地紧密,商家可以及时调整方案来适应同客户互动交流时了解到的客户对产品或者服务的消费感受,从而给出更恰当的个性化产品或服务。客户的满意度提高了,自然会对品牌产生依赖,大大增强了客户对品牌的忠诚度,商家还可以借机鼓励客户在其朋友圈中分享一些关于产品或服务的信息,在传递了品牌价值的同时,还将在其朋友圈中产生口碑营销的效应,势必会带来一些新的品牌忠诚客户。④传播成本极低。如果在有网络的情况下,微信平台发送消息成本几乎为零,而且发送信息的种类非常的丰富,完全可以节约大部分的宣传和联络成本。另外,微信服务号还具有自动回复的优点,可以直接智能回复一些常见的、规范的、简单的预设问题,不仅可以减少客户服务人员的工作量、提升触达效率,而且还能够大大节省服务费用。

微信营销的劣势:①覆盖面有限。营销的开展只针对微信用户起作用,影响范围受限,因为微信更注重的是建立关系网,如果商家对微信营销没有较深入的理解,只利用微信平台这单一的形式来推广,又忽视了精准营销,没有找对客户、发对内容,那么,客户很可能会取消对商家的关注,商家则流失了一些客户,失去了对这些客户后续营销的机会。②复制性较差。对于不同的人群,喜好是千差万别的,那么微信营销的方式和方法将很难形成普适性模式。对于一个做微信营销的企业来讲,公司既要从整合营销角度来做战略布局,又要对员工做好营销培训,培养出能够写出引人入胜的精彩内容的文案编辑人员,提升销售人员时刻在线同客户保持活跃互动的意识。因此,选择微信营销也并不轻松,但是最重要还是要把产品和服务做到极致。(3)局限性。微信营销一定要结合一些线下的活动才能发挥更好的作用,如果只是一味地开展线上信息的传播,而忽略了客户的线下体验和紧密互动,随着时间的流逝,客户将会逐渐失去对线上信息的新鲜感,甚至有可能还会产生抵触心理,从而限制了微信营销的发展。

3. 微信营销模式

微信的营销模式可以分为五种:①通过"扫一扫"功能,以 O2O 模式营销。微信营销就是商家借助微信平台在线上揽客,线下提供服务。第一步,客户即微信的用户可以通过添加朋友或扫描商家提供的二维码来关注企业账号;第二步,商家将一些能够吸引客户的产品或服务信息推送给该微信用户,比如该用户也可以享受一定的优惠和折扣;第三步,客户可以通过线上和线下两种方式筛选产品或服务,并进行线上或线下结算。通过上述模式,消费者不仅能够享受到一定的优惠,而且还可以充分体验到购物的便捷性和方式的多样性,大大提升顾客满意度。②借助"朋友圈"功能营销。微信好友之间可能会有共同的兴趣爱好、共同的职业或者共同的学习经历等,大家集合在一起形成一个朋友圈子,同样,很多商家也可以通过一些兴趣点、产品体验或者是组织会员 VIP 等方法,建立商家自己的社交圈,在朋友圈里可以充分利用微信丰富的传播途径来通过文字、图片、语音、视频等多种方式分享、互动,还可以由一个圈子跳转到另一个圈子,同时微信允许商家在开放平台上接入自己的应用。朋友圈最大的特点是在朋友间都能找到一些相似之处,这种相似性恰恰为商家进行精准营销寻找目标市场提供了依据,通过朋友圈推介的产品,大部分都能产生比较强的信任度,转载率非常高,从而尽快地实现产品信息的快速传播,产生口碑营销效果。③利用"微信公众平台"功能营销。商家可以通过微信公众平台来向目标客户发送相关产品信息和企业内部的新闻资讯等内容,客户可以在平台上积极互动、评价,感觉非常精彩的或是有优惠的信息还会分享到客户自己的朋友圈中,通过这种互动式宣传进一步实现了营销的覆盖率扩大。因此,很多商家抓准网络营销的特点,借助微信公众平台有效地开展了客户关系管理,并且在线完成了许多营销流程,比如咨询和售后服务等。微信公众平台凭借其强大功能及影响力,使得众多微信公众账号拥有庞大的粉丝数量,正改变着人们的日常生活。很多企业利用微信公众平台的商业价值,在平台上发布广告、做推广品牌的活动、解答客户的疑虑,实现了同客户的有效沟通和互动,其广告效果是传统广告不可比拟的,微信营销的精准性与传统营销手段相比更胜一筹。④通过"查看附近的人"功能实现品牌的营销。微信利用LBS(基于位置的社交)技术来帮助商家在一定的空间范围内寻找到众多微信用户,通常商家要在人流众多并且可能会挖掘到目标客户的场所使用此功能,通过这样的功能商家可以快速地把品牌和产品的相关信息推送出去,产生不错的宣传效果。⑤利用"漂流瓶"功能开展营销活动。该功能是一种和陌生人互动的简单方式,微信商家将需要推动的信息装进漂流瓶并投放到微信的海洋中,推送的信息可以是一些公益宣传或是一些有趣有意义的活动。而通过微信捡到该漂流瓶的用户,则通过展开漂流瓶获知了商家宣传的相关信息,那么商家的影响力就触达了微信用户,影响力得到了进一步扩大,而且这个微信用户极有可能就是商家的潜在客户。

随着微信营销的广泛应用,企业利用微信进行营销活动的发挥空间越来越广阔,但是要使得企业的微信营销取得成功,还需要多做些研究和实验。例如,需要对消费者的行为和习惯进一步地深入思考,加强自己的品牌管理、产品质量和优质服务的意识,结合自身的特点,积极研究微信营销的方式和方法,准确掌握消费者心态,开发出丰富多样的大众不会产生反感的营销模式,高品质的将产品、品牌和服务的相关信息传递给广大受众,最终获得营销的成功。

(二) 微博

微博可以理解为微型的博客,字数较博客少,通常是140个字以内(包括标点符号),通过单向和双向两种机制做关注,通过WEB和WAP等多种客户端建立个人社交社区,能够即时分享广播式的信息。该信息可能有即兴的思想,也可能有某人的最新动态,是一种注重时效性和随意性的分享和交流平台[19]。微博的开放传播的主体可以是个人,也可以是组织,个人主体由百姓、名人、官员和认证用户等组成;组织主体中有政府、企业和社会团体等组织,中国微博领域最强的平台是新浪微博,因为有各类个人和组织主体参与传播,新浪微博有"公共议事厅"的形象称号。

1. 微博的发展情况

2014年3月,新浪微博改名为"微博",成为中国微博领域绝对的领军代表。微博在2016年3月公布的2015年第四季度及全年财报显示出微博高速增长的用户规模、活跃度和收入水平。截至2015年的第四季度末,其月活跃用户数量可以达到约2.36亿,同比增长了34%多,日活跃用户也可达到1.06亿,同比增长了32%[20]。由于微博注重社交、移动和视频方面的互相融合,微博的Bigday社交营销方案已获得了广告主们的认可,因此流量持续地取得好成绩。例如,洋码头这个有名的跨境电商应用将广告"黑色星期五"在微博采用Bigday投放,经统计,当天的流水和新增客户数量增长了10倍以上。另外,广告收入的增长成为微博盈利的重要推动力。微博对传统广告平台客户的吸引力也在不断增强。例如,《星球大战:原力觉醒》在上映前4天连续通过微博来投放开机报头广告,触达的用户数和首周票房均取得了不错的结果。

2. 微博营销的优势和劣势

社交媒体营销正在成为中小企业移动营销的必选,目前已经有不少中小企业客户也开始在微博投放品牌广告,品牌企业投放信息流原生广告的比例也一直在增长[21]。

微博营销的优势:①微博营销有利于树立品牌形象,客户的高度参与有助于企业提升知名度。企业首先要精心设置企业信息,针对自己的目标用户做好定位标签;为了吸引众多粉丝关注,微博应该形成自己鲜明的风格,利用形式多样的创意内容来提升客户体验,以防客户审美疲劳,这样将有利于品牌形象的塑造;与自己的粉丝形成平等的、人性化的、客观的、理性的交流方式。企业在面临危机时,要对出现的问题进行详细的说明,以积极、正面的态度面对一切舆论,这样势必会赢得一批拥护者,这些拥护者们将会积极主动地对事件给予正向评价,甚至会为了提升企业的知名度,转发对公司利好的信息,使得更多的人能够获得企业所要传播的利好信息来形成口碑效应。②微博营销可以增加企业网站的流量,提高企业的曝光度。微博的信息传播是以关系网络为基础的,在树立良好形象的基础上,还需要精心经营微博上的关系网络。企业在发布信息时,通常会附加一些相关的链接,并利用多种方式来引起客户的注意力,引发客户在不同的社交媒体上讨论,社交媒体包括博客、微博、微信、论坛和贴吧等。通过高质量外部信息的链接,将会大大提升企业网站在搜索引擎上的地位排名,同时带来网站可观的流量增长。③微博平台也可以作为公司的信息发布平台和快速的客服通道,能够非常有效地传递信息。因为微博都拥有着庞大的用户基础,企业可以在微博上发布产品的相关信息,粉丝会纷纷进行评论和转发,信息经过一传十、十传百的口口相传来吸引更多的潜在用户。微博营销做得好的企业,应该做到同微博中的客户保持及时、有效的互动,客服能够又快又准地了解用户对产品和服务的反馈,面对质疑时,可以通过微博或邮件及时解决实际问题,避免负面信息的影响,而且在提升客户的满意度的同时,也会提升自己的品牌形象。④微博营销有助于企业快速提高销售业绩。随着网站流量的增加,对企业产品和服务感兴趣的客户同样也会增多,潜在客户的数量也会增长,即客户转化率也将提升,销售业绩自然就会迅速拉高。⑤成本较低,效益高。微博营销被众多企业品牌青睐的原因一是用户群体广泛,另一根本原因则是营销成本较小。其注重线上活动策划,相对线下消耗的人力、财力和物力成本较少,又能精准锁定目标,因此,营销过程非常高效,收益自然较高。⑥能够帮助小企业发掘潜在客户的需求。一些初创企业会通过为客户提供最好最舒适的购物体验来保持客户黏性,但是在推广的过程中需要投入大量的成本,对于小企业来说还是非常有挑战性的。微博营销给小企业一个机遇,使得这些企业可以在少花钱甚至不花钱的情况下将优质的客户体验分享给大量的目标群体。

微博营销的优势明显,但是也存在着一些劣势:①负面影响较难控制。如果在企业微博中出现一些负面情绪,预测和控制该情绪的发展方向和传播速度会是大多数企业都会面临的难题,因此,企业一定要及时有效地做好危机公关,否则后果不堪设想。互动是把双刃剑,正面的互动则能够有效提升品牌价值,负面的互动会破坏已有的品牌价值。②数据质量难检测,易作假。在做了广告或公关投放后,获得的数据结果多是一些类似转载内容的数量、评论的数量等,数据的质量、效果和美誉度则非常难以监测和定论。目前存在购买粉丝量和雇用水军发帖的现象,且成本很低,刷点击率和顶帖的现象已成了被广泛讨论的话题,效果和真实性经常会存在质疑。因此,从上述分析的几个劣势来看,企业不能仅仅把微博营销作为塑造品牌和提升品牌的唯一方法。

3. 微博营销模式

微博营销通过微博主体,将品牌、产品和服务等相关信息面向公众广播式传播,进行在线宣传以传递品牌价值和管理客户关系,以此来实现营销的目的。微博平台为企业提供了丰富的博文发布形式,有文本的、视频的、话题类型的、头条文章等不同发布形式,不同形式会产生不同的互动效果。微博营销通过账号扩散等多种方式获取关注来积累粉丝,通过制造些活动或声势来推广传播并提高企业的影响力,利用企业家 SUPERMAN 的营销来全面提升品牌效应,通过组合拳来实现品牌的塑造,发挥社交媒体平台优势,实现自己的营销目的,焕发生命力。

(三)其他社交媒体

1. 论坛营销

论坛即网络社区、BBS,具有很强的互动、交流和传播效果,用户可在论坛中获得各种信息服务,并能够进行分享、讨论等活动,人气超高。论坛营销就是企业或个人为了提升企业的知名度,推销自己的产品或者服务,在论坛中利用文字、图片、声音、视频等方式开展有利于目标客户对产品和服务有更多了解和体验的网络营销活动[22]。

论坛营销既有优势也有劣势,它的优势主要体现在以下几个方面:①成本低廉。论坛营销除了人工费用外,基本不需要其他支出,只需要操作者对话题有把握能力与创意能力。②互动性强。在论坛上,通过一些事件的讨论来引起网民们的兴趣,集结众人开展同品牌和产品相关的活动,调动网友与品牌之间的互动。在客服方面,营销人员和消费者能够在论坛中直接交流,对于商品或者服务存在的问题,可以及时沟通解决。③可操作性强。论坛的话题通常都是开放的,很容易聚集起非常高的人气,通过论坛的传播和互动,能够实现差不多所有的营销想法。尤其是对于中小企业来说,只需要安排人员运用搜索引擎内容编辑技术,保持与网友间对于产品和服务的及时、有效的沟通,即可实现自己的营销目的。④营销的隐蔽性强。现在各知名网站都设有论坛,进入论坛的用户经常会见到交流购物心得、推荐购买某种品牌的产品的帖子。这些帖子的出处有两种可能,一种可能是网友自己发布的,一种则可能是商家发布的。这样的帖子一旦引起注意和讨论,势必会引发公众的关注,那么对于企业来说,企业形象和商品都得到了很好的宣传。⑤高精准的信息交流和互动。企业在做论坛营销时,对于主题和板块内容的相关性考虑非常多,为了达到良好的营销效果,需要输出的内容要有针对性、精准度要求非常高,企业可以针对自己的产品或者服务在与产品相关的论坛或者各大门户网站论坛中发帖,通过与网民的互动,开展下一步的营销活动。虽然论坛营销有上述优势,但是,论坛营销也有劣势,主要包括:①积聚人气需要时间,差不多要一年的时间才能积聚初具规模的人气,初期发展需要一定数量高质量的原创内容,来逐渐打造论坛的品牌。②功能相对微博要烦琐,论坛的功能非常强大,如果设置有误,很可能使得会员无法访问或数据库出错,新手刚开始建论坛时,没有办法面面俱到地将每个主题做精细,势必会减缓营销进程和效果。

综上所述,论坛营销在当今新媒体盛行的时代将会对企业的市场营销起到举足轻重的作用,尤其是在企业初始阶段,论坛营销为市场的开拓、品牌的推广、产品的营销及利润的获得开辟了一种新的营销思路和模式,规避了资金不足、品牌弱势的弊端,使公司不断成长。

2. 贴吧营销

贴吧营销是通过贴吧来展开营销的营销模式。贴吧通常是针对某一用户搜索的一个或多个关键词而自动生成的网上主题交流社区。商家可以通过分析用户输入的关键词语来精准地把握其兴趣点、想法和需求等。因此,贴吧营销可以准确把握用户需求,具有非常强的针对性、极高的黏性和特别多的互动功能等特点[23]。

贴吧可以说是简洁化的论坛,优点和劣势基本与论坛营销相同。下面对贴吧营销技巧做如下总结:①找出当前最流行的元素,去各大贴吧宣传,吸引网友跟帖,带来流量;②选择比较综合的版区去宣传和性感相关的素材,注意尺度,避免被删帖,进一步提高流量。

【案例】华美食品社交媒体营销的运用——"会说话的月饼"[24]

华美食品利用微信、微博、微视成功举办了一场"三微"促销活动——华美"会说话的月饼"。在客户购买了华美月饼后,通过扫描二维码进入华美微信服务号中的活动版面,录制微视频祝福短片,并通过一系列操作获得一套定制的祝福,如果将内容分享到微信朋友圈,将会有机会获得万元大礼。更有趣的是,如果客户购买的月饼是作为礼物送人的,则收到礼物的人同样可以扫描二维码查看祝福视频。此次活动开启了全新的创意祝福方式,吸引了众多网友和网红参与,不仅赢得了前所未有的销售业绩、提升了品牌形象,而且凭借其过硬的产品品质和优质的服务,赢得了极佳的口碑。

本章小结

社交媒体营销是本章的主题。介绍了社交媒体的概念、发展历程、类型及特征。社交媒体实现了信息传递的"去中心化",每个人都是信源、信道、信宿,所有人都可以对外发布信息、传播信息,同时也从外部接收信息,从而实现信息的快速出笼、传播、反馈。高转化率的社交媒体传播营销方式有口碑营销、情景营销、动态身份营销。在理解社交媒体盛行原因及不同类型用户特点的基础上,体会身份营销服务在各种社交媒体广告中的内在价值。每个媒体都有自己的特点,有优势与劣势。

本章对每个社交媒体进行了详细分析。微信用户数量庞大,大多数企业都意识到了微信的作用,纷纷在企业实践中加以应用,微信本身的功能也在不断演化和发展,处于从社交媒介向传播媒介、营销平台转化的过程中。微信的优点是营销目标更精准、快速接触目标客户、及时与客户保持紧密关系和融洽互动、传播成本低。但是存在影响范围受限、不能成为普适性模式、必须结合线下活动才能发挥最大作用等问题。微博营销是通过微博主体,将产品、服务等面向公众广播式传播相关信息,进行在线宣传,传递品牌价值和管理客户关系,以此来实现营销目的。其优点是客户参与度高,增加企业的曝光度,有效传递信息,快速提升销售业绩,成本较低,效益高,有助于企业提升知名度,树立品牌形象。但是微博的数据质量难检测,易作假,负面影响不易控制。论坛营销是利用论坛发布产品和服务的信息,最终达到提高品牌的知名度并加深市场认知度的网络营销活动。其优点是营销的隐蔽性强、互动、交流信息精准度高、成本低廉,缺点是积聚人气需要时间、功能相对微博要烦琐,但为创业初期企业提供了一个新思路。贴吧营销是通过贴吧来展开营销的营销模式。贴吧通常是针对某一用户搜索的一个或多个关键词而自动生成的网上主题交流社区。贴吧营销可以准确把握用户需求,具有非常强的针对性、极高的黏性和特别多的互动功能等特点。

思考题

1. 社交媒体营销的优势是什么?
2. 有些人认为微信营销将会成为主流营销方式。请评价这一说法。

3. 选择一个产品,最好是你十分喜欢并经常购买的,做出一个社交媒体营销计划。
4. 腾讯影业是如何引爆市场的? 请分析。
5. 针对每种社交媒体营销方式,请各举出一个成功例子和一个失败例子,请解释你的观点。
6. 分析做好社交媒体营销的关键因素包括哪些?
7. 举例说明,如何避免步入社交媒体营销误区?

参考文献

[1] KAPLAN A M, MICHAEL H. Users of the world, unite the challenges and opportunities of social media[J]. Business Horizons,2010,53(I):61.

[2] 清科研究中心. 微信息社交及垂直社交双模式引中国社交网络华丽前行. http://tech.hexun.com/2011-10-17/134275950.html.

[3] 李林荣. 新媒体概论[M]. 北京:法律出版社,2015.

[4] 凯络中国. 凯络社交媒体专业洞察. http://huaban.com/pins/671149470/.

[5] 李林荣. 新媒体概论[M]. 北京:法律出版社,2015.

[6] 李娜,胡泳. 社交媒体的中国道路:现状.特色与未来[J]. 新闻爱好者,2014(12):45.

[7] WALTHER J B. Computer-mediated communication:impersonal interpersonal and hyperpersonal interaction[J]. Communication Research, 1996,23(I):3-43.

[8] 林璟骅,温雅力,邱心怡. 中国社交媒体铸就消费新时代[J]. 社交媒体与新消费新时代,2012(2):15.

[9] 赵曙光. 高转化率的社交媒体用户画像:基于500用户的深访研究[J]. 现代传播,2014(6):118-120.

[10] SHORT J, WILLIAMS E, CHRISTIE B. The social psychology of telecommunications [M]. London:Wiley, 1976.

[11] SHEN K N, KHALIFA M. Explore multidimensional conceptualization of social presence in the context of online communities [J]. International Journal of Human-Computer Interaction,2008, 24(7):722-748.

[12] HEETER C. Being there: The subjective experience of presence[J]. Presence, 1992,1(2):262-271.

[13] DIVOL R, EDELMAN D, SARRAZIN H. 破解社交媒体营销谜团[J]. 社交媒体与新消费新时代,2012(2):15.

[14] 赵曙光.社交媒体广告的转化率研究:情境因素的驱动力[J].媒介经营管理,2014,(4):105-111.
[15] 陈昌业.腾讯影业《魔兽》负责人:最适合的营销资源都用了.http://mt.sohu.com/20160607/n453383163.shtml.
[16] 李娜,胡泳.社交媒体的中国道路:现状.特色与未来[J].闻爱好者,2014(12):1-5.
[17] 百度百科.微信.http://baike.baidu.com/link?url=GC6cqMYtgN7uTcpLKc_hx8_-Ebpw2pOB65QPeeoBLhd6_WS_j4Q0Gz0KVqJoWKyE9c1NajKZO3qjRHAdORFhh7CKnBXrY0w1QRZcqz4_zpu.
[18] 腾讯科技.企鹅智库和中国信息通信研究院产业与规划研究所2016版《微信数据化报告》.http://tech.qq.com/a/20160321/030364.htm.
[19] 袁文丽,赵春光.基于社交媒体用户迁移的微博价值分析[J].编辑之友,2015(4):49-53.
[20] 新浪科技.微博发布2015年第四季度及全年财报.http://tech.sina.com.cn/i/2016-03-03/doc-ifxqaffy3528786.shtml.
[21] 新浪新闻中心.微博2015年用户、活跃度、收入增速创新高.http://news.sina.com.cn/m/roll/2016-03-03/doc-ifxqaffy3552972.shtml.
[22] 百度百科.论坛营销.http://baike.baidu.com/link?url=pywVpd2eh41a2dF4r2pwjWEkjY-r5augrrxxaj-gnHbgXn8sR4f1UTcWzZtdB0yP5_QnVjpKePfePfoXQUpE2q.
[23] 百度百科.贴吧营销.http://baike.baidu.com/link?url=4AB1GrHF5DKOnLQq1jmwmrwjD9P7ygSq-neURZD3E-v_vKb-ZU0VyGs9wiagYm3eZTEOoZ9ARRhd-sW1b-a4Aa.
[24] 中华网财经.华美食品会说话的月饼,互联网营销新法深入人心.http://finance.china.com/fin/xf/201409/05/5737366.html.

第七章
搜索引擎营销

本章的主要目的是介绍搜索引擎营销、搜索引擎、搜索引擎广告及搜索引擎优化的基本概念,并对竞价排名方式及搜索引擎优化策略做了详细的介绍,帮助读者系统地了解搜索引擎营销相关知识。

一、基本概念

在当今互联网盛行的时代,搜索引擎营销也随之诞生并蓬勃发展。作为网络时代的指南针,搜索引擎不仅存在着自身技术特性的优势,更重要的是其将传统媒体与社交媒体模式等新媒体模式有机融合,开创出了能够满足用户需要的广告传播方式。

通常情况下,搜索引擎营销大体包含两方面的内容:搜索引擎广告及搜索引擎的优化。下面简要介绍几个重要的概念:

(1) 搜索引擎(search engine,SE)。搜索引擎指基于网络及数据库等技术,同时依照提前规划好的运算策略,从而编制出的用于检索指定信息的一套计算机程序。该程序设计采取互动模式,可以通过用户输入检索关键词这种传参数的形式,将查询指令输入到搜索程序中。当程序接收到搜索指令后,便可以自动在互联网中检索与关键词相关的信息,并能够迅速整合、加工、返回检索结果,最终形成结果列表展示给用户。搜索引擎主要包括元搜索引擎、集合式搜索引擎、目录索引、全文索引、垂直搜索引擎、门户搜索引擎与免费链接列表等不同类型[1]。

(2) 搜索引擎营销(search engine marketing,SEM)。搜索引擎营销指在经过系统采集、处理、分析用户检索习惯及偏好后,利用搜索引擎技术,在用户检索信息时有针对性地植入对其极具吸引力的营销信息,尽量精准锁定目标客户群,使其有兴趣点击访问企业网站进行消费。具体而言,其过程基本与传统广告设计的 AIDA（attention-interest-desire-action）过程类似,即利用搜索引擎技术,在返回给用户的检索信息列表中植入营销信息,从而引起用户注意并使其产生兴趣从而访问网站。再通过优质网站设计及优化策略培养用户购物欲望,最终成为消费客户或者潜在目标客户。

企业或店家可通过搜索引擎付费推广,使得用户主动找到企业,并能够点击企业广告,最终与企业或店家产生联系或下单实现销售。从用户的角度来看,搜索引擎营销的基本过程包括:网民搜索关键词—看到搜索结果—点击链接—浏览企业网站—实现转化。而对于广告主来讲,对应的过程是:设计关键词—关注展示创意及曝光量—统计点击量、点击费用、平均点击价格、点击率—统计独立访客数、访问次数、平均停留时间、跳失率—统计转化次数、转化成本、转化率;搜索引擎平台的工作:统计日均检索量—统计自然搜索结果及付费结果。搜索引擎营销的主要技术包括搜索引擎广告和搜索引擎优化[2]。

通过搜索引擎营销的基本过程可知,如果想更好地吸引用户的注意力,关键就在于要在搜索内容中提供更加详细的产品信息,这样我们就不得不根据这些正在寻找企业产品和服务的网民特点,制定出一些关联性强的词汇,从而触发营销需求。目前,很多企业网站的重点就是"制造需求",这也是最基本的营销目标,再通过一定的广告预算,抓住用户,并积极影响销售。要想"制造需求"、抓住用户从而影响销售,就要洞察不同的搜索意图,对用户进行分类,区别对待,有效提高转化率。研究表明,搜索引擎用户大体包含三种类型:第一种类型,引导搜索型。此类用户试图寻找一些网站,而这些网站或许他们自己也不知道确切的链接,他们会选用一些关键词来搜索需要的信息,如他们会在检索框中输入百度、淘宝等。第二种类型,信息搜索型。此类用户试图通过在搜索引擎中输入问题,去学习一些新知识,如他们会在检索框中输入什么是搜索引擎营销？搜索引擎营销的要点有哪些？等。第三种类型,交易搜索型。比如此类用户试图通过搜索引擎去参加活动或购物,那么他们会在检索框中输入网络营销课程、空气净化器打折等。

对于企业网站运营者来说,需要认真辨别、区分各类搜索类型的用户,以便于将相关的内容很好地关联到网页上去。要知道,同一个搜索用户也会在各种类型搜索中不断转换,同一个用户也可能会用不同的关键词来搜索产品信息。因此,企业可以根据这几种类型的用户习惯去制定一些关键词,这样便可以较容易地得到更多的潜在用户。传统营销广告是都把用户想要寻找的内容放在最前面,因为这样才可以使得用户快速地找到所需内容。而与传统营销的内容相比,搜索引擎营销的信息会更加详细。但是,要令用户快速、准确地搜索到满意的结果,则需要企业非常了解他们习惯使用的搜索关键词有哪些。

从理论上讲,对于各种形式广告的受众来说,搜索不应该仅是下一步。即当他们看到最新笔记本电脑广告并且需要得到更多信息时,他们就会去本地的实体店铺或者仅是通过百度搜索一下。尽管如此,在西方的一些国家,依然有很多企业会通过搜索引擎的搜索量及点击率的增加,来获取更多关于消费者对新产品的认知及反馈。

尽管搜索引擎营销看起来似乎是个非常艰巨的任务,但是只需利用一些实践经验及技巧,便将获得巨大的收获。同时,大量搜索引擎营销案例证明,搜索引擎营销已成为最具营销效果的营销手段。目前,已有越来越多资深的营销者不仅应用搜索引擎营销,而且已将搜索引擎营销作为首要的营销手段纳入到整个营销预算中来[3]。

目前,百度以绝对的优势位居中国搜索引擎市场的榜首,PC端、移动端的市场占有率均超过50%,市场份额巨大。而从全球最新视野来看,目前Google-Global仍然稳居榜首,份额已突破70%,为71.44%,环比上月增加3.65%,遥遥领先于其他众多搜索引擎,其霸主地位无人可撼。Bing名列第二,当前份额降至12.36%。其后,排名依次是百度占比7.29%、Yahoo-Global占比7.18%,均受到明显蚕食。其中,百度的份额较上月缩小1.57%,降幅最明显;Google-Global与Bing的份额一直此消彼长、涨幅明显;百度与Yahoo-Global二者势均力敌,差距甚微[4]。

【案例】BMW搜索引擎营销策略[5]

BMW的搜索引擎营销策略可谓是激进式策略。首先,BMW在广告投放时就要求保证旗下所有产品名称都位居检索列表首位,同时一并购买了用户搜索行为分析得到的所有关键词组合,进一步确保榜首位置。其次,BMW还与搜索引擎运营商及各地经销商达成合作,利用搜索引擎技术,采取不同IP显示不同关键词广告的模式,从而达到精准营销及品牌传播的目的。最后,BMW还做了本地化处理,保证无论在何时何地,只要用户检索BMW产品名称,都能保证结果列表的第一位是BMW美国官网,而第二位便是当地经销商网址。

> BMW通过以上三个步骤基本达成其营销战略:首先,品牌覆盖。通过保证自己旗下的所有产品名称始终位居榜首,从而在用户心中树立良好品牌形象。其次,市场细分。通过搜索引擎提供本地化处理后的有针对性的检索结果,便于本地经销商有效拓展销售渠道。最后,降低成本。通过与各地经销商联合,采取高度统一的搜索引擎营销策略,在保证BMW品牌形象一致性的同时,也降低了各自为战的高额广告成本。

二、搜索引擎广告

搜索引擎广告（search engine advertising，SEA）是搜索引擎营销中的一部分内容。主要利用搜索引擎技术并结合自身产品及服务的特点,制定出符合用户检索习惯及偏好的关键词,并以此为核心设计出极具吸引力的广告内容,设定合适的广告投放定价,最终达到有效营销的目的。当用户在搜索引擎中输入的关键词与广告主事先设定的关键词匹配后,相应的广告便会根据竞价排名原则展示出来。通常情况下,对于搜索引擎赞助的广告的排名,付费给搜索引擎可以增加网站的排名。这类广告,只有在用户点击后,按照广告主对该关键词的出价收费,无点击不收费[6]。

与传统广告相比,搜索引擎广告不但模糊了信源与信宿的界限,从原来的单向传播变为了双向互动式传播,同时还有效地加快了广告信息的反馈过程。对于用户而言,利用搜索引擎技术,省去了编码与解码等烦琐环节。用户仅需要输入自己所需信息的关键词,便可以迅速得到搜索引擎在互联网中检索到的所有相关信息列表。并且结果按照匹配度高低进行排序,便于用户准确锁定自己所需信息,提高检索效率。而另一方面,对于广告主而言,仅需要向搜索引擎公司提供自己的广告及关键词报价,即可参加竞价排名,便可以方便、快捷地向用户传递自己产品及服务的广告信息。同时还可以迅速接收到用户反馈信息,准确了解自己的营销策略的有效性,以便快速响应,做出调整并采取有效措施。

诺贝尔经济学奖得主赫伯特·西蒙（Herbert Simon）经过研究发现:信息过载会对用户有效接收信息产生负面影响,导致其注意力匮乏,同时也会降低其信息选择的准确性。幸而搜索引擎为用户提供了能够快速、准确、便捷地检索出所需要的信息的技术,最大限度地避免了由于信息繁杂而使得这些信息会被忽略掉的问题,尤其是信息与他们个人的相关性不是很明显的时候,用户可以通过搜索引擎快速筛选出满足自己需求的独特信息。也正是由于搜索引擎技术的出现,促使用户消费信息获取方式发生了转变,由原来的被动接收海量消费信息转变成为了有针对性地选择自己所需要的消费信息。

众所周知,信息时代亦被称为"眼球经济"时代,"注意力"已成为这个时代的稀缺资源。尽管互联网技术使得知识的产生及传播更加快捷,但也无法保证在庞杂的网络中引起用户的注意。就是在这种经济模式与规律下,催生出了全新的网络盈利模式。目前,搜索引擎公司收入主要来自以下三个方面:提供搜索服务的收入、利息收入和其他收入。而搜索服务又包括付费搜索和搜索引擎优化两项。

搜索引擎的盈利主要来自以下三大方面:首先,技术服务费。广告主必须向搜索引擎公司提交技术服务费,才可以得到自己的专属域名,以保证用户在搜索引擎地址栏中输入域名后,便可以轻松检索到对应企业的产品及服务信息。其次,固定排名费。广告主必须先向搜索引擎公司支付固定排名费,才可以向其提供自己拟定的关键词列表,保证用户的检索词与之匹配后,便可以看到自己的广告信息。最后,竞价排名费。广告主必须先向搜索引擎公司申请预存账户,才能参加关键词使用权的实时竞价排名活动,以保证自己在关键词出价最高时,便可以获得在搜索引擎中展示广告信息的最佳位置,最后按用户的实际点击数支付竞价排名费。当然,竞价排名是随着广告主们的出价变化而实时、动态更替的,一旦有出价更高者,原来广告主的关键词使用权就会自动失去,而广告信息展示的最佳位置也要让出。此处值得注意的是,无论固定排名费抑或竞价排名费,都是为了能够在搜索引擎结果列表中获得较好排名而付费,而不是为固定广告位而付费,这与传统广告模式完全不同[7]。

由于竞价排名是目前最为普遍采用且非常重要的模式,下面将对其进行较详细的说明。竞价排名(pay per click)指的是企业在搜索引擎中,为自己的网站页面购买预先设定的关键词排名,获得关键词使用权后,再按搜索引擎点击数(或按时间段等方式)对其进行计费的一种服务。举个具体的例子来说明此概念:有一家企业的商业网站 A,为了得到关键词 B 在搜索引擎 C 中的第 N 位排名,首先它需要向搜索引擎公司 C 提出关键词 B 的竞价排名服务申请,再由搜索引擎公司 C 对其网站 A 进行审查,然后搜索引擎公司C给出关键词B的第$N-1$位和第$N+1$位排名的价格,当商业网站A交给搜索引擎公司C的服务费位于这两者之间时,同时再次通过搜索引擎公司C对其内容的审查后,商业网站A便将获得关键词B在搜索引擎公司C中的第N位排名。当然倘若以后有其他商业网站出的服务费高于商业网站A,商业网站A的排名将会依次顺延[8]。百度作为目前全球最大的中文搜索引擎、全球十大网站之一,每天有超过1亿人次访问量,已覆盖了95%中国网民。也正是百度在中国首创了"竞价排名"的概念,早在2001年10月就开始在中国市场中加以推广使用,并且已在中国申请了竞价排名的专利权。目前在付费搜索引擎广告中,百度的竞价排名搜索引擎广告是最为成功的[9]。

三、搜索引擎优化

搜索引擎优化(search engine optimization,SEO)是指依据搜索引擎的检索规则,通过改进主题关键词设置、内容编排及程序设计等方式,提升网站自然排名,以获得更大流量,从而达到提升销量及品牌知名度的目的。搜索引擎优化的目的是:为目前网站提供生态式的自我营销解决方案,使得网站在行业内占据领先地位,进而获得品牌收益。同时从搜索引擎内获得更多的免费流量,从网站结构、页面设置、内容建设、用户互动等角度进行合理规划,使得网站更适合索引原则。搜索引擎优化能够有效提高网站营销效果,引起用户注意,从而提升销量。搜索引擎优化包含站外搜索引擎优化和站内搜索引擎优化两方面[10]。搜索引擎优化是搜索引擎营销的重要组成部分,主要涉及网站的主题设计、架构设计、内容设计及管理系统选择等内容。而为了提升优化效果,这些内容在建设网站初期就要考虑到[11]。

由于百度是中国最大搜索引擎公司,而对于企业来说,在关键词排名的过程中,搜索引擎优化工作尤为重要,因此下面就以百度为例,详细说明一下搜索引擎优化策略的几个重要方面。此外,也会在其中穿插介绍一下创造了巨大财富的淘宝,简要介绍一下在淘宝中关键词优化的相关要点,以期对淘宝的经营者提供可以参考借鉴的方法及规律。

(一) 内容的优化

目前,搜索引擎优化技巧层出不穷,但无论何种优化技巧都离不开网站的核心要素——网站本身的内容。而且,无论何种网站都需要确保具备鲜明的主题及为主题服务的丰富内容。也就是说,网站主题的确立及内容的优化才是网站优化的第一步。而且值得注意的是,绝大部分的搜索引擎都是根据内容来判定网站设计质量并以此进行索引排序的,而不是图片或动画等。索引比较靠前的网页会随着用户不断地积累,流量也会越来越大,百度排名自然也会越来越靠前。因此,内容优化是搜索引擎优化工作中基础且重要的部分。

(二) 标题的优化

标题相当于企业的"门户",会直接影响其网页的流量和排名。优质的标题能够使得网页的排名更加靠前,被用户搜索到的几率也就更高,产品页的访问量及成交转化率也会随之提升。那么,如何对标题进行优化呢?这是值得我们努力探索的问题。对于百度搜索引擎优化来说,关键点在于做到如何精准匹配,其核心就在于关键词的设定。用户通过搜索关键词找到所需信息列表,并且选择性地点击、查看自己所需的详细信息,所以,关键词的质量直接决定了企业网站的排名及访问量。在选择关键词的时候,要注意以下几点。

1. 关键词的文字设置

网站的关键词的字数不宜过多,一般设定为5个字左右。首先,要保证关键词的设定已符合搜索引擎的搜索规则,在此基础上才能进行下一步的优化。其次,关键词可以适当规避热门词汇,采取另辟蹊径的方式以提升搜索排名。此外,还可通过组合关键词设定以提升搜索排名。因为单一关键词检索到的结果会非常多,增加了用户筛选信息的难度。而组合关键词可以使检索结果更加精准有效,条目也会随之减少许多,排名自然也就提前了。

2. 关键词的密度设置

关键词的密度等于关键词字数除以整个页面字数。而这一比例是搜索引擎优化工作中需要关注的重要指标。因为搜索引擎会自动统计出整个页面的字数,并结合词语出现的频次,运用自身算法以评估出每个词语的重要程度。词语在整个页面出现的频率越大,也就说明这个词语对该页面来说比较重要(介词、助词、连接词等除外)。通常情况下,网站关键词的密度不宜设置过高,尽量保证在3‰及以下。企业可以通过专业关键词密度统计工具或是自己进行测算的方式来检测关键词密度设置效果,保证其设置合理,从而达到优化目的。

3. 尽量符合用户使用习惯

关键词的设定不但需要满足企业自身产品及服务营销的需求,还要尽量符合用户的搜索习惯及偏好,以期达到更佳的营销效果。关键词的选择需要从用户的角度出发,便于其精准、快速检索到所需信息。不断揣度用户需要检索哪些信息、愿意采用哪些检索关键词及趋向于采取何种检索方式等。在选择词汇时,要尽量从用户角度考虑,要时刻为用户着想,要清楚用户可能寻找什么,可能使用哪些关键词进行搜索。尽量避免含义较宽泛、模糊的词汇,要根据自己的产品及服务来制定尽量具体的词汇。此外还要积极征求其他人的意见,并根据销量及时调整、校正关键词的设定。

4. 切忌堆砌、滥用关键词

尽管我们深知多个关键词明显要比单一关键词更加有效,但是也要保证其符合搜索引擎及基本的文法规则,切不可盲目堆砌甚至是滥用关键词,这样的做法不但不会达到优化的效果,反而还会适得其反。此处值得提出的是,在淘宝中,淘宝卖家为了提高宝贝的流量,会试图将多个不同属性的关键词拼凑在一起来作为宝贝的标题,以期引起买家的注意,从而达到最大范围的覆盖,这样会被淘宝官方判定为堆砌或是滥用关键词而扣分、降权,因为这会误导用户,使得他们无法较为精准地搜索到需要的宝贝,影响用户体验。而对于淘宝卖家而言,要在非常清楚宝贝标题不触犯的"雷区"的前提下,再针对宝贝的标题进行有效地优化。优质的宝贝标题会明显有效地提升流量及成交转化率。目前淘宝标题制定的四大原则包括:主推核心关键词、适应买家搜索习惯、关键词紧密相连、标题关键词顺序合理。此外,淘宝卖家及早建立并完善店铺宝贝关键词词库,并能够通过不同途径对词库的完整性及优质性进行校正,可以参考同行,也可利用淘宝直通车免费为卖家提供的关键词表、搜索指数、成交指数及商品综合排名等方式对关键词不断优化,这对店铺的中期高速发展非常有帮助。

而对百度而言,也增加了各种防止关键词技术作弊的检测模块,可以轻松地检测出关键词堆砌现象,一旦识别出来,便会对其做出相应的惩罚,而且惩罚力度非常大。所以作为广告主在做广告内容设计时,需尽量避免关键词在页面的同一行出现两次以上,更不可以心存侥幸,自作聪明地利用各种关键词作弊技术或工具,这种行为很容易被搜索引擎识别出来,而后果往往得不偿失。

(三)代码的优化

百度曾对自身的搜索引擎算法进行过一次较大的变更,期间将大批页面停更、关键词排名"跌停板"等网站剔除出了百度搜索引擎,基本结束了"黑帽 SEO"的时代。百度本次搜索引擎算法优化工作的重点便是增加了各种关键词技术作弊识别模块,基本囊括了所有当前常见的欺骗技术并将其统统列入搜索引擎黑名单。此举不但有效避免了各类技术欺骗行为,还大大提升了搜索引擎的检索性能。因为当排除掉大量重复的低质量欺骗信息后,页面体积减小、检索速度加快。此外,页面噪声降低使得广告信息主题鲜明,内容清晰,易于快速、准确检索,同时也便于网站的后期管理及维护。百度在维护了搜索引擎检索秩序的同时,也营造了高效、绿色的信息环境。下面便简要介绍几类行之有效的代码优化方法,以供网站建设者参考。

1. 设置合适的标题及 Meta 信息

在搜索引擎技术中,关键词是企业网站核心主题的标识,也是用户在搜索引擎中用以寻找网页的检索词。而在原始代码中,我们可以通过检索〈title〉〈/title〉这个重要的标签定位页面的标题。需要了解的是,此处的标题便是在搜索引擎返回的检索结果列表中所展示的内容,当然也是用户检索到所需信息时点击进入的网站入口。所以,作为广告主应该尽量保证该标题出现在网站的各个页面中。此外,标题的设置还需要保证能够高度概括页面的主题且不宜过于烦琐,需要短而精练,高度浓缩。而对于不同的页面,还需要尽量避免标题重复的内部竞争现象。

搜索引擎除了非常关注网站标题外,还有个非常重要的关注点就是页面的 Meta 信息。网页的 Meta 信息中包含关键词及摘要两个标签。其中关键词的设定已经在上面的篇幅中介绍过了,此处不再赘述。但值得注意的是,在设定多个关键词时,需要用半角逗号将其区隔开。而摘要部分则是填入一段简要描述页面内容的文字,这段文字很可能将会被搜索引擎选取,并作为结果摘要。综上可知,为了提升搜索引擎检索效率,对于企业网站首页、索引页等信息量不大的页面,通常建议尽量提供概括摘要信息。

此处,再次提醒读者的是,无论是在标题还是在 Meta 信息中,都要切忌堆砌关键词,因为这样不但不会提升搜索排名,反而会被百度搜索引擎直接判定为作弊而最终受到严厉的惩罚,直接影响营销效果及企业信誉度。

2. 删除不符合规范的字符

在编写企业网站代码时,一定要删除不符合编码规范的字符。因为一旦出现该类字符,不但会直接影响用户准确检索及阅读信息,还会降低搜索引擎工作的效率及精度,从而影响广告信息的有效传播,甚至有可能会被判定为低质量网页而被排除掉。因此,作为广告主在上传页面前,务必保证已删除了全部不符合规范的字符,保证上传页面质量。

3. 为图片设立 alt 标签

尽管在网页中插入图片可以使得页面的内容更加丰富并且易于理解,有效提升用户体验。但是,需要了解的是,搜索引擎其实并不能直接读取图片信息,而是要在调用时,经过一系列的技术处理后才可以识别。而这一搜索引擎图片处理过程中的一个主要任务便是识别广告设计中设置的 alt 标签。alt 标签是用于搜索引擎进行图片检索的检索名,因此,广告主在网站建设时,就要为每个需要在广告信息中展示的图片都设置合适的 alt 标签。alt 标签的设计需要能够准确地概括图片的特征,提供图片检索的线索,便于用户快速、准确地检索所需信息。其设计需要认真对待,因为百度会对其进行准确性检验。

值得注意的是,除了不要堆砌大量关键词外,alt 标签设置还要确保在 alt 标签的内容中不包含空格,因为一旦包含空格,后面的字符将全部失效。而如果真的需要在其中插入空格的话,那就需要用半角格式的引号将其括起来。

4. 慎用网页特效

在网站设计中,需要谨慎使用网页特效。尽管网页特效可以增强用户体验,但也会常常因为使用不当而影响搜索引擎的检索效率,甚至导致检索失败而无法准确调取所需信息,从而影响广告信息的有效展示。此外,网页特效还需要较高的流量及较长的检索时间,增加搜索引擎的检索难度等,对于广告信息传播的性价比并不高。基于以上种种原因,在建设网站时还是尽量避免使用网页特效。

5. 尽量采用合适的排版方式

在网站设计中,尽量采取适合的排版方式,同样也可以有效地提高搜索引擎的检索效率,同时也便于网站的后期管理及维护。好的版式可以有效地减轻网页重量,加快广告信息加载及展示速度。研究表明,用户在检索所需信息时,对页面的加载速度非常敏感:一般可以接受 2s 以下,而最多不超过 8s。因此,在建设网站时,选择合适的排版方式,可以有效缩短用户等待时间,减少跳失率。目前,比较推荐性能较高的"div+css"精简排版方式[12~15]。

以上介绍了基于百度和淘宝的一些搜索引擎优化技术,希望通过以上知识的介绍,帮助读者在实践中取得良好的营销效果。

> **【案例】Batteries 搜索引擎违规之痛**[16]
>
> Batteries 这家美国电池巨头也曾因为一次搜索引擎违规行为,导致其在 Google 搜索引擎中的自然排名急剧下跌、损失惨重。而违规却是因为 Batteries 网站的一次改版。在改版时,当时的网站管理员为了快速解决因为无法找到原始链接而报错的问题,便在网站中保留了旧版本的原始代码。而也正是因为此种做法,产生了大量新、旧版本的重复页面,最终导致 Google 搜索引擎因其大量关键词堆砌、网页复制、低质量网页等问题,判定其行为属于作弊。此外,由于删除旧版本及新版本动态生成网页无法正常显示等原因,导致 Google 搜索引擎检索故障,最终酿成无可挽回的惨剧。
>
> 而 Batteries 无奈之下,只好寻求搜索引擎营销公司的帮助,花巨资对网站代码进行了一次彻底的优化,终于彻底清理掉了之前存留下的旧版网页的全部代码。而正是因为这次网站优化,4 个月后,Batteries 在 Google 搜索引擎中被收录的网页数量开始稳步增加,而其产品的关键词也开始显示在 Google 和 Yahoo 等主要搜索引擎中非常显著的位置上。
>
> 经历过本次搜索引擎违规之痛后,Batteries 终于开始重视 Google 网站管理员指南中禁止大量关键词堆砌及网页复制的规定,并在网站管理工作中严格贯彻执行。此外,该事件也为其他广告主敲响了警钟。对于大量关键词堆砌问题,不但要在网站建设时注意,在网站升级、改造时更要注意,切不可图一时轻松或是心存侥幸,因为 Batteries 触雷事件已经明确地告诉我们一旦违规,必将为之付出惨重的代价。

本章小结

搜索引擎营销是指借助搜索引擎技术并融合多种媒体模式,根据消费者需求并结合自身产品及服务的特点,根据竞价排名规则,制定一些高质量的关键词,合理定价,通过搜索引擎优化有效触发营销需求。目前,我国搜索引擎在全球覆盖能力和竞争优势上,较国外 Google 和 Yahoo 尚存在较大差距,但在对中国市场的了解及本地化运营方式方面,以百度为代表的中国引擎仍然具有较大优势并尚存较大发展空间。

思考题

1. 什么是搜索引擎营销?
2. 什么是竞价排名?
3. 什么是搜索引擎优化?
4. 关键词优化的相关要点有哪些?
5. 搜索引擎营销的发展趋势将会怎样?
6. 在网站建设或是升级改造时,需要注意哪些关键问题?

参考文献

[1] 百度百科. 搜索引擎. http://baike.baidu.com/view/1154.htm.
[2] 百度百科. 搜索引擎营销. http://baike.baidu.com/view/521629.htm.
[3] 百家. 搜索营销是最具效果的营销策略[J]. 中国营销资源在线,2010(6):36-37.
[4] idc评述网. 2016年4月全球搜索引擎份额:季军百度被蚕食1.57%. http://mt.sohu.com/20160509/n448396178.shtml.
[5] 网络营销教学网站. 搜索引擎营销成功案例(一). http://abc.wm23.com/lilu/51848.html.
[6] 百度百科. 搜索引擎广告. http://baike.baidu.com/item/%E6%90%9C%E7%B4%A2%E5%BC%95%E6%93%8E%E5%B9%BF%E5%91%8A/1239801.
[7] 黄薇. 搜索引擎传播与盈利模式研究[D]. 成都:四川大学,2006.
[8] 常璐,夏祖奇. 搜索引擎的几种常用排序算法[J]. 图书情报工作,2003(6):70-88.
[9] 马晓龙. 渐趋激烈的搜索引擎之争[J]. 中国传媒科技,2003(5):28-35.

[10] 百度百科. 搜索引擎优化. http://baike.baidu.com/subview/7147/5109949.htm.
[11] ENGE E, Spencer S, FISHSKIN R, et al. The art of SEO[M]. O'Reilly Media, 2012.
[12] BOUTIN P. Search engine optimization FREE. http://webmonkey.wired.com/webmonkey/01/23/index1a.html.
[13] 吴泽欣. 网站优化方法. http://www.seochat.org.
[14] 昝辉. 网络营销实战密码：策略、技巧、案例[M]. 北京：电子工业出版社，2012.
[15] 袁保立. 浅谈常见的黑帽 SEO 技术[J]. 计算机光盘软件与应用，2011(18)：9.
[16] 推一把论坛. 39 个大师级 SEO 经典案例. http://down.tui18.com/201311/1455222.shtml.

第八章
移动媒体

本章讨论移动媒体的整合营销传播,主要关注 LBS 营销和手机 APP 营销。移动媒体是互联网时代的主要流量入口,是企业营销的重要阵地。LBS 和 APP 相对于传统媒体,具备独特的营销优势和创新高效的营销模式。此外,LBS 和 APP 还能够收集用户关键数据,便于进行精准营销活动。本章还提供了一些成功的 LBS 和 APP 营销案例,也分析了未来的 LBS 和 APP 营销趋势。在阅读本章后你将能够理解 LBS 和 APP 的基本概念、营销模式、营销案例及未来发展趋势。

一、概述

(一)移动媒体的概念和背景

移动媒体是指以移动数字终端为载体,通过无线数字技术与移动数字处理技术运行各种平台软件及相关应用的媒体,它主要以文字、图片、视频等方式展示信息和提供信息处理功能。狭义地说,移动媒体的主要载体以智能手机及平板电脑为主;广义地说,一切能够随身携带的借助移动通信网络进行信息沟通的终端设备,都能够成为移动媒体的运用平台,包括电子阅读器、移动影院、MP3/4、数码/摄录相机、导航仪、记录仪等。

据统计,2006 年的全球数字信息量仅为 1010 亿 GB,到 2012 年数字信息量达到 33300 亿 GB,2020 年全球信息量将超过 40ZB,将是 2012 年的 12 倍。在中国,2012—2020 年间,数字世界预计增长 24 倍,在全球数字世界中所占的份额将从 13% 增至 21%。其中,在 2013 年中国移动互联网流量已经首次超过 PC 端流量。2016 年,在搜索、购物、社交等方面,移动端的流量甚至已经超过 PC 端。PC 端流量的占比一直在不断下滑,移动媒体则不断保持增长。

(二) 移动媒体的特征

移动网络营销相比传统营销有着很多优势,这种优势主要体现在移动网络营销的精准性上,移动媒体的受众更匹配、时效性更强、投资回报率(ROI)也更高。移动媒体作为一类相对独立的媒体形态,以视听内容为核心,这也导致了以网络视频、手机电视、公交媒体、移动多媒体广播电视为代表的视听新媒体的迅猛发展。

移动媒体形成了以下的一些特征:①从移动媒体内容提供方面来看,目前已经形成企业自制、用户生成、版权转让、协同合作等多种内容来源。就内容来源的比例来说,民营企业和用户生成已经成为移动媒体市场上的活跃力量。②从移动媒体终端产品方面来看,目前手持终端产品的类型已经多种多样,包括智能手机、平板电脑、穿戴设备等。③从移动媒体消费格局来看,目前已经形成了多种服务内容和消费方式,包括社交、视频、音乐等。与传统电视媒体相比,移动媒体还具有直播、点播等形式,文字、语音、视频等免费或付费形式。④从移动媒体盈利模式来看,目前已经出现了多种付费方式,包括会员收费、包月包年、按次收费、服务收费、线下活动等。

(三) 移动媒体的主要类型

在移动媒体营销中,基于位置的服务(location-based services,LBS)和移动端应用程序(application programme,APP)是企业重点布局和使用的两种主要方式。移动媒体的特征是移动,它的位置是变化的,而位置周边的商业、多人位置代表的关系、个体移动的轨迹等均有较高的商业价值。APP更是直接与移动终端相关联,代表了移动媒体的各种应用。

LBS是业内公认的增长潜力最大的业务之一。2001年至今,位置服务经历了从大众用户到行业用户的全面覆盖及细分领域的不断探索。首个基于位置的手机社交应用Foursquare在短时间内风靡美国,打开了企业竞相角逐LBS市场的新局面[1]。移动位置服务逐渐成为最具发展潜力的移动增值业务之一。马化腾曾表示,LBS是未来移动互联网重要的战略市场。LBS的实时性、移动性,以及大数据分析下的个性化特点,吸引了包括商家、运营商、数据公司、用户等多个环节参与。2010年以来,我国移动增值服务LBS产业处于快速成长期,从早期的嘀咕、玩转四方等LBS服务提供商,到如今的百度地图、微信、微博、美团、携程等各类地图、社交、生活服务类应用,都试图在 LBS 市场分一杯羹。此外,在大数据时代,基于位置的 LBS 还能够搜集用户数据,从而分析用户需求和消费习惯,实现精准营销[2]。

APP 是移动媒体未来的重要发展趋势,是移动互联网的重要入口,已成为人们生活的重要组成部分。

中国庞大的用户群也推动了中国手机 APP 的快速发展,带动了 APP 市场的崛起。尽管 APP 发展迅猛,但除了游戏和广告之外,众多 APP 都还没有找到合适的盈利模式。其中,手机游戏年收入增长最快,而其他类型的 APP 应用,尽管短期内数量暴增,但内容同质化严重,仅有非常少的可以生存。尽管 APP 市场竞争激烈,但企业自有 APP 和第三方 APP 作为营销的流量入口,都具备巨大的商业价值。APP 营销凭借低成本、强持续性、精准营销等优势,为企业品牌提供了更好的营销环境,正受到越来越多企业的青睐,逐渐成为一种主流的营销方式。

二、基于位置的服务(LBS)

(一)基于位置的服务概述

1. LBS 的基本概念

本书将 LBS 定义为利用地理信息系统的技术,以短信、WAP、客户端等形式得到手机用户的位置信息,基于此向用户本人、通信系统或者其他请求得到用户位置的机构或个人提供定位、导航服务及其他衍生服务的一种增值服务。一般来说,LBS 系统由空间位置获取系统、LBS 管理系统、信息传送系统、地理信息系统(GIS)、移动智能终端、服务提供系统等功能部分组成。

2. LBS 的主要业务类型

Berg Insight 将 LBS 市场划分为 8 个垂直领域:地图、导航与交通;旅行及旅游业;本地搜索与信息服务;社交网络与娱乐;休闲与健身;家庭及人员位置服务;移动广告;移动资源管理、企业级 B2B 服务。

LBS 应用领域中社交网络、即时通信与娱乐是用户规模最大的 LBS 应用领域,它的收入排在 8 个垂直领域的第二位。用户规模其次是本地搜索与信息服务领域。它包括常规搜索服务、指南、本地发现、购物及优惠券服务。虽然在 8 个 LBS 的垂直领域里,本地搜索与信息服务领域的独立用户规模只是第二位,但是它却居于收入规模的第一位。地图与导航业务无论是收入规模,还是活跃用户规模均居于第三位。尽管地图与导航服务的活跃用户规模在不断增长,但由于其免费且竞争激烈,该领域的收入增长较慢。随着相关技术的不断发展及用户使用习惯的演变,LBS将融入更多社交、商务、游戏等元素,这使LBS业务的发展空间仍然较大。

3. LBS的业务特点

LBS的业务特点主要有以下几个方面:①覆盖率高。LBS要求覆盖的范围足够大,且要求覆盖深度足够强,如需要覆盖到室内。②定位精度高。从技术角度来说,目前已经能够实现50m以内精确定位的概率为67%,手机上LBS手机定位精度是可以根据用户服务需求来提供的,用户拥有选择精度的权利。③数据挖掘能力强。基于数据挖掘的精准营销是一个数据分析量化的过程,是以事实为依据,对用户行为和偏好进行精确衡量和分析,从而实现对用户的精确定位和对不同用户、不同业务内容的精确推送。需要对数据进行"聚类"、"关联"处理,不断提升算法的可靠性。

4. LBS产业价值链

将价值链中的基本活动及辅助活动作为两个维度,可以将国外LBS营销业务产业的价值链中的各项经济活动分解,并按生产及分工两个方向展开,进行二维分析,其价值链归纳如图8-1所示。

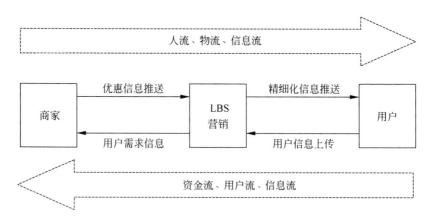

图8-1 LBS价值链

从产业价值链看,LBS营销能够利用用户上传的信息进行精准分析,供合作商家使用。合作商家有针对性地推出优惠信息,并利用 LBS 精准地推送给目标用户。总而言之,LBS 营销是通过整合线上用户信息、线下物流、人流及资金流来创造巨大的价值。

(二) LBS 营销过程

LBS 营销是一个闭环过程,首先是通过分析用户特征数据和地理数据获取在合适地理位置上的用户需求,然后在 LBS 平台上进行精准营销推送,结合线下的商家实现 O2O 精准销售。之后,这些老用户的数据可以作为进一步用户特征判别的依据,整个流程如图 8-2 所示。

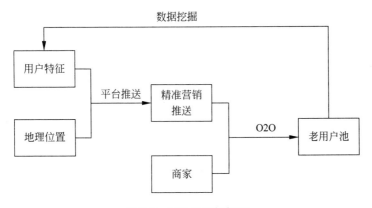

图 8-2 LBS 营销框架图

LBS 营销活动的实施步骤大致可以分为以下五步(图 8-3),即分析市场需求、建立媒体平台、配置人员和预算编制、媒体流量互导、评价与反馈。以下对各个步骤进行进一步介绍。

图 8-3 LBS 营销实施步骤

1. 分析市场需求

LBS 应用定位功能,通过用户签到服务,使得 LBS 后台能准确发现顾客的地理信息,综合统计顾客的地理信息,通过后台的数据分析,得出顾客需求的有效数据,同时形成一个为不同顾客定制的个性化的数据库。

2. 建立媒体平台

一般而言,对某个LBS的服务提供者而言,网页平台和移动终端平台是同时存在、相辅相成的,用户可以随时随地获取有效信息,达到便捷性、实时性的要求。其中,移动终端的LBS应用是被重点关注的对象。

3. 配置人员及预算编制

LBS作为一个新兴的产业,要以"体验为王"为出发点,因此人员投配备、预算投入是必不可少的。其中,利用口碑传播是非常重要的营销手段。

4. 各媒体间流量互导

在确定了用户需求和媒体平台的基础上,将线上的信息浏览行为转化成用户线下的消费行为是通过LBS与O2O模式的结合促成的,它可以包括几种模式:(1)用户通过签到等行为赚取积分或优惠服务,促进用户线下消费。(2)用户在平台搜索所需信息,借鉴用户评论和主观判断,促进线下消费。(3)通过好友分享,对相关产品服务形成关注和好感,促进线下消费。

5. 评价与反馈

在LBS营销过程中,需要注意两个问题,一是用户是否会反感所推送的信息,二是推送的信息是否有效。在LBS营销过程后,用户不一定会被引导到线下消费,这时可以通过推送信息用户数与实际消费用户数的比值来分析营销的效果,公式为:LBS营销转化率=实际消费用户数/推送用户数。

(三) LBS的营销模式

LBS具有非常实用的营销模式和场景应用。常见的LBS营销有:LBS+团购、LBS+生活信息服务、LBS+本地优惠券、LBS+旅游及酒店、LBS+商品信息、LBS+精准推送、LBS+儿童老人定位、LBS+商务社交、LBS+点评、LBS+导购。

LBS营销可以划分为管理导向的LBS营销模式和顾客价值导向的LBS营销模式两类。管理视角的营销模式是以企业为中心构筑的营销体系,营销内容是企业的产品、品牌、体验。顾客价值导向的营销模式是以顾客价值为中心,主要内容为个体信息、顾客关系管理、用户社区。

1. 管理导向的 LBS 营销模式

管理导向的 LBS 营销是依照营销的深度不同，将企业的活动划分为促进产品销售、建设品牌形象、优化用户的消费体验，如图 8-4 所示。

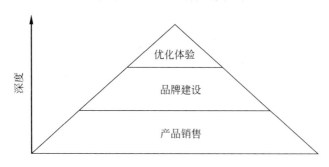

图 8-4　管理导向的营销体系

（1）产品销售

LBS 营销可以利用用户的位置信息等，为用户提供更好的服务，通过位置服务和推荐来拉动产品销量。

（2）品牌建设

LBS 营销通过 LBS 游戏及其他互动方式，增强营销活动的趣味性，在吸引用户参与、扩大用户基数的同时，提升品牌形象。

（3）优化体验

移动端的用户使用体验一直是商家关注的问题，通过 LBS 系统，能够精准定位用户位置，并且从后台挖掘用户画像，从而为用户提供最贴近的信息，为用户提供最为人性化的服务。

【案例】宝马的 LBS 营销

在"宝马 GETAWAY 城市活动"中，宝马公司在斯德哥尔摩某处设置了一台虚拟 MINI 新款车，参与者只需下载 APP 便可查看虚拟车的位置。这个程序中显示了一部虚拟的 Mini cooper、用户自己和其他用户的位置。只要该用户到了虚拟车的 50m 内，就可以得到那部车。假如别的用户在你 50m 内，又可以抢车。假如该用户能够保管 Mini cooper 一周，便可以得到一辆真的 Mini cooper。

> 通过该活动,宝马公司不仅强化了 Mini cooper 在用户心中的认知程度,树立了良好的品牌形象,更为宝马公司进一步进行市场推广做了数据及公关方面的准备。

2. 顾客价值导向的 LBS 营销模式

顾客价值导向的 LBS 营销模式则是以顾客价值为中心,通过 LBS 采集用户信息、优化顾客关系管理、构建用户社区,如图 8-5 所示。

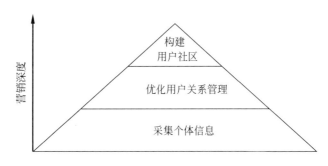

图 8-5　顾客价值导向的营销体系

(1) 采集用户信息

地理位置分享是一个高度信任的行为。为了帮助顾客克服对隐私的担心,营销人员需充分利用品牌权威,更好地接触到用户数据,为企业提供决策参考。

(2) 优化客户关系管理

首先,通过 LBS 增强品牌形象识别。LBS 能够根据用户留下的位置、偏好、消费习惯等特点,有效地管理用户、维护用户关系。其次,LBS 能够进行消费引导。通过 LBS 营销,企业可以吸引用户参与到既定的营销活动中来,引导用户的消费行为。

(3) 构建用户社区

LBS 能够促进构建用户社区。据相关调查,LBS 的 checkin 功能最重要的是满足用户的社交需求和身份认同。41%的用户表示签到是为了让朋友看到自己的位置(可能是炫耀自己在五星级酒店,也可能是与别人约定见面地点),21%的人表示为了寻找朋友推荐的值得去的地点。

> **【案例】Taplister 的 LBS 营销**
>
> Taplister 设计了一个针对啤酒爱好者的 LBS 社区营销活动。首先,Taplister 引导啤酒爱好者分享自己的啤酒爱好与经历,并介绍自己最喜欢的啤酒或者定位出最喜欢的啤酒吧的位置信息。啤酒爱好者是一个基于特定兴趣的小众群体,小众群体一般更愿意分享,这就在用户之间建立一些薄弱的联系。然后 Taplister 借助啤酒爱好者都渴望尝一下别人口中的"最好的啤酒",进一步引导让用户对啤酒进行一些对比和讨论。Taplister 通过 LBS 营销构建起一个用户社区,在该社区上,用户之间可以分享消费体验,增加用户的归属感,增强用户黏性,及时处理消费反馈。

(四) LBS 营销的发展趋势

LBS 营销模式就是一个寻找商业模式,让功能变现的过程:用户体验活跃化→地域聚集规模化→线上线下互动化→营销推广精准化→位置营收多元化[3]。

LBS 营销有以下的趋势:①LBS 自身的平台化。单独的 LBS 只是一种技术手段,不能单独存在。LBS 应当是嵌入各种应用和行业之中,进而发展成为一个 LBS 平台。②LBS 加入其他平台。LBS 融入之前提到的八大垂直领域,如 LBS+生活服务类平台、LBS+社交类平台和 LBS+电商平台。③API 化。LBS 完全沦为工具,以开放 API 方式发展,LBS 将成为所有移动互联网应用的一个基础服务功能。④专业化。LBS 营销在一些专业领域得到发展,如车载导航、关爱服务、位置监控等领域,进而形成一些细分市场。⑤LBS 与虚拟现实技术结合。这种结合将使精准营销更具效果,能够利用网络营销广度和落地营销的深度,深度进行精准营销。⑥"LBS+O2O"模式。LBS 已经逐渐从签到模式转向 O2O 模式,从娱乐应用转向实用性应用。这使 LBS 签到与 O2O 的各类模式都有了交集,可以依托于不同的 O2O 模式发展。⑦LBS 与用户生成内容(user generated content,UGC)结合。通过 LBS 营销与 UGC 相结合,可以提升用户的消费意愿,提高有效转化率。

三、移动应用（APP）

（一）移动应用APP概述

APP是英文application program的简称，一般指安装在手机等移动终端的客户端应用程序。APP营销指利用手机应用程序，通过社区、SNS等平台开展营销活动。随着个性化时代的到来，APP可以结合用户需求定制更多内容，因此APP逐渐成为移动互联网的重要入口。按营销主体来划分，APP营销可分为企业自有APP营销和第三方APP营销。当企业拥有自己的APP时，可以不受限制地利用APP开展市场营销活动，包括APP设计与构建、APP推广、APP运营与维护等一系列商业行为。当企业没有自己的APP时，企业可以和第三方APP进行商业合作，利用第三方APP作为业务平台或广告平台展开营销活动。第三方APP营销主要包含三种功能：①拓展销售渠道，如淘宝官方旗舰店；②维护客户关系，如微信公众号；③建设企业品牌，如新浪微博话题。

APP营销的作用主要包括以下几个方面：①承担营销渠道功能。移动端已经超过PC端成为当前电子商务的主要入口，而且这种趋势不会改变。在这种情况下，各类电子商务的APP已经成为企业的重要在线销售渠道。②APP成为引流的入口。大量的应用APP得到人们的青睐，如地图、点评、社交等，这些应用已经成为一些商业引流的入口。③增强品牌与用户的沟通。对于移动互联网时代的关系营销，最重要的就是企业与用户的沟通。企业可以让用户在使用APP过程中自然地了解品牌信息。例如，有一款叫做"传世寻宝"的手机游戏，把酸梅汤、酸枣汁的制作流程和原料信息融入游戏中，用户可以在游戏中了解"传世新饮"的养生理念。④促进营销资源整合。APP可以通过行业间的相互渗透和相互融合，品牌间的资源互换和联合推广，做到营销资源整合，从而达到事半功倍的效果。例如，春节期间的"红包大战"中，微信、微博等社交平台正将红包变身为新的广告营销平台。企业通过整合电视资源，进行手机电视的跨屏营销，让观众一起"摇一摇"参与活动，成功进行了基于微信APP的整合营销。

APP营销特点主要有以下几个方面：①持续性强。APP大多是用户主动安装的，是用户的需求带来的。一旦用户下载安装，就意味着一段时间内会使用，用户黏性较强，营销持续性较好。②展示全面信息。APP能够全面展示产品信息,让用户在拥有产品之前就感受到产品的魅力,降低了顾客对产品的抵抗情绪,促进顾客的购买决策,刺激用户的购买欲望。③互动性强。APP的互动性是其优势。例如,企业可以将位置"签到"与APP互动小游戏相结合,通过手机在活动现场和户外广告投放地点签到,赢取勋章和抽奖机会。APP本身就是非常好的用户反馈和客户服务窗口。④精准营销。APP可以搜集大量一手用户数据,针对用户画像,从而实施精准的营销。

(二) APP的营销模式

APP应用类型广泛,营销模式多样,通常有广告模式、用户模式和购物网站模式[4]。

1. APP植入广告模式

对大多数非消费类APP而言,植入广告是最容易想到的模式。企业利用广告植入,引导用户进入活动页面,用户可以了解广告主详情或者是参与活动。较为低端的植入就是生硬地使用链接、图片等banner广告,较为有趣的植入则是结合APP和产品特点的、关联度高的植入。这样的APP植入按内容分类,又可以分为内容植入、道具植入、背景植入。APP内容植入是将广告对象作为APP本身内容。之前风靡一时的"疯狂猜图"就是非常经典的范例,它将品牌传播融入游戏,将Chanel和Nike等品牌LOGO和名称作为游戏题目,既达到了广告宣传的目的,又能满足用户在游戏中认识品牌、拓展知识的需求,营销效果非常好。APP道具植入,是将广告对象作为APP中出现的道具。"极品飞车"APP就是将各种轿车、赛车作为游戏中最重要的道具,用户通过车的介绍选择车型,并在游戏中体验虚拟的驾车快感,从而产生对各个品牌车的认知和好感。APP背景植入是指将广告对象作为背景设置在APP中,这种植入是最简单最常见的一种植入方式。例如,QQ牧场中植入伊利牛奶的品牌信息,以养殖舒化奶牛、收获舒化牛奶等方式使用户沉浸在品牌信息中,也为二次传播留下了机会。

2. APP用户模式

对大部分网站移植和品牌应用类APP而言,用户模式是其基本形式。企业开发APP并发布到应用商店内,供用户下载使用。这种营销模式具有很强的实现价值,用户能够在使用应用的过程中了解企业品牌和产品信息,从而获得对生活有用的信息。例如,企业通过定制《孕妇画册》《大姨妈》等供用户下载,提供给女性必要的保健知识,可以优化用户认知、提升品牌印象。这些 APP 往往都在后台存储了真实用户的真实信息,商家可以借此给用户推送精准的营销信息。用户模式比广告模式要更加灵活,广告更加人性化、不生硬,能够在满足用户需求的前提下传达品牌信息。用户模式能够有效营销的前提是 APP 本身能够成功引爆市场,吸引大量的用户下载注册,之后才能够进一步进行 APP 营销。

3. APP 联合推广模式

联合推广合作模式是一种资源互换、借力营销的推广方式,主要是企业与现有 APP 展开合作。联合推广最常见的形式是与网购、团购平台等电子商务类型的 APP 应用进行合作,企业将产品加入购物平台,这种方式直接有效,能够促进产品的推广和销售。

(三) APP 的推广

企业在实现 APP 营销之前,最重要的是积累大量的 APP 用户。对于 APP 推广,首先要明确定位 APP 人群,并以目标用户为中心,分析出用户画像;然后以 APP 为核心,完善并满足用户画像的要求;再全面建立用户与 APP 之间的有效下载渠道,并通过各种线上媒体对 APP 进行整合营销推广,主要推广方式包括:APP 应用提交、评测软文推广、活动推荐位推广、评论排名优化、社会化营销、In-APP 广告、Push 广告、WAP 联盟、应用积分墙、网络广告等,如图 8-6 所示。

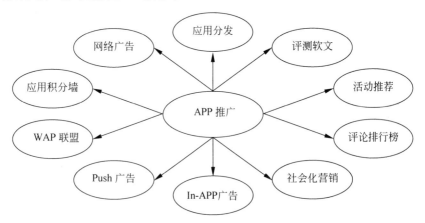

图 8-6　APP 全面推广方式

1. 应用全面分发

APP 开发完成后,将 APP 进行大范围的分发是关键的一步。APP 分发需要全面覆盖智能手机的各种 APP 下载渠道,从而保证足够数量的用户下载注册。目前市面上的智能手机操作系统主要有 iOS 系统和 Android 系统,分别对应不同的手机 APP 平台。iOS 应用平台主要是苹果 AppleStore,Android 应用平台包括豌豆荚、91 助手、安智市场、GooglePlay 等。

2. 评测软文推广

软文不但能对 APP 给出专业测评,更能从情感上影响用户决策。一篇高质量的软文,能够在最短时间内建立用户关系、获取用户信任。一般软文要求 100% 原创,篇幅控制在 500 字以内,同时搭配两三张精美图片。软文推广渠道主要是相关 BBS 论坛(如机锋、安卓、安智、威锋论坛)和网站博客(如雷锋网、36 氪、腾讯数码等)。

图 8-7　评测软文推广流程

3. 活动、推荐位推广

活动推广不是一种固定的推广形式,而是多种形式的营销活动。企业可以与应用商店合作,开展晒图送礼、有奖竞猜、下载有奖、分享积分、邀请注册等活动。推荐位推广主要是与应用商店合作,通过购买优质位置,促进 APP 的下载。

4. 评论、排名优化

评论和排名是用户下载 APP 时重点关注的因素。同样功能的 APP,用户更愿意选择下载评论正面、排名靠前的那款,因为广大用户的声音是 APP 最好的背书。因此,企业要鼓励和引导用户对其 APP 进行正面评价,从而获得更高的曝光量,赢得潜在用户的信任。

5. 社会化营销

微信、QQ、微博等是中国最大的移动互联网用户聚集地,形成了一个规模大、传播快、范围广的营销场所。微信、微博用户的传播力量不可忽视,企业应当重视用户分享和口碑,引导用户把APP分享给更多人。企业利用社交媒体进行APP推广,包括大号转发、病毒营销等各种社会化营销方案,能够在短时间内形成爆炸式的传播效应。国内外的社会化营销平台主要包括微信、微博、QQ、腾讯微博、印象笔记、有道云笔记、人人网、豆瓣、来往、易信、Qzone、Pinterest、Pocket、Linkedin、Klickr、Kakao、Line、WhatsApp、Tumblr、Facebook、Twitter、Google+等。

6. 其他推广方式

APP还有其他推广形式,包括In-APP广告、Push广告、WAP联盟、应用积分墙、网络广告等。In-APP广告是APP植入广告的一种,一般在Banner广告位置,一般选择有共同目标人群的、用户量较大的非竞争APP进行投放,用户点击Banner,即可进入下载页面。Push广告是一种通过应用通知栏发送广告的新型技术,可从地域、手机、应用属性、消费属性等多维度筛选出目标人群,然后再进行短彩信精准投放,促进APP下载量。WAP联盟是智能手机广告市场的联盟,拥有众多移动媒体广告资源,能够根据APP应用类型,选择细分目标用户群的垂直WAP进行覆盖,常见的WAP联盟有世纪广告联盟、MMC联盟、小鸟联盟、手机国度、乐点联盟等。"积分墙"是一种完成任务赚取积分的形式,是除"广告条"和"插屏广告"外,第三方移动广告平台提供给应用开发者的另一新型移动广告模式。此外,PC互联网的宣传力量也可以加以应用,如门户网幅广告、邮件营销(EDM)、搜索营销(SEM)、网站联盟推广等,这些方式如今显得比较传统,但依然十分高效。

(四) APP的营销策略

1. 植入广告营销策略

植入广告是APP营销的最基本模式。植入广告到达率高、曝光率高、影响力强,是企业常用的一种形式。企业在APP中植入广告,用户点击则会被引导进入相关页面。APP广告植入可以了解广告主详情或者是参与活动,这种模式操作简单,只要将广告投放到那些下载量比较大的应用上,就能达到良好的传播效果[5]。

2. 整合营销策略

整合营销策略即企业将APP营销与其他广告、视频、促销、事件等营销方式有机结合,形成整体协同效应。企业营销本来就不是一蹴而就的,多方位的协同营销能够实现营销效果的最大化。

3. APP结合LBS开展O2O营销

APP与LBS相结合进行营销活动,这类"LBS+O2O"模式更加贴近用户生活,能够让用户深刻了解企业品牌和产品,从而增强品牌认知、提高品牌形象。LBS基于用户所处的具体位置,提供娱乐、消费、促销等针对性的服务。特别是LBS的"签到+点评"模式,把线上线下有机结合,并生成了丰富的用户内容,全面提升了活动的真实体验。

4. 个性化的产品或服务定制

APP可以实现产品服务的个性化定制。例如,用户可以自主定制服装的颜色、款式,或者蛋糕的图形、尺寸。当然,为了实现规模效应,降低生产成本,个性化产品并不是100%的完全定制,而是在一定范围内可以选择。21cake曾推出一款APP,能够帮助用户根据需求订购蛋糕并送达指定地点。

【案例】支付宝的APP营销——十年晒单

作为打败银行业稳居国内移动支付的老大,支付宝的一举一动都令人瞩目。其中,十年晒单运动可以成为其中的典型案例。从12月8日支付宝"十年账单日记"发布后,朋友圈又被刷屏了——虽然强制升级到支付宝钱包最新版本有点生硬,但是在晒账单、看排名、找槽点等好奇和攀比心理的作祟下,这都不叫事。于是乎就出现了这样的感叹:"不敢相信,我居然花了这么多钱""原来××是土豪呀""你排名多少"……。而这也又一次验证了在社交网络走红的秘诀:洞察人性和简易化操作就是让大家在有兴趣的基础上,玩得舒心,乐得分享。

5. APP 间联合推广

企业可以联合其他 APP 进行联合推广,从而获得资源互换、传播加倍的效果。APP 的联合推广不但是品牌之间的形象合作,而且是各个 APP 粉丝群的融合互动过程,在实际的操作中往往能够起到事半功倍的效果。

本章小结

本文主要从 LBS 和移动 APP 两个应用角度讨论了移动媒体整合营销传播的特点和操作。在 LBS 部分,本章首先介绍了位置服务的 8 个垂直领域,剖析了整个 LBS 的行业环境和产业链条,并总结出了 LBS 营销的基本步骤,即一个"分析市场需求→建立媒体平台→配置人员及预算编列→线上线下媒体导流→控制和反馈→分析市场需求"的闭环生态系统。在移动 APP 部分,介绍了 APP 推广的多重方法,探讨了 APP 营销的方式。

思考题

1. 本章开篇说"从早前的电视广告营销到 PC 互联网营销到移动互联网营销,媒体渠道的变化时刻牵动着每个营销人的目光"。为什么在"内容为王"的互联网时代,渠道还是如此被重视?如何辩证地理解"内容为王"和"渠道为王"?
2. LBS 有哪些应用领域?这些领域都有哪些做得好的企业?
3. LBS 营销的基本步骤是什么?请用此步骤分析一个真实的商业案例。
4. APP 营销的主要功能有哪些?
5. APP 营销产生和发展的背景环境是怎样的?
6. 相比于传统媒体,APP 营销的优势是什么?
7. 文章提到"APP 将成为移动互联网的重要流量入口",你是否同意?为什么?

参考文献

[1] Schiller J H, VOISARD A. Location-based services[M]. San Francisco: Morgan Kaufmann, 2004.

[2] 覃凯. 基于地理位置服务的切客互动营销方式分析. 电子商务[J]. 2011(4)：42-43.
[3] YU J, CHUNG L, SIMON G T. 2009. Location based market study: trends, observations, and investment[R]. 2009.
[4] 张建凤. 移动互联网APP营销三模式[J]. 现代营销(学苑版),2012,9：292-293.
[5] 熊小彤. APP营销对消费者购买行为影响实证研究[D]. 武汉：湖北工业大学,2014.

第九章
官方网站

本章的主要目的是介绍官方网站的概述及官方网站的建设、运维及优化等相关内容,并对官方网站的影响因素、设计理念、营销策略及优化方式做了详细的介绍,以期能够帮助读者系统地了解官方网站营销的相关知识。

一、概述

(一)官方网站的概念及其发展现状

1. 官方网站的概念

官方网站简称官网(official website)。官方网站是政府机构、企业单位及各类协会等社会组织意志与想法的综合体现,用于发布和传播信息、扩大社会影响、提升社会形象及搜集公众反馈意见等。官方网站的质量可以间接反映出企业的信息化管理水平,它是品牌形象的第一站,同时是具备公开、专用、权威、及时、全面等性质的信息传播平台。官方网站可以同步线上、线下品牌,提升自身品牌价值及运营效率,有效缩短时间、空间的差距,提升品牌竞争力、公信力。通常情况下,企业的官方网站需要持有"官方网站认证证书"及"官方网站认证标志"的网络身份认证资质,并将证书标志悬挂在官方网站的较醒目位置,这也就是通常说的网站亮证。网站亮证促使市场主体遵循网站的运营规则,这样既保护了网站的权益也保障了网民的利益[1]。

值得注意的是,官方网站与官方的网站不是一回事。官方网站是为了宣传而设立的网站,是一种宣传行为,不代表政府背景及色彩。官方的网站则是由政府机构设立的网站,也正是因为政府代表官方,所以有时也会被称为官方网站,但实际意义是官方的网站。在这类官方的网站上公布的信息也都是政府政要的信息,不会是商业促销类的信息。目前,存在部分商业机构为提升品牌影响力及公信力故意将自己的网站设置成类似于官方网站的形式,来误导用户以为该网站有政府背景。此外,还要提醒用户的是,在技术上,网站完全可以通过一个非常简单的技术设置,便可以将网页的抬头编辑成某某官方网站,而且目前在网络上,并没有专门的组织对官方网站的称谓设置进行监管。官方网站的名称仅作为一种类似于广告宣传的称谓而被使用。

2. 官方网站的发展现状

研究表明,目前我国大部分官方网站的建设水平并不高,除网站的可获取性、实用性及易用性尚可外,普遍存在基本功能开发不全、栏目设置不尽合理、新闻报道时效性差、重视宣传功能而轻视数据资源储备、交互性功能欠缺、品牌形象差,公信力弱等诸多问题,严重影响了官方网站功能的有效实现。面对不容乐观的官方网站建设现状,网站建设者有必要从思想上树立新观念,提升官方网站形象传播意识,不断探索、寻找官方网站形象传播的途径及方法,采取措施保证官方网站建设的有效进行。

(二)官方网站的类型及其特点

1. 官方网站的类型

官方网站大致具有以下三种分类方式:第一,按用途分类。这一类官方网站的主题及展示内容是由网站组建者设定,而并非根据用户的兴趣而设置。例如,游戏公司为介绍某款全新上线的游戏所建立的网站,即可称为该款游戏的官方网站。第二,按功能分类。这一类官方网站的主题及展示内容是为了实现某些功能,达到某些目的。例如,某些游戏的区域代理商,为代理其他国家、地区的游戏所建立的网站,即称为该国家、地区的游戏官方网站。第三,按持有者分类。这类网站按照持有者性质的不同还可以继续细分为以下三种主要的类型:一是官方性质的网站,即公家的机构,多指政府。二是半官方性质的网站,即含有民间成分的半官方机构。三是非官方性质的网站,即全部由民间成分组成的机构。清楚了解官方网站的分类后,便可以更好地灵活运用多种网站形式来实现官方网站的既定功能[2]。

2. 官方网站的特点

官方网站的概念有提到,官方网站同时具备公开、专用、权威、及时、全面等性质。首先,公开性。官方网站是组织向外界传播信息、扩大社会影响、提升社会形象及搜集公众反馈意见的重要平台,因此具备公开的特性。第二,专用性。尽管目前部分官方网站已具有海量的信息,但无论数据量有多大,都不会失去原本的专用性。官方网站将大量的相关信息汇集在一起,便于用户检索到自己需要的信息。尽管综合性网站也可以提供这样的功能,但由于网站涉及的内容较多,涉及面较广,便会增加用户检索所需信息的难度,而官方网站所具备的专用性便可以有效避免这类问题的发生,用户在浏览官方网站时也不会受到其他无关信息的干扰。第三,权威性。由于官方网站的主题及内容都是由网站建设者设置的,同时也是由建设者直接监管,所以在官方网站上发布的信息也都是由官方授权的,因此这些信息也就具有官方的权威性,而网站的用户也唯有通过官方网站才可以了解到官方发布的信息。第四,及时性。由于官方网站是官方发布、传播信息的重要途径,也是用户获取官方信息的重要平台。所以,发布信息不但要兼具权威性,还要具备信息传递的及时性。第五,全面性。官方网站是直接由网站建立者来监督和管理的,网站上发布的信息也全部由网站建立者提供,而且官方网站是官方发布信息和用户获取信息的重要途径,所以这就要求官方网站全面、及时地发布信息且发布的信息具备全面性,而且发布的信息由网站建立者负责监管,而网站的编辑人员在未经授权的情况下不得随意改动。以上,便是官方网站的五个主要特征[3]。

(三)官方网站的影响因素

官方网站的影响因素大致可分为内部因素和外部因素,其中内部因素主要是指官方网站用户个人及其行为特征,具体包括用户的人口统计特征、个性特征、经验和心理等因素,因为不同用户的行为倾向是不同的,所以对官方网站的感知及需求也是不同的;外部因素则主要是官方网站组织者的组织特征因素、官方网站本身的质量及其提供的产品及服务等因素。下面简要介绍三个主要的官方网站影响因素[4,5]。

1. 官方网站用户个人及其行为特征因素

研究者们认为官方网站用户个人的社会人口特征是除官方网站质量之

外影响用户消费意向的最重要因素之一。Weber,Bonn 等曾分别对此进行过研究,其中,Bonn 等人在 1998 年的研究中发现在官方网站上消费的用户具备社会人口特征,他们基于测试者的社会人口特征及行为特征研究消费者使用互联网的倾向。研究表明性别并不是消费者通过官方网站进行消费行为的显著影响因素,而年龄、收入及教育水平才是影响消费行为的显著影响因素。同样地,Weber 等人在 1999 年通过研究得出在官方网站上进行搜索、消费的受试者一般拥有更高的收入、更高的职业地位并且拥有更多的使用官方网站进行在线搜索或者消费的经验。Yoon 则于 2002 年研究发现在消费者在线购物决策的前期因素中,消费者个人因素如年龄、教育背景等个人特征、个人认知、对官方网站的熟悉度及对官方网站上过往消费的满意度等因素才是影响网站消费者消费意向的主要因素。

2. 官方网站组织者的组织特征因素

研究者在研究官方网站组织者、官方网站及官方网站用户特征三者之间的关系时,主要是以官方网站组织者所处组织的类型、等级等为中间变量,来研究网站消费者对官方网站的各个要素重要性程度的感知,通过实验得出消费者之间的感知差异,并从原有的单维度探讨官方网站质量因素过渡到官方网站自身因素和网站质量因素合力作用的二维角度。许多研究者们在研究官方网站影响因素的时候,多是从官方网站的评估角度探讨所处组织的经营类型、等级、品牌等影响因素。如 Rob Law 于 2005 年提出官方网站用户对于不同类型的官方网站的观点和态度也是不一样的。通过实证分析的结果显示官方网站用户感知网站总体质量的评定结果会随着类型、等级的不同而变化。

3. 官方网站的质量因素

研究表明官方网站用户的消费意向主要受网站质量因素的影响。所谓网站的质量,主要包括网站的功能性及其有用性两方面。有用性是指网站能够满足用户需求,高效宣传其产品及服务,最终为网站用户提供更高效、愉悦的网站消费体验。有用性包含易于学习、易于记忆、极少出错、实用有效及体验愉悦五方面的影响因素。功能性是指网站能够提供用户所需的产品及服务。Cox and Dale 在 2001 年采用服务质量研究框架评估了互联网业务及电子商务服务后,总结出用于评估网站质量的八种特性:功能性、实用性、完整性、可靠性、权威性、便捷性、交互性及美观性。

二、官方网站的建设

(一) 官方网站的设计

1. 信息架构设计

信息架构设计是在官方网站设计中最重要的环节之一,直接关乎网站质量。在这个信息过载的时代,用户的注意力已成为越来越珍贵的资源。研究表明,网站用户大部分时候都是采取快速浏览的阅读形式来寻找网站上那些能够迅速吸引他们并能够逐步引导他理解的内容。通常情况下,如果用户无法在网页信息中迅速捕获到自己感兴趣的信息,他们便会果断离开。正是因为用户极其缺乏耐心,便要求网站广告信息设计必须保证主题鲜明、内容简洁并且极具吸引力,从而达到向用户高效传递广告信息的目的。而在网站广告信息设计过程中,往往存在一个这样的误区,就是认为可以通过在网站页面中增加大量与用户检索的关键词相匹配的信息的方式尽可能地留住用户。而事实上,这种做法不但不可以有效留住客户,反倒效果不佳甚至适得其反。道理很简单,因为用户缺乏耐心。当一个网页中承载的信息量过大时,便会因为信息过载而给用户心理上造成信息选择、信息获取及信息认知等方面的负担,分散、消耗其注意力,从而影响其对信息判断的准确性,最终用户很可能因为失去耐心而选择离开去寻找其他替代品,使得页面的跳失率明显增高。此外,用户选取信息时,更加注重的是便捷性,而非最佳匹配,因为筛选最佳匹配信息本身就是对用户耐心的考验。因此,便要求网站广告信息设计需要考虑到用户的检索习惯及偏好,确保使其花费尽量少的时间及精力检索到所需信息。

基于以上用户特征分析,下面便简要介绍几个信息架构设计方面的注意事项:首先,在信息架构设计时,要尽量避免内容烦冗、层级模糊的轻量级信息架构,将信息进行合理分类,同时尽量将信息图形化、图表化、标题化,制定出条理清晰、易于管理、重点突出、特色明显的信息架构。其次,要兼顾不同类别、不同需求网站用户,并根据不同用户定制不同的推送信息。调研表明,网站用户最关注的因素包括页面布局、内容信息、更新速度,而其次才是视觉感官刺激,因此在网站信息架构设计上要设计得足够灵活,以方便网站的信息更新迭代,适应快速发展的步伐。再次,网站的信息设计中还应该包含官方新闻、产品展示及热点推荐等站内查询、搜索功能,而且设计要尽量贴合用户的心智模型,便于用户查找信息。最后,在网站信息架构设计中,应时刻以用户为中心,要在网站内设置一定数量的用户自生成信息的内容架构,用户可以在其中进行分享、评论、上传等操作,搭建与用户进行快速信息交流的平台。网站负责人则需要及时、高质量地处理用户发出的需求及建议,同时运用数据分析技术,追踪用户需求,挖掘数据价值。要知道用户参与可以极大地增加用户黏度,再利用用户自生成信息的内容,尽量从其中搜集到有创意的想法并将其转化为网站内容,这样既可以提升网站用户的转化率,也可以拓宽品牌营销的渠道[6]。

2. 视觉效果设计

网站的视觉效果设计要根据页面类型的不同而采用不同的设计方式。首先,信息布局方面。网站文字应尽量设计得字数简短、精益求精,比例适当放大便于快速阅读、跳读。同时要使用与组织品牌一致的、统一的字体库,塑造统一的组织形象。对于说明性的网页可按照传统阅读方式进行设计。对电子商务类网页可以选择以 F 型为主要的设计模式。这种模式是将广告信息中最重要的内容放置在网页最前边的两段中,而其余部分便设置成大片的空白区,形成类似于英文字母"F"的形状。F 型设计模式不但符合用户的阅读习惯,还可以有效地引导其阅读关键信息。因为用户没有耐心阅读完网页上的全部信息,这种模式便可以尽量引导其关注网页左侧纵向的信息。同时,大量留白不会给用户造成阅读压力,能够有效保证其注意力集中地阅读完该页面信息。

其次,标题设计方面。研究表明,有 90% 左右的网站用户对标题比较感兴趣,同时约有 70% 的用户对图片的敏感度要远远大于文字,因此标题文字的设计要力求精简化、图形化、系统化,以适应"读图时代"快速获取信息的特点。在标题的图形设计上,要尽量保持表义明确、简洁大气、色彩鲜亮、动感活泼,以更好地衬托出企业的形象及产品、服务的高质量。再次,色彩搭配方面。色彩设计是视觉设计中非常重要的元素。目前,部分官方网站存在界面色彩繁杂、搭配不合理的现象。通过网站用户的调研得知,有 70% 以上的用户是对网站的界面设计是否美观与时尚很在意的,直接决定了用户停留时间的长短。因此,色彩运用上应尽量保持统一、规范、标准,根据组织及用户的特征制定出网站的主体色和辅助色,这对提升网站质量起到了不容忽视的作用。最后,趣味性方面。研究发现,目前国内大部分官方网站还采用表单设计样式,即棋盘式布局。尽管能够较好地利用页面空间,但整体感觉过于呆板无趣,是用户对网站反感甚至离开的最重要的因素之一。由于表单布局样式过于死板僵化,毫无创新,导致不能很好地提升用户的视觉感观和视觉思维。可适当加入音效设计,打造出有活力、有趣味的网站风格,让用户在浏览网站内容的同时,能够被激发出新的兴趣点,用以提高对网站的关注度[7]。

3. 交互设计

官方网站除了要图、文、视频相结合外,还应适当加入一些互动模块设计,使得网站用户对其产生兴趣,提升关注度,从而达到较好的营销效果。下面简要介绍几种较为实用的网站交互设计方法。

首先,回声式网站设计。在介绍信息架构设计中有提到,要在网站内设置一定数量的用户交流互动平台,用户可以在其中进行分享、评论、上传等操作,可以及时有效地进行交互式反馈,这样不但可以增加客户黏性,同时也是打造优质用户体验的重要元素。大部分的官方网站用户还是接受信息的身份,网站设计缺少信息交互接口,使得用户无法很好地参与到网站中来。尽管目前绝大部分的官方网站都加入了评论等窗口,但用户的评论得不到及时、高质量的反馈,这将挫伤部分高质量用户的积极性。回声式网站设计则可以让用户参与到网站中来,同时可以上传图片、音频、视频等多种形式的资源,并由其他用户做回声的"树洞"。用户可以随时评论并得到及时、有效的回复,鼓励交流并互相激励,实现真正意义上的交互性反馈平台。

其次,引导性交互设计。抓住用户的猎奇及跟风心理,在官方网站中增加简洁直观、易于理解的交互行为引导设计,可以使用户较快地找到所需信息,增强信息传达效果。推荐采用 banner 图切换模式设计,有效吸引用户的关注,同时设立"了解更多"的链接按钮,便于用户快速跳转至详情页面。对于论坛模块,用户在未登录状态下,评论框设置为不可编辑状态并直接弹出用户进行登录操作界面,指引用户完成注册、登录、评论体验。

最后,动态元素设计。在官方网站中,动态元素居多的网站设计能够更加受到用户的欢迎,动态元素的灵活运用已越来越能够体现出网站的质量。然而目前大部分官方网站交互设计采用静态视觉设计或是采用 flash 循环广告的模式。研究表明:70%以上的用户对于频繁的、乏味的广告持反感甚至厌恶的态度。所以网站的交互设计需要考虑用户心智模型,实现信息传达效果与动态互动元素的平衡。可在网站适当加入 3D 引擎,直观展现最新官方动态。甚至还可以加入一些网页互动小游戏,采用有趣、高品位、高质量的动态效果广告打动用户,而非采用大量轮番播放、轰炸式广告的形式。这样不但可以大大提高用户的参与度,还可以有效增加移动端的安装比率。此外,还可以在交互设计中增加交互式头像展示按钮,激发用户的猎奇心理[8]。

（二）官方网站的营销策略

官方网站的建立需要与组织战略相匹配,网站组织者需要在网站建设之初明确自己网站的运营目的、目标用户及其营利模式,并且需要系统地定制出与之匹配并且适合其发展的营销策略。下面便介绍几种能够有效赚取流量、增加用户黏性的网站营销策略,以供网站建设者参考。首先,提供页面简洁、内容丰富的官方性、权威性和及时性的网站信息,同时加入站内及站外链接汇总列表,方便用户快速便捷地获取所需信息。如果能够提供独家或是独家授权的信息,营销的效果会更佳。其次,灵活运用多种媒体手段,以全面、立体的信息展现形式,深度开发网络权益。针对庞大的用户群体,进行权益范围区分,刺激用户注册、互动直到最终消费。最后,注重官方网站的社区建设,针对不同的用户群体设置适合的专栏,培养、维系、管理网站忠实用户,引导用户深度参与网站活动,不断增加网站消费、品牌传播的后备力量[9]。

三、官方网站的运维及优化

（一）官方网站的运维

官方网站建立后,还需要长期、大量的运营维护工作,用以保证用户的忠诚度及热度,以达到长期、有效的信息传播效果及品牌传播效果。高效地完成网站的运维工作,需要注意以下三个主要问题:首先,提升网站与用户的契合度及黏合度,高效完成网站用户维护工作。官方网站作为官方对外传播信息的重要途径,其目的不是对用户的一次性传播,而是希望用户能够长期关注网站,以期达到长期、可持续的传播效果。其次,关注网站回访率,实时调整网站信息及功能模块。网站回访率代表着网站吸引用户的能力,在一定程度上体现了网站的质量。与企业注重培养忠诚顾客一样,网站也同样需要关注用户的回访率,因为网站回访率对提升网站用户黏度、扩大组织的影响力至关重要。这就要求网站的管理者能够及时关注用户意见反馈及沟通模块,根据用户需求快速、高效地解决问题并提供更好的服务来增加用户的回访率。最后,营造良好的用户互动交流氛围。良好的网站设计可以帮助网站与用户进行充分的互动交流,尤其是社交媒体产生后,网站可以在与自己用户进行交流互动的过程中,提取他们的特质及喜好,为其提供更个性化的服务,带来更贴心的使用体验,从而增强用户黏性[10]。

(二)官方网站的优化

1. 信息的层次性

官方网站的营销推广工作离不开信息的有效传播,如何才能使得网站信息得到有效传播呢?其中传播信息的层次性对传播的有效性起到了至关重要的作用。对于官方网站来说,对外传播的信息大致包含三个不同层次:直观的信息、带有观点性的信息及互动性的信息。在传播的过程中,要清晰区分开这三类信息,完善信息层次性,做到信息层次分明、专管专用。此外,官方网站需要满足不同层次的用户需求,按照传播信息的三个层次,可将网站用户分为初级、中级及高级,处于不同层次的用户对信息层级的需求也不一样,需要做到层层兼顾。例如,网站的高级用户一般对网站有较高的信奉度,具有自己的观点并且愿意发表分享自己的见解,因此他们对信息的要求就不仅仅只停留在前两个层次上,而是更加需要互动的途径。然而研究发现,大部分官方网站的内容设置,尤其是导航栏的设置,还仅停留在简单的信息告知层面,信息层次较单一,不利于不同层次用户群的形成,而拉开信息层次、区分用户群体能够对有效提高信息传播效果起到极大的促进作用。

2. 传播的连续性

依托互联网这一网络媒介,网站的信息传播不会再受到时间及空间的限制,可以 24h 无间断地随时随地发布、更新信息。从信息传播的角度分析,官方网站的信息传播效果主要是由信息传播的次数及传播强度两个方面组成的。依靠网络媒体进行信息传播本身就具有投入大、见效慢等特点,因此信息传播的连续性就显得尤为重要了。此外,由于目前传播渠道的多样化,官方网站很可能在多个平台上建立多个官方站点,这一情况并不是偶然出现的,主要是集中反映了各组织之间为了争夺用户市场而产生的商业利益纠葛。但这一现象将大大增加网站用户信息选择的难度,幸运的是,借助网络媒介可以大大增加传播的连续性及同步性,保证各类传播渠道的信息统一,尽量避免分割用户的局面,从而获得传播效果的最大化。

3. 信息的权威性及趣味性

由于官方网站是代表网站组织者的意见,而且是官方发布、传播信息的重要途径,因此除了具备速度优势外,本身还具备天然的权威性优势。此外,互联网技术使得信息传播全球化,这为网站提供了更为庞大的用户群体。由于官方网站作用的终端是网站用户,网站用户作为网络传播过程中最后一个环节,也是最重要的一个环节,其地位确实是不容小觑的,因此满足用户的需求,潜移默化地引领用户的兴趣,培养用户对官方网站的忠诚度是提高网站认知度及影响力的必要条件。一应俱全的多媒体传播手段使得官方网站比起传统媒体更具竞争力,表现形式更为多样且富有张力。网站用户获取信息自主,交互性强,能够体验到多种媒体形式的服务,趣味性很强。

4. 网络符号的综合运用

在官方网站中注意综合运用多种网络传播符号,对提升网站传播效果具有较好的作用。网络传播符号具有多种形式,目前比较常用的主要有语言类符号、图形图像类符号、音频类符号、视频类符号、动画类符号等,而每一种形式的网络传播符号都会带给网站用户不同的体验。选择使用不同的网络传播符号会直接影响传播的有效性,尤其是新媒体及互联网的出现对网站建设、营销及推广提出了新思路、新要求,因为在新媒体及互联网环境下,网站将拥有更多的发布渠道、更多的引流方式及更多的受众,但竞争压力也会随之增加,要在激烈的竞争环境下赢得一席之地,也必然需要在较为枯燥的语言符号、图形符号等简单组合模式中吸收更多的当下流行文化元素,带给用户多样化的视觉冲击,从而扩大传播范围、有效刺激网站用户消费。

5. 搜索栏及关键字

大数据时代,网络媒体具有信息海量而且信息存储空间巨大的优势,而搜索引擎技术的出现又为网站用户提供了能够方便、快捷地检索到自己所需信息的高效工具。正是借助搜索引擎及链接功能,网站变得易于检索和拓展,使得网站用户仅通过关键字检索便可以了解到自己关注事件的时间、地点、相关人物、前因后果等各种详细信息,更加便捷地获取到更加全面的信息。因此,网站建设者应重视搜索栏的功能及关键字的设定,因为如果缺失搜索栏,用户便需要在海量的信息中提炼出自己的关键字,这会很大程度上降低用户的耐心,不利于用户群体的稳定。搜索引擎优化(SEO)是网络媒体较为常用的营销技术,即通过对关键字的设定,方便用户快速查找到自己所需信息,以提高网站信息的点击率及转化率。具体优化技术在本书的第七章搜索引擎营销中已详细介绍,在此不再赘述。

6. 传播渠道的整合

在传统媒体中,报纸是运用纸质的媒体来进行图片和文字等信息的传播;广播是运用声音等媒体传播信息;电视则是综合运用了声音和图像等媒体进行生动的播报。网络媒体则协调、整合多种媒体形式,通过互联网整合了文字、图片、声音、视频、动画等多种手段进行信息的存储、发布及传播。多种传播方式一并涵盖,极大地丰富了网站的信息传播手段,同样也使得网站的传播内容更加丰富饱满、全面立体。但目前也存在部分官方网站将网站的建设仅停留在网络层面,没有较好地与官方实事紧密结合起来,并没有使其发挥出应有的功效。因此,网站建设者需要注意传播渠道的整合,重视新媒体的作用,延伸网络媒体的传播,培育新媒体的媒介,丰富网站的内涵,提升网站的价值,从而不断提升网站的传播效果。

7. 产品价值的延伸

绝大部分官方网站的最终目的是借助信息传播平台向用户推销自己的产品及服务。网站利用已有的产品及服务与网络媒体相结合,能够有效延长网站产品的寿命,增加产品的附加值。目前比较常用且有效的做法是网站可以通过增加服务信息的比重,延伸网站产品的价值。例如,在网站建设时需要加入服务的意识,时刻从用户的角度出发,为其提供更贴心、完善的服务,时差、地域、语言、不同媒体入口等问题都应在考虑范围之内,切实地做到顾客至上,从而实现产品价值的延伸[11]。

本章小结

官方网站是具有强大信息传播能力及传受互动能力的媒介。简单地讲,官方网站不仅是各种社会组织信息传播的重要平台,也是组织者与用户进行有效沟通的重要渠道。官方网站的建设需要与组织战略相匹配,需要在充分了解其发展现状、特点及影响因素的前提下,进行网站的设计、建设、运维及优化。同时,还需要综合考虑各个环节中的关键问题,以服务网站用户为基本出发点,综合运用多种媒体手段,逐步完善网站信息架构及其他各个功能模块,为用户提供更加便捷、贴心的高质量服务,从而持续提升官方网站的信息传播效果及品牌影响力。

思考题

1. 什么是官方网站?
2. 目前官方网站现状如何?
3. 官方网站的类型有哪些?
4. 官方网站具备哪些特点?
5. 官方网站在建设、运维及优化过程中,需要关注哪些关键问题?

参考文献

[1] 百度百科. 官方网站. http://baike.baidu.com/link?url=utzu8Ga_uwlUYtrTAZ50SGd34XQNg06OHnxoq87yfve4rxAmE4f7zGWjV19VkCTfFOwQDTI9tUk2CthtkY46CK.

[2] 百度百科. 网站. http://baike.baidu.com/view/4232.htm?fr=alao_1_1.

[3] 人民网. 从十运会报道看体育赛事官方网站建设. http://media.people.com.cn/BIG5/22114/42328/59657/4170082.html.

[4] JEONG M, GREGOIRE M. Conceptualizing website quality and its consequences in the lodgingindustry[J]. International Journal of Hospitality Management, 2003,22(2):161-175.

[5] YOON S. The antecedents and consequences of trust in online-purchase decisions [J]. Journal of Interactive Marketing,2002,6(2):47-63.

[6] 袁堂青. 浅谈Web信息架构设计[J]. 无线互联科技,2014(12):51.

[7] 林欢,谭浩,赵江洪. 图片优势效应在网页设计中的应用[J]. 包装工程,2014,35(4):13.

[8] 覃京燕,巫濛,徐馨. 移动传媒中基于线上社会关系网络(OSNS)的交互界面体验研究[J]. 现代传播,2010(1):162-163.

[9] 张爽,陈伟.CBA官方网站建设探析——CBA官方网站与NBA官方网站对比研究[D].成都:成都体育学院,2012.
[10] 聂艳梅,刘欢,吴莺莺.中国非营利组织的官网传播现状及传播对策研究——基于100家中国非营利组织的官网调查[J].广告大观理论版,2014(8):97-104.
[11] 田嵩,张玉田.NBA中英文官网传播策略差异研究[D].北京:北京体育大学,2012.

第十章
数字精准媒体

本章主要从数字精准媒体的相关概念、特点及其实现的重要方法引出用户画像这一重要工具。从概念、作用、操作方法展示用户画像的相关内容,阐述了一个系统性的分析思想。同时通过实时竞价(real-time bidding,RTB)广告、卖场精准营销及关联营销这三种时下紧跟趋势的方式举例说明了数字精准媒体的实际运用类型。

一、概述

数字媒体是继语言、文字、电子技术之后的一种最新的信息载体,它是以二进制数的形式记录、处理、获取、传播的一种携带信息的媒介,包括了图像、文字、音频、视频等多种形式。其传播形式和内容中的信息采集、存取、处理加工都采用数字化的过程。

数字精准媒体是在数字媒体基础之上,在互联网及大数据背景下新兴的一种传播方式,是继大众传播、分众传播之后的另外一个阶段。在信息时代,一方面大众传媒覆盖面越来越广,而另一方面受众的针对性变得越来越强,这种个性化的趋势决定了受众需要越来越细的划分。因此,简单来说数字精准媒体不再是单一的"大众传播",而是大众传播和分众传播极端化的产物,它具备了受众群体个性化、传播形式多样化、内容海量化和服务定制化等鲜明的特点。

实现数字媒体的精准化传播,需要经过两个步骤:用户画像与精准推广。用户画像是精准营销的前提和重要支撑点,没有用户画像就没有所谓的精准营销。通过用户画像能够对用户数据进行精确分析,将用户信息标签化、拟人化,从而更好地发现目标用户。精准营销则是对用户画像的实际应用,在用户画像基础上,针对目标客户及其消费特点进行精准的广告推广,同时获得潜在客户的信息,进一步实现转化。

二、用户画像

(一)用户画像的概念

用户画像是交互设计之父 Alan Cooper 最早提出的,它是建立在一系列真实数据之上的目标用户模型,能够完美诠释一个用户的信息全貌(你所关心的信息),为进一步分析用户行为方式、消费习惯等提供数据基础。用户画像的核心任务是为目标客户打"标签",就是将用户的社会属性、消费习惯、个人行为等信息转化为精简化的结果。打标签的目的是为了让人更好地理解,让计算机更方便地处理。举例来说,如果你最近经常网购一些孕妇用品,那么电商即可根据你买的物品替你打上"准爸爸或准妈妈"的标签。同样,你的其他行为也可能被商家获取到,当这些标签一个又一个地贴出来时,你的虚拟形象和真实形象就越发接近。

(二)用户画像的作用

2015年底,罗振宇在《时间的朋友》跨年演讲上举了一个例子:当一个不良商家掌握了你的购买数据,他完全可以根据你平时的购买习惯选择是给你发个正品来维系关系,或是发个假货做一锤子的买卖。不谈是否确实存在这种情况,但这确实是用户画像在精准营销方面的应用。用户画像的用法可谓林林总总,表现方式也各种各样,但总结起来不外乎以下几个方面:

(1)精准营销方面,当完成用户画像时,可以获得这类用户的消费习惯。商家可以以将产品与用户匹配,当某一款产品和该类用户匹配度达到一定高度时,即可仅针对特定的群体进行短信、邮件等营销,大大降低营销成本,提高成交率。

(2)用户统计方面,用户画像的一个具体表现是多标签组成一个虚拟人物,反之我们也可以获取具有某一相同标签的群体数量。例如,电商如果能获得准爸爸或准妈妈的用户画像,了解其购物倾向及喜好,完全可以结合其他相关数据推算出货方式和配货数量等信息。

(3)数据挖掘方面,数据挖掘也可以称为数据关联,利用不同用户画像间相同或者相似的数据进行关联比对,从而达成商品之间的关联。营销学上有个很有名的案例,叫做"啤酒与尿布",20世纪90年代的美国沃尔玛超市中,管理人员发现,在某些特定情况下,啤酒与尿布两件完全没有关联的商品经常出现在同一购物篮当中。经过调查,这种情况经常出现在年轻父亲身上。在美国有婴儿的家庭,母亲一般都在家照顾婴儿,年轻父亲经常需要出门为婴儿购买尿布,顺便也会为自己购买啤酒,从而解释了"啤酒与尿布"经常一起出现的原因。从数据挖掘的角度就更加容易理解,在用户画像A中表明年轻父亲、爱喝啤酒,在用户画像B中表示年轻父亲、需要购买尿布。通过两个画像中标签的关联,从而达到啤酒和尿布的关联。

(4)效果评估方面,用户画像可以帮助改善服务和产品的个性化定制。通过不同画像群体的反馈,能够完善产品的设计构造,从而提升质量,这就相当于进行了更高效、精准的市场调研和用户调查。美剧《纸牌屋》就是通过这种方式诞生的,据称这部电视剧就是运用全面的大数据,拍摄出了一部人们最想看的电视剧,Netflix称其为"比你自己还要了解你"。用户在Netflix上产生三千多万的互动行为,给出400万份的评价,每一次的点击、暂停、播放、转发都被记录在案。这样一来,便能精准地定位用户的喜好,《纸牌屋》就这样诞生了。

(三)用户画像的过程

1. 数据源收集

用户数据的来源广泛,几乎包办与用户相关的一切数据,如用户的交易数据、网络行为数据及消费偏好的数据等。POS小票记录下的数据就属于交易数据,网页浏览量访问时长、次数等就属于网络行为数据,而用户互动内容、品牌喜好等都属于消费偏好数据。

用户画像首先需要确定被访问用户的类型,本书引入一种主要的分类思想:关闭式分类。假设世界上分两种人:中国国籍人、非中国国籍人;客户分两类:男客户、女客户。这样所有的分类和子分类构成关闭的类目集合,如图10-1所示。这样的分类方式有助于后续的不断改进、迭代,不必每一步都考虑完整性。另外,以上是模拟互联网电商用户行为,真实情况时根据不同的应用场景、业务流程,按需分类即可。

2. 人物建模

在收集完用户数据后,需要根据用户行为来产出标签。此模型中包含

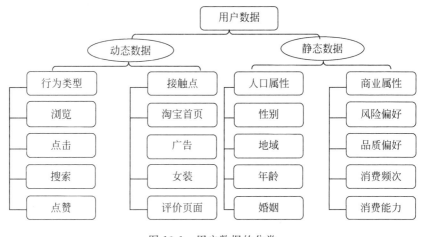

图 10-1 用户数据的分类

了时间、地点、人物、行为几个要素,可描述为什么样的用户、什么时间、什么地点、干了什么。

(1) 什么用户:代表了用户的静态属性,如男士、已婚、金融人士、品质偏高。

(2) 什么时间:时间主要包含两个信息——时间点和时间长度。22 点 12 分,停留时间 15s。

(3) 什么地点:地点是用户的接触点,包括网址和内容两方面。网址即定位了某一个页面,可以是手机上的,可以是微博导入的。内容代表了用户关注了什么,比如衬衫、手表、红酒等。

(4) 干了什么:代表了用户行为,对于电商用户的典型行为如浏览、点击、搜索、添加购物车、购买、评价等。

3. 权重设计

权重表明了该标签描述这个画像的可信度,也可以理解为概率。不同场景影响标签权重的各个因素各不相同,对于电商用户,会有以下几个影响权重:

(1) 内容:每个网址的权重不同,如在淘宝首页这种强销售的页面,权重可能是 1,表明原用户不一定喜欢手表,但在淘宝的强力推荐下选择了手表。如果是在某个非常专业的论坛导入手表购物网站,此时权重为 3,代表用户自己需要手表的强烈意愿。

(2) 时间:时间要素中的时间长度同样影响权重,例如,用户在手表界面停留 2s,表明用户可能受广告影响进入手表界面,非强烈主观意愿,那么权重可能是 1。如果用户在手表浏览页面停留 15min,可能代表用户在阅读手表的详细信息,权重可能为 3。同时用户对商品的兴趣可能会随时间衰减,比如本来想买个手表,可今天没买到,明天购买手表的可能性会下降。此时我们设置衰减因子:0.95/天。

(3) 行为:用户的实际行为也可能会影响权重。比如,浏览手表的权重是 1,而购买手表的权重是 5。

那么综上,标签的权重=内容权重×时间权重×行为权重×衰减因子,即标签手表的权重=1×3×5×0.95=14.25,那么用户关注标签就是手表 14.25。

三、数字媒体时代的精准推广

精准推广可以在用户画像基础上依靠技术手段建立个性化的顾客沟通服务体系,实现企业可度量的低成本扩张之路。它能够通过现代化的技术手段突破传统营销定位的局限,可以借助先进的通信技术、数据收集技术、数据处理技术及现代化的离散物流等手段保证和用户的长期沟通,从而能够低成本接触用户。同时还能保障企业和客户能够长期沟通,及时了解用户的想法,满足用户的需求,从而建立稳定的客户群。除此之外,精准推广还可以通过大数据的手段、现代化的管理系统及高效的物流,让企业摆脱中间渠道、代理商等传统营销体系,直接深入到终端用户。这样既摆脱了原来产业链中各环节对其的制约,又降低了营销成本,从而能够让利客户。在数字媒体时代,多种多样的营销推广方式实现了新的突破,尤其是实时竞价广告、卖场精准推广及关联推广等。

(一) 实时竞价广告

1. RTB 的概念及特点

RTB 即针对用户浏览向用户曝光广告的实时竞价,与 CPC(点击付费)、CPM(每千次曝光付费)、按日付费(daily flat)方式相比,打破了传统广告出租"广告位"的交易方法,将广告展示的机会通过大数据技术、数据算法技术、搜索技术的方式变成了一个个"广告股市"。它具备精准化、数据化及平台化的特点:

精准化方面,在以往传统的网络广告形态中,网络媒介占据了绝对的地位,形成不动摇的买家市场,因此"一对多"的模式占据了统治地位。互联网广告与互联网技术紧密相连,在市场竞争加剧、人群细分的情况下,广告主越来越重视广告的ROI,广告的精准性需求越来越强烈,实时竞价广告正是市场更高"精准"需求催生的产物。RTB广告改变了以往以"媒介"为中心的售卖方法,将"广告价值"和"用户行为"的概念直接推送到广告主的眼前,即售卖方直接出售"用户价值",广告主购买符合其广告需求的用户意愿。RTB广告的定价模式也发生了改变,"精准"不再是对媒介"泛属性"的一种称呼,这种"精准"定价权由媒体主转至广告主,同时使得参考媒介的定价改为对不确定个人的动态评估。

数据化方面,在RTB的背景下,权衡媒介和用户行为的价值成为了重点,而广告内本身的价值被弱化。广告界一直有关于"科学"和"艺术"的争论,在此处更多体现了广告的科学性,即强调科学的媒介购买和投放过程等。实现该目标的途径就是大数据的海量收集和加工,从而实现实时竞价。RTB广告依靠互联网,每个数据单元都来源于真实的情况,而大量的数据意味着代表性和普遍性。所以RTB所提供的数据在记录过去、描述现在、预测未来、评判优劣等方面都提供了科学的参考价值,其全面性、真实性与传统互联网广告相比具备无可比拟的优势。

平台化方面,传统的互联网广告的生态链是广告主(买家)+广告代理(广告公司)+媒体主。而在RTB模式中原有生态链被打破,由需求方平台(DSP)、供应方平台(SSP)、广告交易平台(AD exchange)和数据管理平台DMP(data-management platform)这四大平台及若干辅助平台构成。四大平台各司其职,简单来说DSP是众多广告主集合的平台,为广告主寻找优质媒介和目标用户。SSP能够为媒体所有者管理广告位库存,帮助媒体主实时提供广告位的租售,控制广告的展现,从而将流量变现。AD Exchange是为DSP和SSP服务,为其提供对接平台、完成交易的基础。DMP则提供整个过程的基础技术支持,是互联网大数据时代的必备产物。

【案例】RTB广告模式

为了准备结婚,小王最近在网上搜索了不少关于婚庆公司的信息,没多长时间他突然发现无论他浏览新闻,登陆邮箱,还是浏览社交论坛甚至小众领域的专业网站,都能发现种种婚庆公司的广告。

而他一个想练健身的哥们,也常常在网上看到健身品牌的广告。"难道现在的广告商已经能预测未来了吗?"事实上,小王之前搜索的婚庆公司的信息,都已经通过cookie进行了标记,小王已经被打上准备结婚这样的标记。当他在下一次点击某网站的时候,很多婚庆公司就向小王曝光广告进行竞价,出价最高者便可获得向小王推送广告的机会。在这个过程中,包括数据分析、出价、竞价、投放都是在0.001s内完成,所以在小王打开网站时,已经显示了小王感兴趣的广告了。

2. RTB的原理及步骤

在运营过程中RTB广告根据每个用户的行为,使用维克瑞拍卖方式进行实时竞价。买方平台(DSP)根据各种约束和当次曝光价值做出评估并出价,卖方平台(SSP)则根据各媒体的流量价值、服务能力进行要价,而拍卖中介(AD exchange)维护拍卖过程,并裁定最终出价最高者获得本次对用户的曝光机会。最终,交易的最终买方为最高出价者,但他只需要支付略高于第二高出价者的价格即可。这样更鼓励了最高出价者,使得媒体方获得更大收益。例如,用户(爱买包)点击一个网站,通过媒介接入SSP,并被获取了cookies;之后SSP接入AD exchange,并输入cookies;接着AD exchange将cookies交至DMP平台;而DMP根据cookies查找用户过往行为,给出用户爱买包的信息(及其他大数据手段获取到的用户数据)并返

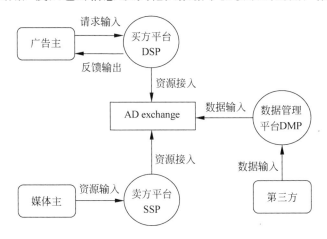

图 10-2　RTB 的原理及步骤

还至 AD exchange;这时 AD exchange 将用户行为和用户习惯(爱买包)发至各大 DSP,DSP 再根据用户行为和习惯,代替自己平台上的广告主出价给 AD exchange(DSP 上的广告主均自觉遵循 DSP 的出价规则);然后 AD exchange 根据报价,给予出价最高者曝光权利;最后获得曝光权的广告,由 DSP 将广告信息通过 AD exchange、SSP、媒介直接传输至用户浏览网页。整个过程在 100ms 内完成。

(二)卖场的精准推广

自 2012 年以来,中国的卖场、商业综合体、购物中心进入了高速发展阶段,各种规模的卖场在全国各地不断涌现出来。以北京为例,凯德 mall、颐堤港、芳草地、燕莎金街、金隅万科广场等大大小小十几家卖场先后建设完工。其中,苏宁、国美、万达广场、燕莎等各大卖场绝大多数采用品牌联营或租赁的模式。品牌商进入卖场后要缴纳管理费、扣点销售额,以及上交各种经营费用,这在一定程度上会影响品牌商的经营决策。在这种情况下,卖场与品牌商很难达成一致目标:卖场希望能够将自己的品牌价值最大化并从中获利,而品牌商希望利用卖场的流量等来完成自己的销售目标。因此,品牌商和卖场的矛盾、纠纷注定会越来越多,甚至出现类似国美这种强势卖场压榨品牌商的行为。

如今,随着电子商务的兴起,各大卖场作为传统商业的强势终端,却面临激烈的市场竞争。商品利润率的降低、渠道费用的提高、联营模式的困境和互联网消费的冲击各种问题,迫使卖场必须突出重围,探寻新的商业模式,发现新的增长点。精准营销无疑是一个突破口,具体包括会员精准营销、移动精准营销。

1. 传统的会员精准营销

传统的会员精准营销是将首次消费或者意向消费的用户转化为会员,从而挖掘用户后续消费能力,实现用户价值最大化的营销方式。商家可通过会员卡派送、商品折扣、商品积分、捆绑销售等不同的方式做到首次推广。这样就获取了客户的电话、地址、年龄等重要信息,并与客户建立了一定的关联,取得了和客户沟通的稳定渠道,此后可以通过短信、邮件、电话等渠道联系客户并辅助以商品促销、市场活动、累计积分等方式刺激客户的再次消费,提高购买率和活卡率,同时也可以通过向会员用户推荐折扣、礼品、积分等方式来拓展会员。国内会员系统较为完善的卖场有苏宁电器、大润发等,它们的会员卡能够记录会员在商家的一切消费行为,获取相关的消费数据。

获取消费数据最常用的方法就是通过 POS 扫描来进行数据挖掘。随着社会信息化程度越来越高,POS 系统在各类卖场的结算、仓储等部门应用得非常广泛,并且存储了大量的有效数据。在零售业中,有一种行之有效的数据分析方式叫做购物篮分析,也是 POS 数据挖掘的延伸应用。假设表 10-1 是在苏宁 POS 系统中提取的数据。

表 10-1 苏宁 POS 系统数据

	DVD	电视	洗衣机	冰箱	手机	电脑	吸尘器
用户 1	1	1	0	0	2	0	1
用户 2	0	0	1	0	0	0	0
用户 3	2	3	0	1	0	0	1
用户 4	1	1	0	1	1	1	0
用户 5	0	0	0	2	0	2	0
用户 6	1	1	0	0	3	1	1
用户 7	1	1	0	1	1	2	0

从以上数据中可直接看出 DVD 和电视有密切的联系,可通过科学的方法了解 DVD 和电视关联的方向、密切的程度。具体可以通过绘制 DVD 和电视的散点图,发现其正态分布的特性,通过回归分析法得出回归方程:$Y=0.6667X+0.1905$ $R^2=0.9333$。而 $R^2=0.9333$ 这个数据就表明了 DVD 和电视机有着很强的关联性。那么在卖场的实际运用当中,商家便可以将 DVD 和电视作为商品组合摆放在一起,这样做促销的效果就会更好。

除了 POS 数据扫描之外我们还可以进行深入的数据观察,即通过观察消费者的行为获取客户数据。例如,当用户在家电卖场中挑选购买微波炉时,可以通过现场推荐等营销技巧,挖掘出客户家厨房新装修的情况,通过关联营销的思维,同时推荐其他厨房家电。此外也可以搜集与媒体数据拼接的数据,用于分析媒体对消费者行为的影响。

2. 新型移动精准营销

提起新型移动精准营销就肯定少不了 Wi-Fi 营销。如今,国内各大卖场均提供了免费 Wi-Fi 服务。对消费者而言,这并不是"免费的午餐"。回忆一下,登陆卖场 Wi-Fi 时一般的流程:当连入 Wi-Fi 后(此时并不能上网),卖场会询问是否为卖场会员,会员直接手机登录,如果是非会员,要求提供手机号,通过验证码登录,并默认成为会员;接着手机或平板会跳出专属商家的主页(连入互联网),页面包含促销产品、商家广告等。商家通过Wi-Fi的后台对用户建立档案,甚至完成用户画像,对其网上行为、消费行为、位置信息等做出分析,为精准营销打下基础。仅仅一个登陆的环节,就能够获取如此多的信息,可见Wi-Fi营销的作用巨大。

Wi-Fi营销优势主要在于以下几个方面。首先,覆盖广泛:人们对于互联网的需求越来越高,吃喝玩乐样样覆盖。其次,可强制介入:通过手机、PAD链接互联网,若想获得免费流量,登陆Wi-Fi是必经之路。第三,信息有效率高:商家可以设置手机号登录、转发登录、回答问题登录等各种方式,获取自己想要的信息。最后,投放灵活:Wi-Fi的投放方式灵活多变,不受物理原因限制,可根据需求定制,甚至能做到实时定制化的推广方案。

(三) 关联推广

关联营销是一种建立在双方或者多方能够互惠互利基础上,资源共享的营销方式。在交叉营销(将时间、空间、流量、金钱、人力等资源整合,统一起来为企业打通一个低成本的渠道,去接触客户的营销方式)的基础上,在品牌、功能、产品、服务等销售主体间找到关联性,从而实现对客户潜意识的引导,既能降低营销的成本,又能够提高销售。关联营销的核心是能够让参与营销的多方同时获利。

1. 关联营销的内容

关联营销主要包括产品间关联和产品与服务关联两种营销方式。

产品间关联是关联营销中最常见的方式。消费者上淘宝浏览一家网店,在宝贝描述的界面中,除了主推的宝贝,经常会出现其他相关宝贝的链接和广告,而且会有主推宝贝和其他宝贝一起的搭配销售。这是最简单的产品间的关联营销。

产品与服务关联是将产品和服务挂钩,通过服务来引导产品的销售,或者通过服务来推荐产品。例如,在2011年苹果iPhone4风靡全球时,笔者也想购买一台iPhone4,但当时这款手机千金难求,市面上长期处于断货阶段。最终,我不得不选择购买港版手机(港版手机在内地无保修)。经朋友推荐,我在南京本土有名的手机商家用非常便宜的价格买了手机和200元的一年保修。后手机业内的人描述,他们家的手机卖价比进价贵10元

(5000元成本,5010元销售,毛利率0.2%),主要通过销售售后服务营利,即产品来带动服务。

2. 关联营销的类别

关联营销按类别可分为互补关联、替代关联、潜在关联三种营销模式。

互补关联强调产品与服务之间相互补充的关系,如果主推产品是泳镜的话,那么与其互补的可以有泳帽、鼻夹、耳塞、泳裤等。

替代关联是指产品或服务之间具有替代关系,如客户需要购买一款登山包,主推产品是一款价格2000元的专业级登山包,那么关联产品可以是价格500元的业余时尚型的登山包。

潜在关联是指产品和服务之间没有直接的关联,但通过用户行为判断用户深层次的需求,给出符合用户隐藏需求的产品或服务。例如,主推的商品是比基尼,那么潜在联系用户可能有去海滩的行为,那么关联商品可推荐防晒霜、沙滩垫等。

3. 关联营销的作用

第一,关联营销可以优化资源配置、提高流量利用率。第二,关联营销可以有效提升产品的转化率、曝光率,从而促进销售。第三,关联营销还可以提升品牌的美誉度,提高企业的信任度。

本章小结

通过本章的学习,读者应该了解到做好数字精准媒体的一些思路,可以初步掌握用户画像建立的方法、了解RTB的原理、特点及其在互联网广告发展中的重大影响,从而引发大家对互联网广告模式的深入思考。精准营销以数据和科学为基础,它给我们的生活带来了巨大的变化,对于这一点,读者在卖场精准营销的相关分类介绍中是可以深切感受到的。最后建议大家将知识点结合实际情况进行详细的分析,从而可以更加系统全面地理解如何做好数字精准营销。

思考题

1. 如何建立用户画像?

2. 什么是 RTB？RTB 的特点是什么？
3. 精准营销的概念是什么？如何做好精准营销？
4. 请举出一个事业关联营销的案例，并说明自己的看法。

参考文献

[1] 汪代明. 数字媒体与艺术发展[M]. 成都：巴蜀书社，2007.
[2] Personas. Usability. gov. Personas.
[3] CDC. 创建定性用户画像. http://cdc.tencent.com.
[4] 百度文库. 用户画像的构建及应用. http://wenku.baidu.com, 2015, 11, 12.
[5] 徐国虎，孙凌，许芳. 基于大数据的线上线下电商用户数据挖掘研究. 中南民族大学学报(自然科学版)，2012(30)：187-188.
[6] 黄福兴. 浅析商场的营销策略[J]. 金融观察，2008, 3.
[7] 罗雄伟. RTB 广告的运作特点及其未来发展隐忧[J]. 趋势-传媒变革最前沿，2013, 12.

第十一章 媒体的选择

本章主要讨论整合营销传播过程中的媒体选择。所有的营销传播都需要通过工具、媒介来传播,不同的媒体的成本和效果不同。本章将比较多个传统媒体和社交媒体的特点,分析其各自的优劣势,并讨论媒体选择的原则和标准,描述媒体选择的过程。

一、概述

(一)媒体选择概述

今天的经营环境不但是信息爆炸的时代,也是媒体爆炸的时代。以前的媒体形式是比较单一的,主要包括电视、报纸、杂志和户外进行传播,但在今天的环境下,互联网媒体,特别是一些社交媒体已经成为主要的营销传播形式,如何选择媒体就成为整合营销传播过程中最为重要的问题之一。

一般而言,什么媒体是最优的媒体取决于企业经营的环境和实践的情景,没有哪一种广告媒体一直是有效的。某一种媒体是否产生效果与很多因素都是相关的,例如,受众的注意力、当前的热点节目、产品的特征、受众的信息接触点等。在二十年前电视是绝对的主流和权威媒体,在电视上进行广告往往能够产生很好的效果。但是在今天,社交媒体在很多方面已经超越了电视媒体。对于广告媒体而言,哪种媒体更好取决于广告者的目标、创意需求、竞争挑战和可用预算。要确定媒体或媒体组合,需要对被广告品牌的需求和资源进行仔细分析。

媒体的选择不但要考虑媒体本身的因素,而且要考虑企业的情况、产品的情况、竞争的情况和消费者的情况,因此媒体的选择是一件非常复杂的工作。从本质上讲,媒体的选择是一个营销资源分配的过程,其本质问题是如何选择最有效且价格最低的媒体进行整合营销传播。在数字化的媒体环境下,媒体的效果可以非常容易地被评价出来,这就很容易让企业精准地分配营销资源。但是,数字化时代的信息过载越来越严重,有效的媒体变得越来越少和越来越贵,媒体选择的挑战性比起传统媒体时代有过之而无不及。

(二)不同媒体的特征

要进行媒体的选择,首先要进行媒体的特征分析。媒体特征分析的目的是帮助企业在最恰当的时间选择最恰当的媒体。本节重点对电视、报纸、杂志、社交媒体进行简要的特征分析,目的是讨论不同媒体应当如何被选择。

1. 电视媒体

电视的优点在于它具有声音、画面、故事、人物等的多视角展示能力,它能够广泛触达并且引起人们的信任,它可以通过故事的形式展示更加有创意、生动的信息,这将有助于提高知晓度,改变消费者对品牌的认知,提升品牌偏好。

电视与其他营销媒体相比,优势在于各类节目不断推陈出新,人们能看到的频道也越来越多,这将有助于提升观众的黏性。一些有着超高人气的品牌节目,如《奔跑吧兄弟》和《中国新歌声》,能够吸引大量的注意力,从而迅速提升企业的品牌知名度,这类媒体对于企业有着非常大的吸引力。从发展趋势看,一些电视媒体也逐渐从家庭渗透到了其他情境之中,如公交车上的移动电视、电梯中的电视、商务楼宇中的电视。这些媒体对于把握顾客的接触点有着非常重要的价值。

不过,电视媒体也有一些缺点,主要体现在价格昂贵、受众厌恶程度较高、受众处于低介入信息加工过程、难以把握触达观众的次数、难以进行效果测量等方面,这些不足之处也导致很多企业弃之不用。

2. 报纸媒体

报纸的价格相对便宜,覆盖的受众较多,便于携带、存储和二次使用。报纸的阅读往往是高介入的信息加工模式,这将有利于企业详细介绍产品信息来影响受众。

但是,报纸媒体也有其弊端。首先,它已经逐步被手机的新闻媒介替代,人们购买报纸的兴趣在下降。为了解决这一问题,传媒企业采用了多种不同的方式,最为通常的是自己开设新媒体广告,例如,人民日报、光明日报、参考消息等很多媒体均开设了自己的网站和 APP,以此来吸引那些不买印刷报纸的读者。报纸的另一个不利之处在于排版复杂,信息较杂乱,这有可能让读者遗漏信息,从而无法达到信息传播的目标。

3. 杂志媒体

杂志媒体相比于其他媒体的特殊性在于它定位于特定的读者,这就可能让企业非常聚焦地找到自己的目标顾客,使企业提升有效触达率并降低千人成本。因此专业杂志是组织市场中最为重要的媒体之一。另一方面,杂志的生命周期很长,一般的杂志广告的广告保留时间将是以"月"计算的,而且它经常会被保存并作为参考。杂志的另一个优点是它的读者群体将是高介入的信息加工模式,读者会非常详细地阅读杂志的一些文章和信息,这给商家刊登广告带来了很大的价值。

杂志也有其劣势,相比于当前流行的图像、声音、视频等媒体而言,杂志的劣势在于它是静止的,而且杂志的提前期非常长,广告和文案的配合要比发行期早很多,这就使投放杂志广告的效果有所下降。

4. 社交媒体

社交媒体相比于其他媒体的特殊性在于它让目标受众足不出户就能够与志趣相投的人进行交流。社交媒体,如微信公众号,也可以作为企业或者个人的媒介进行广告的传播。

社交媒体的最大优势就在于它的两个关键特质,个性化与交互性。个性化具体表现在社交媒体上的商家们可以通过对后台信息的搜集,进行数据分析,进而完成对信息流的控制。社交媒体也可以结合各种特殊的节日、突发事件、自创节日等进行营销传播,大大提升了媒体与消费者的黏性。

社交媒体的劣势也同样源自它的特性。在社交媒体独有的"向前学习"的思维模式下,在微博或微信推送信息并不一定能够很好地达到传播信息的目标。另外,人们在社交媒体上进行信息交互的原因是朋友的交往或信息的传递,广告信息往往不受欢迎,这也阻碍了商家进行社交媒体的广告信息传播[1]。随着社交媒体中的信息不断增多,信息过载的情况不断加剧,社交媒体广告的有效性也在大打折扣。

> **【案例】**《Pokémon GO(精灵梦可宝)》游戏的社交媒体传播[2]
>
> 　　2016年7月,由Niantic、任天堂和口袋妖怪公司共同开发的一款名为《Pokémon GO(精灵梦可宝)》的手机APP画面增强游戏在短时间内导致澳大利亚、新西兰及美国爆发了"群体性事件"。该游戏的玩法就是把现实世界作为游戏中的地图,玩家们可以在身边的任何角落发现各式各样的小精灵。短短一天时间,在Twitter上,Pokémon GO的相关推文超过95万条;官方Youtube发布的宣传视频浏览量超过了2800万次;Pokémon GO谷歌搜索结果也超过2600万条,即便是在还没有上线的中国,微博#PokemonGO#话题阅读也超过了1.9亿次,一周之内拉升任天堂公司的股价约25%,增值约70亿美元的市值。社交媒体的引爆效果彰显了其威力。

　　媒体选择时需要考虑不同媒体的特点,从而选择适合自己企业和产品的媒体。表11-1对各种媒体的优缺点进行了比较。

表11-1　媒体的优缺点比较

媒体种类	优　　点	缺　　点
报纸	及时,本地覆盖面大,广泛接受,可信性强	保存性差,复制质量低,相互传阅者少
电视	综合视、听、体验,易引起注意,触达广	成本高,干扰多,消逝快,观众选择少
直邮	选择性接受、灵活、无竞争广告,情感高	成本较高,比较容易被看成垃圾邮件
广播	受众广,地理和人口选择较强,成本低	仅声音,注意度不足,展露时间短
杂志	地理、人口选择性强,可信且权威,复制率高,保存期长,传阅者多	广告时效性较低,可能造成浪费,版面无法保证
户外广告	灵活,展露时间长,费用低,竞争少	对观众没有选择,缺乏创新
电话黄页	本地覆盖面大,可信性强,触达广,成本低	高竞争,广告时效性低,创意有限
新闻信函	高选择性,易控制,交互多,成本低	成本不易控制

续表

媒体种类	优 点	缺 点
广告册	灵活性强,能够全面控制	可能过量制作,成本不易控制
电话	使用人多,可以直接联系个人	除非有数量限制,否则成本不易控制
互联网	非常高的选择性,交互机会多,成本较低,被动式媒体	少数区域无法触达,信息过载

二、媒体选择的基本原则和选择要素

(一) 媒体选择的基本原则

1. 目的性原则

在选择广告媒体的时候,应考察媒体是否能遵循企业的经营理念和战略计划,能否达到企业的目标,能否达到企业期望的触达效果,在此基础上确立最佳的媒体组合和计划。一般而言,企业需要在确定了产品的营销目标和定位之后,才能够制定媒体计划,并进行媒体的选择。

2. 有效性原则

媒体选择的另一个重要原则是有效,也就是说,无论是选择单个媒体,还是选择媒体组合,都应当达到企业所设定的营销传播目标,包括销售效果、心理效果和媒体效果。由于传播的效果是评价媒体的重要依据,因此,如何评判媒体是否有效就变得非常重要。一般而言,在媒体选择过程中会采用触达率、触达频次、总视听率和千人成本的方式来判断媒体的效果。

3. 可行性原则

选择媒体时应当充分考虑到企业的实际情况,量力而行,不可将目标定得过高。企业需要在经济实力和媒体效果之间进行权衡,需要根据受众的信息接触点、目标市场的特征及产品的定位来确定整个媒体计划。合理可行的媒体选择计划是获得整合营销传播效果的基础。

4. 优化原则

根据媒体自身的特性,需要从量和质两个方面进行优化。媒体的量指的是媒体所触达的受众数量。需要在选择媒体之前就明确各个媒体的触达率(视听率、发行量),明确媒体的价格,合理考虑广告的预算。例如,通过千人成本来进行媒体的选择。媒体的质指媒体的准确性、权威性、覆盖率、广告环境等评价指标。高质量的媒体将能够提升品牌声誉,获得较高的信息触达和转化率。一般而言,全国性媒体的权威性和有效性要高于地方媒体。

5. 基于竞争对手原则

一般而言,竞争产品的广告会对本企业产品的广告效果产生负面的影响。选择媒体时应当充分考虑竞争产品的广告媒体选择。针对竞争对手,企业可以采用两种截然不同的策略,一种情况是回避强势竞争对手的广告媒体,不与对手发生正面冲突[3]。另一种策略是选择竞争产品的广告媒体,与竞争对手正面交锋。对于小企业而言,应该选择前者,对于行业引领者而言,则可以选择后者。

(二) 媒体选择需考虑的因素

媒体的选择主要受到以下因素的影响,即商品特点、商品生命周期、媒体类型、媒体触达率和触达频次、媒体受众群特征、媒体与产品的匹配程度及企业的广告预算等。

1. 商品特点和商品生命周期

商品本身所独有的特性、品质、特点都是媒体选择的重要参考依据。根据商品的不同用途可以分为生产资料和生活资料两类,在所有的同类型商品中我们又可以将其再细分为高、中、低三个档次。通常而言,与生产相关的产品具有专业技术性强、用途精准性高、产品较为复杂等特点。这类商品一般宜采用文字印刷的媒体形式,如报纸、杂志、产品说明书等,这些媒体能够详细地介绍产品的结构、性能、维修方法等。而对于日常生活相关的消费品而言,选择的一般是兼具图像、声音、色彩等的电视、互联网、广播等媒体。这是因为这些媒体在互动性、图案、形象、创意等方面较优,且不是必须向消费者提供基本的使用说明。

从商品的生命周期来看,在导入期的时候要利用覆盖面广的媒体,在成长期要针对目标受众增加广告频次,在成熟期则需要对目标顾客实施媒体的重点覆盖,在衰退期需要将广告媒体分配在销售好的地区,主要针对品牌忠诚者或新的消费者。

2. 传播的信息

在选择媒体时,传播的信息也是一个需要考虑的重要因素。传播的信息包括信息内容、制作水平、说理强度,代言人等方面。首先要关注信息的内容和广告的制作水平。不同的信息内容在传播时产生的效果是不一样的,应该选择的媒体也是有差异的,例如,社交媒体对制作水平的要求并不高,电视广告则不同。说理强度也对媒体选择有重要影响,强说理的广告一般需要在杂志或报刊上进行传播。代言人对于媒体的选择的影响也是非常大的,电视广告是展示代言人很好的媒体,而广播广告基本上无法展示代言人。

3. 媒体的触达率和触达频次

媒体自身的受众量是选择媒体的重要参照。受众量的高低直接决定媒体的触达率,受众量越多触达率也就越高,广告才有可能被更多的受众看到,因此,触达率决定了广告是否能够产生一定的效果,当触达率过低时广告将很难产生效果。另一方面,触达频次是另一个非常重要的指标,只有到达一定触达频次的广告才会产生好的效果。因此,媒体是否能够重复播出广告是选择媒体时需要考虑的因素。

4. 受众群体特征

选择媒体时需要考虑目标受众对媒体的偏好、目标受众的媒体接触习惯和对媒体的接受能力。例如,女性消费者对电视、微信公众号、流行杂志等媒体感兴趣,那么就可以在这些媒体上宣传女性消费者感兴趣的品牌皮包、化妆品、美容美发、流行服饰等产品。消费者的接受能力也是选择媒体需要考虑的重要因素,针对不同的受众接受能力需要选择不同的媒体,例如,在我国偏远的山区和农村,文盲率很高,报纸和电视的普及率很低,在这种情况下,选择广播作为媒介能有效地提高广告宣传的触达率。

5. 媒体与广告信息的匹配程度

媒体本身也是品牌,它们也有自己的目标受众和品牌定位,因此每一种媒体都有其自身的特征。企业在选择品牌时,需要考虑自己的产品定位与媒体定位之间的匹配程度,从而有效地利用媒体已有的固定受众来触达目标顾客。因此,产品特征与媒体特征的匹配程度是选择媒体的重要变量。

6. 费用预算

费用预算是媒体选择时需要考虑的重要制约因素。不同的媒体所需要的广告费用大相径庭，一般来说电视、电影等广告费用最高，报刊等次之，路牌、路边招贴的费用最低。一般认为社交媒体的传播成本较低，但内容制作费用较高。但有时候社交媒体的价格并不便宜，它包含了大量的人工费用。某些社交媒体还会通过限制人群触达来获得收益，例如，新浪微博会通过粉丝通来获利。

媒体选择与费用预算有着密切的关系，但是，投放昂贵的媒体不一定能够带来好的效果。原因是媒体的收费是按照触达率来确定的，但触达的人群并不一定是企业的目标顾客。另一方面，触达之后的顾客并不一定能够转化为真实的购买顾客，这与广告的制作、版面的大小、广告的位置、竞争广告的干扰等有着密切的关系。因此，如何在有限的预算下提升媒体的传播效果就成为媒体选择的一个重要课题。

三、媒体选择的过程

媒体的选择过程包括确定目标受众、对媒体进行评价、制定媒体组合等方面。下面对媒体选择的步骤分别讨论[4]。

（一）确定目标受众

有效的媒体选择首先要确定目标受众。如果在营销传播时不能精确地定义目标受众，将可能导致媒体资源的浪费。如果一些根本不会购买的群体接触到相关广告，不但不会产生好的营销传播效果，而且可能会产生令人厌恶的反效果，进而通过负面的口碑传播导致潜在的客户流失。目标受众的分类指标大致包含四类信息：产品购买信息、地理信息、人口信息、生活方式/心理信息，这些信息将有助于明确谁是自己的顾客。例如，对于那些有商圈概念的企业而言（例如，餐饮、线下商场），地理位置信息有着重要的价值，与位置有关的移动媒体将可能有效提升营销传播的效果。

（二）确定媒体目标

在确定了目标受众之后，下一个媒体选择的步骤就是确定整合营销传播要实现的目标，这些目标可以划分为以下几个方面的问题：

(1) 在特定的时间内，希望广告信息触达多大比例的目标受众。
(2) 在这段时间内需要让目标受众以多大的频率接触广告。
(3) 为了实现前两个目标需要的广告总视听量是多少。
(4) 如何随着时间的推移来合理地分配每一个阶段的预算。
(5) 在最终购买媒体之前，需要多长时间让广告到达客户。
(6) 实现以上所有的这些目标最经济的方式是什么。

上述问题实际上回答了媒体选择过程中所需要达到的媒体效果，相应的指标分别是：触达率、触达频次、总视听率、持续性、新近投放、成本。每一个目标都是相辅相成并且具有极强的相互依赖性，缺一不可。

触达率是上述指标中最为重要的指标。广告经理和媒体专家一般将有效地触达受众作为选择媒体的最重要的指标。触达率是指广告信息被目标受众听见或者看见的比例，即广告信息被投放到媒体后，在特定的时间内接触到受众的比例。不过，触达率并不能够表征目标受众是否真的看到了或者听见了广告信息，广告主仅仅知道目标受众们接触到了哪些媒体，并从这些媒体接触的数据上，推断出人们有机会看到媒体所传播的广告信息。不过，在数字化的环境下，这一情况得到了改善，企业可以通过点击次数、行动次数、购买次数等来判断是否是有效的触达。影响触达率的因素主要有三点：使用了多少媒体、每种媒体的视听率、每一媒体的广告播出密度。企业一般希望在预算允许范围内尽可能地触达高比例的目标受众。除了触达率，触达频次是另一个重要的触达指标，它指一个信息触达到每个受众的平均次数。企业一般希望有较高的触达频次，不过，触达频次过高将带来厌恶情绪。

（三）确定合理的媒体组合

媒体选择的第三步是选择合理的媒体组合。目标受众的信息加工一般分为认知、情感、行动三个阶段，在选择媒体组合时应当考虑在不同的阶段采取不同的媒体组合。在认知阶段，企业需要通过广告介绍产品的信息，保证消费者充分接触各种信息，从而使消费者对产品和品牌信息产生相应的认知反应。在情感阶段，媒体组合的目标是影响消费者的情感，因为在这一阶段消费者将形成对产品和品牌的态度。在行动阶段，媒体组合的目标是使消费者形成购买意愿，从而最终达成销售。

确定媒体组合是企业在整合营销传播过程中必不可少的工作，由于每一个媒体的优劣势不同,将两种或两种以上的媒体组合起来可以取长补短,从而提高广告信息的触达率。确定媒介组合的首要工作就是调查目标消费者的媒体使用习惯,这是确定媒体组合的基础性工作。表 11-2 用 AIDA 模型来思考如何确定媒体组合,它表明在知晓阶段、兴趣阶段、渴望阶段和行动阶段可以采用不同的媒体组合。

表 11-2 基于 AIDA 模型的媒体组合策略

知晓(A)			兴趣(I)	渴望(D)	行动(A)
广告	公共关系	直接营销	事件/体验	人员推销	销售促进
印刷,广播广告 外包装广告 包装中插入物 电影画面 宣传小册子 招贴和传单 工商名录 广告复制品 广告牌 陈列广告牌 售点陈列 视听材料 标记和标识 录影带	报刊软文 演讲 研讨会 年度报告 慈善捐款 出版物 商务关系 游说 媒体 公司杂志	目录销售 邮购服务 电话营销 电子购物 电视购物 传真 电子信箱 语音信箱	运动 娱乐 节日 艺术 事件 工厂参观 公司展览馆 街区活动	推销展示 销售会议 奖励节目 样品 交易会和展览会 展示	竞赛和游戏 兑奖、彩票 奖励和赠品 样品 展销会 展览会 示范表演 赠券 回扣 低息融资 招待会 折让交易 连续活动 商品搭配

(四) 确定媒体的触达信息

媒体选择的第四步是确定需要多大的广告量才能实现广告目标。通常我们主要通过两个指标来确定一个特定广告期间内的广告量,即总视听率和有效视听率。总视听率代表了触达全部顾客的广告总数量(包括重复触达数量),它能够很全面地反映广告触达的状态。不过,由于一些观众并不是企业想要触达的目标人群,因此,总视听率存在着一些浪费。为此,企业可以采用有效视听率来代替总视听率。有效视听率即触达目标顾客的广告总数量,它代表了无浪费的广告量,即净广告量。在媒体选择过程中,并不是一次选择永远使用,需要不断监控广告信息投放的视听率变化情况,从而动态调整媒体,以期达到最优的媒体效果。

(五) 媒体投放的模式

媒体投放的模式主要讨论在营销传播活动中如何确定媒体与媒体组合的投放频次、周期和强度。一般而言有三种关于媒体投放的模式,即连续式投放、脉冲式投放和间歇式投放。下面对这三种投放方式进一步说明:①连续式投放。广告主在整个活动期间按照时间等分投放广告预算,保持广告投放的持续冲击力。连续性投放一般针对那些持续的、需求波动较小的产品。②脉冲式广告投放。广告主采用非连续的方式,在某些时间段大量投放,而另一些时段较少投放或者不投放,投放过程有一定的规律。脉冲式投放的周期主要根据广告的衰减周期来确定。脉冲式投放是企业经常采用的一种投放方式。③间歇式广告投放。它是指在某些时期采用非常高的广告投放,而另外一些时间采用非常低的广告投放,且投放过程没有一定的规律。广告主一般根据企业自身的营销传播需求、产品的季节性、产品关键时间点等来确定间歇投放的时间点。

(六) 成本和效果评价

最后一步也是广告主最需要关注的一点,即成本和效果评价。所有的广告主都希望能够以较低的成本获得较高的广告效果,这其中包含了两个重要的指标,即预算总量是多少,投放的费效比是多少。一般而言,企业可以采用每千人成本来选择媒体,它能够较好地反映媒体的成本和媒体的成本效率。

本章小结

媒体选择是企业进行整合营销传播的重要环节,其核心的内涵是要用有限的资源获得最大的营销传播效果。本章讨论了不同媒体的特征,并分析了它们的优劣势,给出了媒体选择的标准,描述了媒体选择的过程。在媒体选择时需考虑的因素包括商品特点和商品生命周期、传播的信息内容、媒体的触达率和触达频次、受众群体特征、媒体与广告信息的匹配程度、媒体的费用预算等方面,在媒体选择时应该遵循的过程包括:①选择目标受众;②确定媒体目标;③确定合理的媒体组合;④确定媒体的触达信息;⑤确定媒体投放的模式;⑥进行成本和效果评价。

思考题

1. 不同媒体有哪些特征？举例说明应该在什么场景下应用哪些媒体。
2. 媒体选择的原则是什么？
3. 媒体选择过程中应当考虑哪些因素？
4. 媒体选择的过程是什么？

参考文献

[1] 特伦斯,辛普,张红霞.整合营销传播：广告与促销[M].北京：北京大学出版社,2013.
[2] 尹子璇.AR手游Pokémon GO为何火遍全球.http://www.lieyun wang.com/.
[3] 胡昳.聚美优品广告投放策略研究[D].长沙:湖南大学,2014.
[4] 欧阳修.媒介融合背景下广告媒体投放研究[D].长沙:湖南大学,2010,31.

第三部分

整合营销传播的内容设计

第十二章
广告内容设计

　　本章主要介绍广告设计的主要任务、影响因素及经常使用的设计手法。此外,分别介绍了传统广告和网络广告的设计步骤,并详细阐述了平面广告、电视广告、网络广告的设计要点。本章立体式地介绍了广告内容的设计,便于读者更清晰地了解广告设计的具体内容。

一、概述

(一)广告内容设计的定义

　　为了使企业的产品得到宣传,为企业塑造良好的品牌形象,企业通常会请广告公司为其制作广告以达到传播目的。广告内容设计则是对广告的主题、文字、图像、声音、情感等多种元素进行设计和整合,以达到广告主所要达成的目的。广告内容的设计需要广告公司对产品的定位、目标用户群的信息及竞品情况有一定的了解,通过广告公司各部门的共同协作,利用好的创意和一定的表现手法,对各元素进行合理组合,制作形成一个完整的可以进行传播的广告。

　　广告内容的设计包括广告从策划到交付传播的整个过程,它需要广告主与广告公司的密切沟通,以及广告公司内部策划人员、创意人员、文案人员、美工人员等不同部门员工的协调配合,共同完成广告内容的设计过程。

(二)广告内容设计的基本内容

　　广告内容设计的基本内容即对广告各元素的创意整合及制作。首先需要通过了解广告主的需求,以及对产品背景信息的调查,确定广告的主题,广告主希望达到的目的。一些广告的主要目的是对产品信息进行传播,以促进知名度的提升,随之达到销量的提升。也有的广告没有明确需要传播的产品,是广告主品牌形象的整体宣传,以达到提升品牌美誉度,塑造良好品牌形象的目的。根据目的的不同,广告的设计要点则不同。

确定主题后,则需要对广告进行整体的构思,通过怎样的创意,利用怎样的表现手法,制作出怎样内容的广告。创意和表现手法是一则广告的核心。好的创意可以使广告得到更广泛的传播,使受众对广告印象更深刻,从而使品牌信息更好地传播,达到事半功倍的效果。其他要素则是通过创意和表现手法组合起来的。因此,创意是广告的主线,是受众接触广告时最直观感受到的内容,是一则广告的重中之重。创意通常由创意人员一起进行头脑风暴,并交由创意总监和客户一同确定,是未来工作的总纲。

接下来则需要各个元素的专业人员以已经确定的创意为纲,为了表达客户的主题,进行具体的创作。例如,文案人员根据需要进行文字内容的撰写,以引导受众更好接受广告内容;美工人员需要确定画面的主基调,对图片进行设计加工;如果是音频或视频广告,则需要对整体的画面及配乐进行选择和试验。

在各元素的创作过程中,需要不断的沟通与协调,以确定的创意内容和目的进行调整和整合,最终设计出一则完整的广告内容,交付客户进行审定,并根据客户的要求进行相关的调整,最终交付实施,完成广告内容设计的全过程。

(三) 广告内容设计的分类

1. 平面广告

平面广告主要是指以固定的图片和文字结合制作而成的广告。平面广告的适用范围非常广泛,报纸、杂志、户外墙体及广告牌、橱窗等都可以进行平面广告的传播。不同的传播方式均有其不同的特点,例如,户外墙体广告不宜进行太过详细的产品介绍,但相较其他媒体来讲保留时间较长;报刊、杂志上广告可以承载的信息相对较多,但时效性强,保留时间非常短。在进行广告内容设计时,应针对不同的传播渠道进行重点突出的创意和设计。

2. 声音广告

声音广告通常在电台、商场等渠道播放。由于只有声音的广告相对而言较单薄,且受众接受广告时通常注意力不完全集中于广告本身,因此可以设计较为简短有力、吸引注意、易于记忆、重复性较强的广告。这样的广告通常可以使消费者在不知不觉中将广告内容印刻进脑海。

3. 视频广告

视频广告主要指以视频形式展现的广告。视频广告通常可以通过视频网站、电视台、电影贴片广告等方式进行传播。视频广告的元素主要有故事线、画面、文字、音频等,所表达的信息比平面广告要丰富,表现手法也更为多样。视频广告首先要创造广告脚本,将故事线、画面说明、文案设计、音频设计等内容整合,由创意部门和客户审定后再进行创作。在视频广告中,好的广告导演可以根据脚本制作出一条优质的广告。具有丰富情感或具有幽默元素、惊奇元素的视频广告如果处理得当,可能会成为一条病毒式广告,被受众主动传播,达到事半功倍的效果。

4. 互动广告

随着媒体传播形式的不断发展,以及广告内容的多样化和创新化,互动广告的形式被越来越多的广告主使用。例如,在移动端进行吸引人的小游戏并嵌入品牌信息;制作动态广告牌,通过用户的动作匹配相应的画面;与现实中场景结合嵌入品牌信息与消费者互动等方式。

此类广告的特点主要是与受众的互动性强,使受众参与其中,留下深刻的印象,自然而然产生对品牌的好感。与其他类型广告的被动接受不同,此类广告的受众是主动参与,因此更加容易锁定目标用户群,使用户进行更加深入的体验。

互动广告在设计时的重要内容包括互动环节的设计及品牌信息的嵌入。一方面使消费者愿意进行互动,要兼具趣味性与参与感,一方面合理将品牌信息融合,要过渡自然,整合合理。

二、广告设计的目标及原则

(一)广告设计的目标

1. 引起注意

广告想要触达消费者并获得消费者的关注,首先要引起消费者的注意。随着互联网的普及及智能手机的使用,在信息碎片化的今天,人们获取信息的渠道多种多样,很多信息不加筛选地进入到消费者的信息获取范围内,因此消费者需要自主选择获取的信息。只有引起消费者的注意,信息才能在众多内容中脱颖而出,直接触达消费者的注意力,使消费者对产品或品牌信息留下印象。

2. 理解

广告通常需要通过一些艺术手法来表达,在这过程中为了追求艺术的表达,可能会抽象化一些内容,如将图片进行概念化的简单修改,或者将需要表达的意思隐藏在某些寓意中,文案也不一定直接地进行产品信息或品牌信息的表达。但无论通过怎样的艺术手法表达,最终形成的广告一定是站在消费者的角度可以理解的。所以在艺术化的过程中需要掌握好抽象化的程度,通过引导可以让消费者顺利理解广告想要表达的内容。太过直接可能引起消费者的反感,但太过晦涩则难以达成需要达成的品牌信息的传播。

3. 记忆

广告的最佳效果是可以被消费者记忆。通过引起消费者的注意并被消费者理解,好的广告创意则可以触达消费者的内心,被消费者记忆,从而提高产品的知名度或品牌的美誉度。在碎片化的信息时代,只有具有独特的创意和突出特点、理解消费者需求的广告才可以被消费者记忆。不仅创意需要被消费者记忆,还需要很好整合品牌信息,在记住广告内容的同时不知不觉将品牌信息记忆深刻。使消费者记忆深刻的方式多种多样,除了有趣的创意,还可以通过不断重复、良好互动等方式达成此目的。

4. 支撑定位

通过广告表达品牌的信息和形象,与广告主想要达成的目的进行整合,支撑其需要表达的品牌定位是广告非常重要的目的。这需要广告主与广告公司合作时明确广告要体现的定位,广告公司对广告主的产品与竞品信息有一定的了解,并通过共同的讨论确定合适的创意及表达形式,来支撑广告主品牌的目标定位。

5. 促进销售

许多广告最直接的目标即促进销售。通过广告的触达、消费者的理解和记忆过程,提升产品的知名度或品牌的美誉度,使消费者在选择时倾向选择广告主的产品,从而促进产品的销售,形成明显的销售促进效果。但也有许多广告不以推广某一种产品的信息为主要目的,而是为了提升企业或品牌的整体形象,从而在未来间接促进相关所有产品的销售。

(二) 广告设计的原则

1. 冲击力

冲击力是获取消费者关注的方式,也是使消费者记忆深刻的重要因素。具有冲击力的视觉效果,或者具有冲击力的文案、故事线,都可以成为吸引消费者关注的核心竞争力。合理进行色彩的搭配、使用吸引人的图片效果、震撼人心的文字内容、引人关注的故事内容,均可以成为遵守冲击力这一原则的具体方法。

2. 明确信息内容

明确表达广告主想要表达的信息内容是广告设计的初衷与核心。将信息内容合理融入广告的创意与表达手法中,通过合理的引导表达给消费者,使消费者明确广告所要表达的主题,传递广告主需要传递的产品或品牌信息,触达消费者并最终形成记忆。太过直接的广告表达容易引起消费者的反感,而太过隐晦的信息内容则难以被消费者理解记忆,因此需要依据该原则掌握好创意与艺术手法的使用程度,使信息内容得到良好的呈现。

3. 道德法律底线

广告可以通过艺术手法进行合理的信息展现,但必须保证符合道德与法律的底线,确保广告的真实性与可信性。广告无论何种程度的处理,都必须在道德允许的范围内,否则可能会造成非常严重的后果,不仅不能塑造良好的品牌形象,还会造成负面信息的传播,有时甚至会是不可挽回的损失。

4. 关联性

广告的关联性原则即广告与目标受众相匹配。广告公司对广告进行策划和创意设计前,需要与广告主沟通,明确广告的传播渠道与目标受众,收集相关信息,研究其特点,并根据特点进行广告的设计与创意。如女性美妆类产品的设计应依照女性的心理设计较为美好、温馨的广告类型,而男性剃须刀的广告则应该突出男性的坚强、刚毅的性格。只有与目标受众相匹配，广告才可以更高效地触及相关消费群体，更高效地传播信息。

5. 情感性

在广告设计时，应充分考虑受众的心理与情感。能够与受众产生共鸣的广告更容易被受众接受，且在理解和记忆时更加深刻。受众在筛选信息时通常会选择自己认可的内容关注，并进行深度的阅读。注重广告的情感性可以给消费者留下注重人文关怀、理解消费者的品牌形象，从而使消费者再次接触相关品牌时产生连带效应，对品牌的好感度提升，最终达成促进销售的目的。

6. 经济性

广告产品在制作时需要考虑到经济性问题，广告公司要结合客户预算与所需达成的目标，进行经济性的考量，从而确定一个广告创意的可行性。有时一个好的创意可能要付出非常高昂的成本，这时需要与广告主进行充分的沟通，对性价比进行估量，作出最后的决定，甚至有时可能退而求其次，无法满足创意的所有要求。要明确广告产品毕竟是一个商品，商品即有制作成本与可以制造的收入，两者均符合要求才可以称为好的商品。

三、广告设计的组成要素

简单来说，广告设计是基于一定的商业目的，通过设计软件将符合企业品牌定位与需求的创意制作出来的过程。其主要作用是以独特的创意形式迅速吸引大众的眼球，让消费者在自然而然间接受商品的具体内容及形象的联想，从而吸引顾客产生购买意愿，最终达到为企业产生商业利益的目的。因此广告设计需要同时兼顾消费者的需求及企业的利益。具体的实现方法要求我们首先要深入地了解广告设计的三个组成要素：创意、内容构成及视听效果[1]。

(一) 创意

1. 创意的概念

准确地说应该是广告创意，对于其概念，整个广告界也无一定论。但它却是广告设计的一个非常重要的环节,甚至可以说是核心环节,是广告设计的灵魂。

2. 创意的内容

我们可以从静态和动态两个角度来认识创意的内容。

从静态方面看,创意即"点子",又称为 idea,是广告设计者有目的地进行的一种创造性的思维活动。

从动态方面看,创意融合了广告的主题、广告的内容及表现手法,它可以让一个"点子"在纷繁多杂的广告中脱颖而出、闪闪发光,紧紧抓住消费者的注意力,得到消费者的认同。其本质是在传达可信度的基础上,将与产品相关的某种特殊的、从未被人发现或注意到的见解,通过有品位的艺术手法表现出来[2]。

3. 判定创意的标准

首先,好的创意必然是具有导向性、受商业利益目标约束,并能创造商业价值的创意。其次,好的创意一定是具有一定的艺术水平、赏心悦目并且与众不同的创意。

(二) 内容构成

广告设计的内容主要由主题、文案、标志、品牌展示等构成。

1. 主题

主题是广告设计内容的重要组成部分。其设计需要切合企业产品的宣传核心及目的,措辞需要精准、简洁、明了,富有冲击力。

2. 文案

文案是辅助主题对产品、活动内容等进行详细说明的文字,最忌简单的文字堆砌。文案要能具体描述出广告的目的、产品的特点、企业的精神等。最重要的是可以直击消费者的心灵、让消费者产生共鸣,打动消费者。

3. 标识

标识是一家企业的象征,代表了企业的品牌形象。是一个企业或其产品的代表载体,是一种特征性的符号。标识比较便于识别和记忆,在广告设计过程中实现的是一种信息传递的作用,因此需要放在醒目的位置。

4. 品牌展示

在广告设计中设置品牌展示信息是对企业的一种宣传,也是扩大知名度的一种方式,更是增加消费者信心的一把钥匙。但对于知名度比较高、标识的认知度也比较广泛的品牌来说,某些时候此部分只是一种信息的补充。

(三) 视听元素

前面我们提到,吸引消费者的关注、加深消费者的认知是广告设计的一项主要作用和目的。创意及内容本身都要求广告设计是具有冲击力和辨识度的,那么这就需要其视觉效果无论从图片/画面、文字、色彩还是排版设计等各个方面都要是吸引眼球的。

1. 图片/画面

虽然在广告设计有限的时空维度里,容不下太多图片及画面,但是图片过少也会影响到整个广告设计的美感。这就要求在图片/画面的选择上要精益求精,选择最能体现产品和企业精髓的图片/画面。这样一方面可以使版面看起来简洁、美观,一方面也可以突出主题。

2. 文字

文字的字体、大小、颜色需要和整体的广告和谐、一致,避免过于花哨造成喧宾夺主的效果。文案还可以适当选择活泼、生动的字体来活跃和突出版面。同时文字还要配合广告中的图片/画面进行相应的层次配搭,以便消费者在看到广告的第一时间便能领会到文案所要传达的内容信息。

3. 色彩

色彩在商业广告设计中的作用越来越多地被大众所认识。其对于整个广告设计来说可谓是重中之重,不仅可以表现出广告创意的意境,还能增强其内容的冲击力及感染力。

色彩的选择需要严格根据产品的属性及整个广告创意的基调。主色调在选定之后还要考虑广告设计中的一些细节,如文字、图形及消费者的审美等。不同的色彩具有不同的感情定位,一方面可以形成视觉的冲击力,另一方面可以引起消费者的情感反应和变化,激起消费者购买的欲望。[3]

4. 排版设计

排版其实也是一种艺术,是将整个广告设计内容中包含的主题、画面、文字等进行整体组合、处理的一个过程。优秀的排版设计可以在构造出精美的版面的同时,准确地传达出广告的核心信息。在整个排版过程中首先要把广告中最重要的、最希望传达给消费者的信息放在版面中最为显眼、视觉最先触达的地方。其次,版面的构图类型可以分为:水平构图、垂直构图、弧形构图等。可以根据实际的需要进行匹配和选择。

5. 声音

声音是广告设计中另外一项非常特殊的元素,是广告设计视觉内容极佳的搭配组合。可以在视觉感受之外给消费者带来更加直接的听觉感受。其选择也是以整体的广告创意为基调,很多时候还会根据需要选择不同的音乐和音效,或抑扬顿挫、或厚重低缓、或清新欢快。主要是利用声音、音乐的动态效果来配合创意主题,营造出与之匹配的意境或氛围,从而达到增强广告感染力,进一步加深消费者感受的目的。

综上所述,创意、内容构成和视听效果这三个组成要素在广告设计过程中都发挥着不可或缺的作用,需要将三者有效配合和运用起来才能从整体上体现出广告设计的目的和用途。这样既能树立产品形象、准确传达宣传信息、促进销售的达成,又能提升品牌的知名度。

四、广告设计的方法

一个好的广告,可以通过各种巧妙的设计,将广告所推广产品的特性、质量、效果等突出展现在广告受众面前,给受众以深刻的印象,加深记忆,从而实现推广的效果。简单而言,包括但不限于以下几种设计方法。

(一) 比喻设计法

广告的比喻设计,是指对广告的内容和文字表现,采用比喻的手法进行宣传,让广告的本体以一个更容易被受众理解的方式出现,使受众对广告对象的性能、品质有更深入的理解,更容易接受广告内容本身。比喻设计法在广告中被广泛采用,例如,某著名饮料公司所作的饮料广告词"仿佛一缕清泉流入心头";又比如某汽车厂商在播放汽车移动画面时,配上画外音"有如奔腾的野马,奋勇向前"等。这样的广告设计,通过比喻的手法,把饮料、汽车这样难以直接感知的商品,转化为清泉、野马这样的形象,在受众的脑海里建立起了直观印象,达到事半功倍的效果。

(二) 叙事设计法

广告的叙事设计,指的是通过一定的逻辑推导和情节穿插,将要推广的商品嵌入一段设计好的故事当中,或者是围绕这个商品本身,延伸出一段故事。故事的情节或平铺直叙但真实感人,或变化离奇但情节曲折,但都是以抓住受众的心、吸引受众的兴趣为目的的,追求进一步加深受众对广告产品的印象、促进购买欲望的结果。例如,某著名芝麻糊饮品的广告设计是:一个烟雨朦胧的南方清晨,父女二人在温馨的家中靠着窗户学习唐诗,女儿摇头晃脑地背着"红豆生南国,春来发几枝。愿君多采撷,……"女儿下一句接不上,正在思索着,爸爸拿来一杯热气腾腾的饮料,说"此物最相思!"原来,这就是南方黑芝麻糊。这个故事以其温馨的设计和美好的情节吸引了千万电视观众,也把南方黑芝麻糊这个产品推上了一个销售高峰,使其成为家喻户晓的著名品牌。

(三) 反复设计法

科学研究表明,反复出现同样的刺激是增强记忆的有效手段。广告的反复设计,就是利用这个科学原理,通过围绕广告要突出的中心内容,对某段话、某个故事、某种主题进行多次重复播放,达到给受众留下深刻印象的目的。这里的重复播放,既可以是广告语的简单重复,也可以是某一产品在不同情境下的反复再现。比如,"恒源祥"这一著名羊绒衫品牌曾经做了一个广告,一个浑厚男中音以不紧不慢地速度反复读着"恒、源、祥绒线羊毛衫——羊羊羊"这句广告词,虽然单调,但给人印象深刻。再比如,"要想皮肤好,早晚用大宝"这句广告语,就是由几个装扮成不同职业人员的演员,在电视上依次出现,反复强调,最终植入人的记忆的。又如"今年过节不收礼,收礼还收脑白金",也正是运用了同样的手法,使脑白金成为炙手可热的送礼佳品。

(四) 夸张设计法

广告的夸张设计,就是用明显夸张的言语或者动作、场景,甚至完全超越现实可能性的幻想情节,来形容某类产品的功用、效果。此类广告的好处是,受众明知这是不符合实际情况的描述,但能理解该类产品的实际作用,并且受到情节或者艺术表现的感染,对该类产品产生向往。例如,士力架巧克力做过这样一个广告:某个男生因为爬山,又饿又累,产生幻觉,变成女生靠在另一个男生肩头,在吃下别人递上的一块士力架巧克力后,该男生立刻变回原来的模样,吓得赶紧从另一个男生的肩头闪开。这个广告以夸张的艺术手法,展现了士力架巧克力对于补充能量、恢复体力和精力的重要作用,有效地提高了士力架巧克力的产品销量。再如某饮料产品,其广告即为一个筋疲力尽的男人,喝下饮料后忽然变成超人,飞上蓝天,这也正是运用了夸张的广告设计手法。

(五)对比设计法

广告的对比设计,通过选定某些在性能、品质、功用上相似的产品与广告宣传产品进行对比,突出广告宣传产品的优势和功用,让受众更加倾向于购买广告宣传产品。这样的对比往往可以给受众带来直观的刺激,令人印象深刻。例如,蒙牛公司生产的特仑苏牛奶广告,在突出介绍了特仑苏牛奶的种种优点之后,附上一句"不是所有的牛奶都是特仑苏",将特仑苏牛奶和普通牛奶区分开来,形成鲜明对比。再如神州专车的广告,在片头时先展现了一段某女乘客搭乘某其他品牌专车时忽然失去意识,醒来时被绑在一个陌生的地方并且无法摆脱的恐怖画面,而后画风一转,一名女乘客来到神州专车的汽车面前,面带微笑的神州专车司机彬彬有礼地打开车门,迎接上车,而后将其安全地送到驻地,并配上画外音"除了安全,这里什么也不会发生",以此突出神州专车因其皆为公司自有车辆而具备的安全性。这些对比的设计,毫无疑问加强了受众对广告宣传产品特性的认知。

(六)幽默设计法

广告的幽默设计,是指通过幽默、诙谐的情节或喜剧人物的语言、动作设计和艺术表现,给受众营造出轻松愉快的环境氛围,让受众在放松的心态和发笑的感受下,对广告推广的产品产生深刻印象。如著名笑星赵本山代言的"痢特灵"药品广告,就是通过喜剧明星自身对于幽默的表现力来展现商品的效果。再比如葛优代言的中国移动公司广告"神州行、我看行",把葛优自身在各类喜剧中的口头禅"我看行"和"神州行"结合在一起,既押韵和朗朗上口,又让人联想到葛优在各类喜剧中令人捧腹的表现,达到了较好的幽默艺术效果,大大加深了受众对产品的印象。

(七)悬念设计法

广告的悬念设计,是指通过在广告的故事情节中植入悬念,引人入胜、扣人心弦,激发受众强烈的好奇心和紧张刺激的情绪,在故事谜底揭晓的那一刻,推出广告产品,让受众在恍然大悟、忽然放松之际,实现对广告产品的深刻记忆。如悬疑电影《盗梦空间》上映后,电影主演、著名影星莱昂纳多拍摄了一部广告片,片中采用了《盗梦空间》里的悬疑手法,主人公在似真非真的玄幻环境里追逐一个忽然出现的神秘女子,但指向该女子的种种线索总是飘忽不定,让受众情绪越来越紧张,最终谜底揭晓,原来真正的主角并非该女子,而是随女子出现的手机。受众在恍然大悟之际,也同时记住了广告产品。

五、广告设计的步骤

广告设计的过程是一个从创意到制作的过程。它需要通过将广告的主题、创意、形式、语言、文字等要素进行合理有效地整合,以求最大化触达消费者群体,吸引广泛关注,最终实现购买行为,获得利益。广告设计的成功与否对于能否在消费者心里形成良好的品牌印象起到至关重要的作用,因为对大部分消费者来说,他们对某一产品或服务的初期认知正是源于广告。广告设计的步骤通常可以分为了解用户需求、明确主题、形成创意、设计文案与配图、选择代言人和选择传播媒介六个步骤。

(一)了解用户需求[4]

现在,在人们的日常生活和工作中,广告可以说是无处不在,人们会不经意间就接触到成百上千的被精心包装和设计的广告。当你刚刚走出家门,就会看到有关房屋装修、健身、商场打折、外卖到家等广告贴在楼道门旁;乘坐地铁时,因为无聊,无事可做,你会安心地看一段地铁上的移动电视,而广告商就会充分利用这个广告位和广告时段向乘坐地铁的年轻上班族推广他们感兴趣的广告产品或品牌;当你在网上冲浪时,各式各样的网络广告更是掺杂在浏览页面中,有的页面还能根据你的搜索和浏览习惯为你推荐广告,从而做到精准推送。由此可见,平面广告、立体交互、互联网广告可以全面地从消费习惯、受众群体、年龄结构等方面准确区分用户需求,广告设计者也能做到为特定人群的需求定制广告。

如今的广告设计不只以推销产品获利为目的,而且要让消费者或潜在消费者积极主动地参与到产品或品牌的推广活动中,加强他们心中的品牌印象并及时反馈出他们对产品或品牌的消费诉求和倾向,这样才能得到受众群体的大量感知认可和对产品或品牌的信任,从而转化为最终的购买意愿。

(二) 明确主题[5]

著名的广告大师罗瑟瑞夫提出过的"UPS理论"(独特销售主题)明确提出广告的主题要在第一时间让消费者明确产品的用途和优势,而且这种优势是独树一帜的,竞争对手在这种优势面前显得不堪一击,毫无竞争可言。在广告设计中广告主题应充分地表现出产品的独有特性,通过适量而充足重复,使得产品的独特属性深入消费者的感知中,进而起到强大的说服性并以此诱导消费者,产生最终的购买决策。

这里值得一提是,广告的主题要针对特定的人群具有极强的普适性,比如水立方嘉年华主题公园的亲子套票针对的人群就是年轻父母。

(三) 形成创意[6]

罗瑟瑞夫的UPS理论中对广告设计过程中广告创意的形成给予高度重视,优秀的创意能够使广告设计的艺术性得到最大程度地展现。新颖的创意源于创新的思维,那么,创意的形成首先就要打破传统的广告设计理念和传统思想的禁锢。创意不受时间和空间限制,不依靠现有实物而产生创意是每个广告设计者所追求的。然而,创意也不能全是天马行空,脱离实际目标的。广告设计中的创意一定要基于其本身的内容和既定的销售目标。因为广告的唯一目的就是实现销售,广告的这一本质是不可动摇的。其次,广告创意是广告产品或服务的特性与消费者的需求,是能够起到连接消费者与广告产品或服务的纽带作用的。

最后,将人性的情感融入到广告设计中,能得到意想不到的感染力,因为人是感情动物,没有人情故事、没有情感的广告很难打动观者的心。

(四) 设计文案与配图[7]

广告设计高手通常利用酷炫的色彩背景、标新立异的语言、精致的插画,以及蕴含其中的独特创意来抓取受众的关注。这些文案和配图在一定程度上迎合受众的普遍审美观并得到认同。在广告设计中,文案不仅仅是文字的组合,插画也不仅仅是色彩的堆砌,通过广告设计者的巧妙结合,使得最终呈现给消费者的商品形象被赋予了人的精神层面上的内容,符合当今时代的审美观点、审美情趣。

文案与配图的设计不仅在形象展示上要生动、给人以美的享受,还要展现出深层次的意识形态,通过受众群体对广告的认知和感受,向社会传播正确的美的道德观、价值观和消费观,潜移默化地影响甚至改变人们的生活方式和价值观。

(五)选择代言人[8]

广告设计中选择代言人,插入代言人的形象图片、视频或声音已经司空见惯。对于广告产品或品牌来说,选择有信誉的代言人,把代言人的特殊属性、专业能力、公信力、吸引力投入广告之中,能够影响消费者对产品或品牌产生更加积极正面的认识,从而对购买决策起到促进作用。选择的代言人与品牌形象的匹配程度也很重要,比如体育商品广告商通常会使用体育明星做代言,而体育明星可以在比赛取得成就的同时,不断给品牌进行背书,一旦广告初期因代言人效应取得良好的收益,就应当适时地增加广告曝光频次,通过受众对代言人的态度来影响品牌态度和购买意愿。

(六)选择传播媒介[9]

广告传播媒介的选择也是广告设计中重要的一环,传统媒介有报纸、电视、直邮、广播、杂志、户外广告电话黄页、广告册、电话等。而现代的广告媒介大多依托于互联网,主要的形式有移动图标、流媒体、富媒体、电子邮件广告、旗帜广告、微信、微博、社交平台的软文等。

广告主在选择适当的传播媒体和传播形式时,需要考虑众多因素,比如广告受众的民族文化、地域心理、年龄心理、性别心理、职业、收入心理和品牌心理等都会影响到受众人群对广告的关注度和广告传播的效果。当今社会随着互联网的发展正在发生着日新月异的变化,人们的思维观念和生活理念也随之发生了变化,能够影响受众的消费心理与行为的因素也在不断变化,所以,广告主需要不断地加入新的影响因素以对广告传播媒体和传播形式进行多方面地考虑和评估,具体的选择和设计过程一定要以产品和企业的要求及营销目标为准。

本章小结

广告设计任务主要包括准确表达广告信息、树立品牌形象、引导消费、满足消费者的审美要求四项,广告设计时要把握好主题、设计、文稿、图画、声音、背景这六个因素,进行合理的设计和使用。广告设计的主要目标是引起注意、理解、记忆、支撑定位、促进销售。广告的组成要素包括创意、内容、视听元素。广告设计的方法主要包括比喻设计法、叙事设计法、反复设计法、夸张设计法、对比设计法、幽默设计法、悬念设计法。广告设计包括六个步骤,分别是了解客户需求、明确主题、形成创意、设计图案和配文、选择代言人、选择传播媒介。通过本章的学习,可以了解广告设计的要素及步骤,为设计广告奠定基础。

思考题

1. 广告的设计任务都有什么?
2. 选择一个让你记忆深刻的创意广告,对照广告设计的主要方法,说说它主要使用了哪些方法。
3. 结合广告设计的任务及方法,说说不同的任务应以怎样的设计方法实现?
4. 互联网广告和传统广告的特点有什么不同?在设计时有什么主要的区别?

参考文献

[1] 韩淑清,王芳. 浅谈平面广告设计中的要素和创意应用[J]. 黑龙江科技信息,2011(21):12.
[2] 陈欣. 什么是广告创意?
[3] http://wenku.baidu.com/link? url=P65xWWfmBYnLd0vILpKJ2hfuQCLMSxb6iyrCK7fhgq2jQw1MC89GyiTqDtq7kjLeacDbYNkKawvqutEeoI1qcFvKgT7Kb_DamVJR-6hKJKW.
[4] 金雅庆,唐娇. 色彩在商业广告设计中的浅析[J]. 设计,2015(10):122-123.
[5] 龙建新,王莉. 广告心理学[M]. 北京:中国建筑工业出版社,2008.
[6] 夏莲. 从广告设计中解读受众心理的影响[J]. 新闻知识,2015(2).

[7] 赵倩倩. 平面广告图形设计视觉创新研究[J]. 大众文艺,2012(5):87.
[8] 程宇宁. 广告创意——从抽象到具象的形象思维[M]. 北京:中国传媒大学出版社,2010.
[9] MCCRACKEN G. Who is the Celebrity Endorser? Cultural foundations of the endorsement process[J]. Journal of Consumer Research, 1989, 16(3):310-321.
[10] 特伦斯,辛普,张红霞. 整合营销传播:广告与促销[M]. 北京:北京大学出版社,2013.

第十三章
形象代言人及其选择

本章主要介绍了形象代言人的作用及选择、代言人的合作模式和自媒体下的形象代言人。形象代言人在中国作为品牌营销的策略和手段,已在众多企业品牌战略实施中被广泛采用。选择适合企业的形象代言人不只能为企业带来巨大的收益,更能够让品牌声名大噪。企业要充分发挥出形象代言人的名人效应,选择适合的形象代言人,使其与产品形象相吻合,使代言人为品牌形象锦上添花。

一、形象代言人的评价和选择

形象代言人是品牌战略设计者们在特定的时间段,通过自我打造或者高薪聘请的一个或多个能够代表企业品牌或产品形象的角色。形象代言人可以作为企业或组织的一个向公众传播信息的服务专员,其宣传行为可以是公益性质的,也可以是营利性质的,通过形象代言人的代言宣传,能让人们通过对其知名度、职业、形象、个性、品行的联想,以及自身的偶像效应向受众宣扬自己的消费方式和价值体现,产生美好的品牌效应,从而建立品牌的美誉度与忠诚度[1]。

形象代言人作为品牌营销的策略和手段,已在众多企业品牌战略实施中被广泛采用。品牌形象代言人的选择空间非常大,可以选择名人代言,可以选择明星代言,可以选择专家代言,也可以选择普通人代言,还可以选择虚拟的卡通形象代言。虽然形象代言人的可选择范围非常广,但是选择形象代言人还是要遵循一定的原则,即形象代言人的形象要符合企业的形象和所代言的产品。因为品牌和商品本身是物化性质的,他们与消费者的品牌认知连接是非常弱的,所以需要借助于形象代言人来体现品牌的个性化和人性化,通过代言人这个媒介和品牌符号,将品牌拟人化地传播出去,使得抽象的品牌个性化、具体化、人性化[2]。

现如今,无论在广播、电视还是报纸杂志,抑或在互联网上,都可以看到企业形象代言人的身影,被他们代言的品牌也因为名人效应声名鹊起、业绩飞涨,企业得到了利润,代言人也能够得到丰厚回报,互利共赢。企业与品牌形象代言人之间的关系越来越紧密了,彼此间有非常强烈的影响,企业希望通过品牌形象代言人的影响力来提升企业形象的竞争力,因此,企业非常愿意支付巨额的薪金给那些能为企业形象加分,为企业能够带来积极影响和备受大众喜爱和尊敬的名人,他们希望通过名人代言品牌可以深入民心。虽然企业的品牌战略者们都越来越热衷于聘请品牌形象代言人,将代言人的实力和影响力直接传导到企业形象上来,但是,这是存在隐患的,一旦品牌形象代言人的形象受损,则极有可能严重影响企业品牌形象。有研究表明,当公司公开宣布名人代言合同的同时,公司股价会上涨;而当媒体报道公司某一品牌代言人的负面新闻后,公司股价会下跌[2]。

(一)代言人特征:TEARS 模型[3]

大量研究表明 TEARS 模型代表了代言人的五个特征[2]:可信性(trustworthiness)、专业性(expertise)、外表吸引性(attractiveness)、尊敬(respect)和相似性(similarity),表 13-1 列出并定义了各个特征。

表 13-1 TEARS 特征和含义

TREARS 特征	含 义
可信性(trustworthiness)	代言人值得信任,不操纵观众,陈述是客观的
专业性(expertise)	对于代言的品牌而言有特定的技能和知识
外表吸引性(attractiveness)	外观令人满意,具有吸引力
尊敬(respect)	个人的品质和成就令人钦佩和尊重
相似性(similarity)	代言人在某些方面与受众具有相似性(年龄、性别、背景)

1. 可信性

代言人值得信任,不操纵观众,陈述是客观的。表现在受众对其代言动机的感知,相对于通过代言品牌而得不到任何好处的代言人,消费者则认为代言人的动机纯粹是个人利益的说服力更强。代言人的可靠性,公众人物通过他所在的专业领域的表现和通过大众媒体展现在公众面前的表现而获得受众的信任。因此,那些被广泛认为诚实可靠的人更容易被各种品牌选为形象代言人。同时,一个代言人在一些特征如年龄相同时,他的可靠性会得到提升,从而对品牌形象的提升产生更为积极的影响。

2. 专业性

对于代言的品牌而言有特定的技能和知识,会使得受众更加信服。因此,运动员为体育相关产品代言会被认为是运动专家,成功商人代言被认为是管理专家,同理,医生代言被认为是医疗专家。例如,著名英国足球运动员贝克汉姆为 ADIDAS 代言;著名篮球运动员科比、乔丹为 NIKE 代言。体育明星为体育相关产品代言时,他们通常被认为是体育行业的专家,正是因为他们在体育界的名气和声望,他们所推荐的产品无形中被赋予了专业、高品质的生命力。但专业性并不是绝对的,有时目标受众并不是很关注形象代言人的专业性,主要还是关注大众对代言人的评价。当然,与被认为是非专家的代言人相比,被认为是专家的代言人在改变受众对某方面的态度上会更具说服力。

3. 外表吸引性

外观令人满意,具有吸引力,这在很多代言关系中都是一个关键因素。吸引力不仅体现在代言人外在形象对受众的吸引力,还包括代言人其他方面的优势,比如个性、气质、人品、生活方式等。当受众认为一个代言人身上有足够吸引力时,就会对代言人产生认同感,并很可能偏向代言人的行为、兴趣和偏好。例如,韩国化妆品牌兰芝的代言人宋慧乔,兰芝的目标消费者就是希望像宋慧乔一样清新、娴静的女性,宋慧乔正是这一群爱美人士的代表,精致的面孔、无瑕的皮肤,还有她曾经饰演的那些楚楚动人的角色,凭借宋慧乔的"外表吸引性",把"兰芝"这个品牌形象提升到了极致。

4. 尊敬

个人的品质和成就令人钦佩和尊重。例如,陈道明是国家一级演员,凭借高超的演技曾多次获得嘉奖,是在演艺圈内外备受尊敬的老戏骨。但是,人们很少在各种综艺节目中见到陈道明,他总是很低调,待人接物总是诚恳坦率,是一个既传统又保守的演员,无论从人品还是从艺德上来看,陈道明都是非常优秀的,深得尊敬的。冯小刚评价说:"陈道明是一个清高得只肯在戏里低头的男人。"陈道明这个演艺界殿堂级的人物,广受中国各大品牌欢迎,代言过的比较有名的品牌有天王表、利郎男装、仁和可立克、大自然地板等。

5. 相似性

代言人在某些方面与受众具有相似性,如年龄、性别、背景等。老生常谈,"物以类聚,人以群分",同类的东西常聚在一起,志同道合的人相聚成群,人们更喜欢与自己有相同特点的群体,因此,形象代言人代言的品牌或者产品最好要与其代言品牌的目标受众具有相似的特征。

【案例】步步高点读笔和家教机形象代言人[4]

步步高点读机广告大家在电视中经常会看到,一个笑容甜美的小女孩,拿着点读笔说:"哪里不会点哪里,妈妈再也不用担心我的学习""so easy",这个可爱的小女孩高君雨凭借此代言,很快被全国人民所熟知,从普通女孩成为了一个炙手可热的小童星,后续代言拍摄了许多广告,并参演了多部电影。

接着,步步高抓住《爸爸去哪儿》热播,Cindy 人气攀高的机会,签约 Cindy 为步步高点读机的形象代言人。活泼可爱的 Cindy 和《爸爸去哪儿》节目的教育意义与步步高点读机的品牌形象相对一致,通过代言提升了 Cindy 爱学习的乖乖女形象,人气攀升。另外,借助人们对 Cindy 代言的热烈讨论,也让步步高登上各大娱乐媒体的"头条"。

后来,步步高推出新产品——面向中学生的步步高家教机,经过再三的挑选,选择了现在拥有众多粉丝的"00 后"偶像 TFBOYS,在当时 TFBOYS 团体才成立一年,还没有什么名气。通过步步高代言,完成了他们人生中第一条广告和品牌宣传片。步步高还通过网络社交媒体,实时地分享 TFBOYS 参加步步高活动和使用步步高家教机的学习情况,与目标粉丝进行互动,成为步步高家教机系列的代言人和"首席体验师"。邻家男孩气质的 TFBOYS 形象也让步步高得到了广大中学生的喜爱,他们获得了极多的关注,一跃成为国内最受欢迎的"00 后"偶像天团,步步高家教机的销量和 TFBOYS 的名气实现了共赢。

> 步步高教育电子根据自己的中小学生目标消费者群体,选择的代言人都非常活泼、阳光,也都是名副其实的学霸,使得受众群体感觉到可靠、可信任。另外,选择的普通人群或刚出道的大众明星代言费,势必会比找已成名明星的代言费低很多。而随着高君雨、Cindy、TFBOYS 的成长与成名,实现了品牌与代言人的共同成长与进步。

(二)形象代言人的选择

根据上述形象代言人的特征,在选择时企业品牌战略设计者们应当考虑哪些因素呢?许多研究表明,形象代言人的选择要考虑的因素非常多,涉及方方面面的综合因素,现将较为重要的因素总结为如下几点:一是形象代言人与品牌和受众的匹配度,二是形象代言人的公众形象,三是形象代言人的可信度,四是形象代言人的吸引性,五是选择形象代言人需要的代言成本,六是所选形象代言人代言的饱和度和促购度。品牌战略设计者需要根据企业品牌自身的定位、标志、包装盒及标识等方面做综合的规划,充分利用好品牌形象代言人自身与品牌匹配的优质资源,来向消费者展示企业的优势,这样不仅能够目标精准地做好品牌形象塑造工作,而且还能够为企业节省时间和节约成本。

1. 形象代言人与品牌和受众的匹配度

一个成功的代言,要求代言人的行为、价值观、外表和举止能够与被代言的品牌希望树立的形象一致。光看代言人的人气是不够的,还要看其与品牌的匹配程度。如果匹配度好,那么通过形象代言人的代言,利用代言人的光环效应,品牌和产品将能够迅速获得消费者的认可。例如,佳能品牌和形象代言人成龙的匹配度就很好,成龙是中国人心目中演艺圈的一哥,佳能也要做业内 NO.1!成龙的亲和力比较强,佳能也希望和成龙一样在中国成为有亲和力的品牌。但是,如果匹配度不好,形象代言人个性同品牌个性完全不搭或者比较牵强,那么形象代言人和其代言的产品所传播的信息将会产生冲突,会混淆消费者的认知,反而不利于企业品牌形象的塑造、提升,就应该考虑更换形象代言人了,否则后患无穷。例如,那英曾经代言的"喜之郎","喜之郎"果冻的目标消费群体应该是青少年,而那英无论是形象还是年龄都与产品形象不符,怎么看都与产品有着不可消除的代沟。又比如国际巨星巩俐作为形象代言人代言的"大阳摩托",无论造型师把她打造成何等另类玩酷的造型,仍然无法演绎出棱角分明的男人所与生俱来的刚毅和硬朗。

2. 形象代言人的公众形象

企业形象代言人的公信度一定要好,绝对不能有负面形象,在选择时不但要考虑形象代言人气质、容貌、身材等外在因素,而且还要考虑其精神面貌、生活方式、人品等内在因素。尤其是一些药品和保健品更要考虑到形象代言人的公信度。如果形象代言人本身行为或思想有问题,形象不够健康,一旦被曝光过往有丑闻或绯闻,将会严重影响到所代言的品牌和产品。例如,因拍摄《那些年一起追过的女孩》而红极一时的柯震东,走红后密集地做了接近二十个品牌的形象代言人,其中多数还是知名企业品牌。然而,不久柯震东吸毒被拘的丑闻被各大媒体曝光,其负面的个人形象带来的连锁反应,严重影响了其代言产品的企业形象和市场收益,使得企业不得不采取产品下架或者更换代言人的紧急应对措施,直接或间接地给企业造成了高额的商业损失。

因此,在企业选择品牌形象代言人的前期一定要做好调研,充分地收集线上线下情报,做好预先的筛查和控制。因为当前没有发生问题的形象代言人并不会代表以后不会发生问题,所以,企业在确定形象代言人时就要做好随时应对危机的预案,一旦发生突发状况,能够及时采取必要的措施。

3. 形象代言人的可信度

选择可信度高的品牌形象代言人会使企业的品牌形象塑造效果事半功倍,代言人的公众影响力将会直接影响消费者对品牌的评价。消费者会根据信息来源可信度高低来判断所获得信息的影响力,一旦消费者对该品牌形象代言人可信度产生怀疑时,就会忽略此代言人的其他优秀品质,而对其代言传播的信息的可信度也产生质疑[5]。例如,内地娱乐圈的大姐大、"武则天"的饰演者刘晓庆凭借"王者风范"与TCL王牌彩电的王者气质完美结合,TCL王牌彩电也因刘晓庆的代言而声名大噪,完成了TCL彩电打败洋品牌后的颠覆性崛起。但随后因刘晓庆偷税漏税入狱而引发的信任危机,严重影响了TCL的品牌形象。

4. 形象代言人的吸引性

在选择形象代言人时，不只要考虑代言人外表的吸引力，更要考虑其他多个方面的吸引力，如可尊敬度和相似度。在特征中已经提到，在此不做赘述。

5. 选择形象代言人需要的代言成本

一位营销大师曾说过："如果你的企业没有一个非常强有力的创新理念，就可以找一个代言人，比如乔丹。如果人们看到一张有名的脸，就会很快认识这个产品。"从上述表述中可以看出，形象代言对于亟须打开知名度的企业或者产品而言是多么重要，但是代言成本也是一个需要考虑的重要因素。虽然选择名人做形象代言人能够提升品牌形象，为企业带来收益不假，但是成本并不对选择代言人起决定性作用。因此，在控制其他因素的同时，以选择更低成本的名人代言为益。与所有涉及选择的管理决策一样，选择形象代言人应通过成本收益分析来预测是否高成本的代言人就能够给企业带来相应的投资回报。如步步高电子案例中的代言人选择方式，就是非常节约成本的典型。

6. 所选形象代言人代言的饱和度和促购度

特别要说明的是，选择有吸引力的代言人未必就要选名气大、关注度高的名人，因为这样的名人往往参与多个产品的代言。例如，刘翔代言了可口可乐、白沙、杉杉西服等；周杰伦代言过优乐美奶茶、爱玛电动车、美特斯邦威、动感地带等。虽然这些明星有很大的吸引力，但是他们代言的品牌太多，尤其是已经代言过其他同类产品的名人，与产品的关联度就会变弱。

因此，企业在选择形象代言人时，要进行大量的思考与判断，由美国一家市场评估公司开发并提供的商用的 Q 比率检验能够帮助在选择过程中提供较为客观的参考，Q 比率检验可以知晓人群中有多少人喜欢，那么通过 Q 比率检验提供的有用信息，加上品牌经理和广告公司的主观判断，基本上就能够确定代言人与形象是否匹配了。

$$Q 比率 = \frac{喜欢他(她)的人数/全部调查人数}{听说过他(她)的人数/全部调查人数}$$

可以针对一定数量的消费者以不同形式派发问卷，问卷的问题是类似如下的简单问题：①您是否知道×××？②您对×××的评价是：(a)很糟糕;(b)糟糕;(c)感觉一般;(d)喜欢;(e)最喜欢的之一。另附样例:体育形象代言人调查问卷。

二、形象代言人的合作模式

(一)传统明星代言

由明星作为品牌形象代言人的营销模式一直以来都备受许多企业的推崇,形形色色的明星代言人通过各种媒体方式为受众带来耳目一新的感觉,"明星代言人"模式也为企业带来了相当可观的经济效益,甚至造就无数的销售神话。通过代言明星的独特个性和人格魅力,强化产品及品牌的个性形象。但是,明星代言人的形象可能会遇到危机,要尽量提前做好规避。

> **【案例】"女神"为高德代言**[6]
>
> 高德是国内领先的数字地图内容、导航和位置服务解决方案提供商,其成功签约"全民女神"林志玲全面代言高德地图、导航产品。因为林志玲在公众心目中有着超高的人气、亲和的气质、健康的形象和敬业的精神,这些品质高度契合了高德专业、可靠的地图导航服务理念和品牌诉求,所以,"女神地图"获得了大量的网络粉丝追捧,林志玲作为形象代言人进一步巩固了高德的市场领先地位,全面提升了产品和品牌的形象。

(二)企业家形象代言

在这个竞争日趋同质化的时代,许多企业都将品牌和各类明星做捆绑,比如影视明星、体育明星等,也有一些企业由创始人或CEO亲自为企业做形象代言人,使得品牌和企业家连接起来,如苹果手机的乔布斯、京东商城的刘强东、格力公司的董明珠、聚美优品的陈欧等。企业家的形象完全可以代表企业形象,是品牌的缩影,是同品牌关系最稳定的代言人,这种代言形式在一段时间内几乎成为一种流行趋势了。但是,企业家作为形象代言人就成为高曝光的公众人物,其形象与企业利益息息相关,这非常挑战企业家自身的形象和能力。因此,企业家形象传播对于企业品牌也存在着高风险,企业应该慎重决策。

> **【案例】董明珠为自己代言**[7]
>
> 还记得成龙大哥代言的那条经典广告语"好空调,格力造,格力掌握核心科技",真所谓深入人心,曾一度被大众认为格力空调是品质最好的空调。若干年后,格力董事长董明珠女士选择亲自上阵为格力品牌代言,此举不止节约成本,更显示了董明珠的勇气、自信和智慧。由于她在业界和国内外都有一定的知名度,因此这个代言不仅迎合了潮流而且征服了很多国内甚至国外的顾客。

(三)虚拟形象代言人

卡通形象代言人或品牌角色通常被称为虚拟形象代言人,是企业为了品牌形象、产品或者服务营销等商业用途而专门设计创造或聘用的个性鲜明的虚构的角色,可以是不同类型的虚拟动物、虚拟人类或其他卡通生物,这个虚拟角色赋予的形象,可以在不同的媒体上为品牌和产品做正向代言[8]。例如,轮胎先生"必比登"作为米其林轮胎的形象代言人,他同企业共同成长了上百年,在此期间,其造型会随着消费者的审美习惯的变化而做调整,"必比登"代表的米其林形象深入人心,经久不衰[9]。

(四)新兴泛代言

传统的生硬推销式的明星代言如今很难俘获当今"80后"、"90后"消费者的心。明星泛代言避开了传统明星代言简单的合作模式,采用完全创新的模式:代言人不只为品牌代言,更成为产品的首席体验官,从而做到真正地对终端用户负责,诚实地向消费者良心推荐,最大限度地发挥首席体验官在大众心目中的美好形象。

> **【案例】奥克斯初探"泛代言"**[10]
>
> 奥克斯首次"泛代言"策略铸就了一次成功的营销,其花重金邀请了"跑男"节目的成员之一当红男星郑恺作为奥克斯全球首席体验官为其新品空调AYA系列做形象代言。郑恺在"跑男"节目中被打上了"极速"的标记,这同奥克斯AYA新品空调"极速冷热"的性能相匹配,能够产生明确的品牌联想。

(五)明星就职代言

明星做企业的品牌形象代言已不足为奇,但是代言人直接在企业任职,成为经理人,这种代言模式还是别出心裁的。这种模式被业内视为品牌年轻化的新思路,是另一种新兴的营销策略,只是对于其效果,还有待时间检验。

> **【案例】邓超加盟长虹**[11]
>
> 长虹集团邀请拥有大量粉丝、被众多年轻人所喜爱的明星邓超加盟长虹,出任长虹CHiQ产品经理,对于该系列产品设计与研发、营销工作,邓超也会参与其中。此款产品的目标客户是年轻消费者,长虹希望通过增强邓超的形象与长虹CHiQ品牌产品的强关联度,提升长虹的品牌在年轻消费者心中的形象。

三、自媒体下的形象代言人

社会化媒体时代已经到来,随之带来了信息传播方式、阅读方式和内容生产方式的变化。依靠报纸、杂志、广播、电视来单项传播高度集中信息的传统媒体时代已经过去。现在是多向的传播方式,每个人都是信息源,每个人不仅仅是信息的接收者,同时也是信息的传播者、发布者、评论者。而且阅读终端也发生非常大的变化,手机终端已普及,这个时代被称为自媒体时代。基于个人信息交流分享媒体平台的层出不穷,比如论坛、微信、Facebook、微博、贴吧等,每个人都可以传播信息。在自媒体时代,品牌传播的互动性更强、更多了,比起传统媒介环境下仅靠形象代言人明星光环影响,新媒体时代对品牌的营销也要复杂得多,需要根据实际情况调整商业模式。从前面提到的明星邓超任长虹CHiQ产品经理的案例就可以看出,长虹集团此举就是为了借媒介环境变化来给老化品牌以新生。在自媒体时代,明星的形象与品牌的地位关系都需要企业做重新的定位和思考[12]。

对于自媒体时代的形象代言人,除了要考虑传统媒介环境时选择形象代言人所考虑的要点外,还应该再考虑明星的粉丝与品牌目标消费群体的匹配度问题。形象代言人能否与受众人群深度交流使用心得?形象代言人的气质是否符合企业文化的核心价值观?对于既是受众也是传播者的消费者,如何避免其负面影响而形成品牌粉丝群,在这个过程中,形象代言人要扮演什么角色?企业要如何处理与形象代言人的关系?

> **【案例】陈坤成为"荣耀星伙伴"**[13]
>
> 演员陈坤成为华为荣耀"荣耀星伙伴",为荣耀产品代言,陈坤将参与华为荣耀系列活动,并将以自身的影响力进行品牌传播。华为之所以选择陈坤作为形象代言人,成为首位星伙伴,主要是其身上有勇敢做自己的特质,与荣耀品牌相呼应,其在演艺方面勇敢成长,其推动公益事业、敢于承担社会责任。华为荣耀和陈坤在微博上积极互动,陈坤作为华为荣耀产品的使用者,也将会同受众群体进行深度交流。

从上述案例可以看出,陈坤的勇敢成长与其敢于承担社会责任的行为与华为的企业文化相契合,他同华为荣耀是"星伙伴"关系,作为华为荣耀手机的使用者,可以同受众人群深度交流使用心得,同时他拥有大量的粉丝群,其光环效应可以为华为荣耀的品牌传播发挥得淋漓尽致。

本章小结

本章主要介绍了形象代言人的评价及选择,代言人的合作模式和自媒体下的形象代言人。营销学专家指出,运用政界、文化体育界、新闻传媒界的名人进行企业公关与品牌宣传活动,可以达到事半功倍的营销效果。企业要充分发挥出形象代言人的名人"光环效应",重要的是选择好适合品牌的形象代言人,使其与产品形象相吻合。因此,企业在当今自媒体时代选择形象代言人时,需要更注重形象效应,以企业信誉、产品品牌与形象代言人结合,赢得更多的消费者。这样,才能取得更大的名人促销效益。

思考题

1. 对于一些中小企业,是否需要形象代言人?如果需要,那么应该如何选择形象代言人?

2. 如何规避品牌形象代言人对企业营销的风险?有没有防范这类风险的对策?
3. 如果让你为自己所在的企业选择一位合适的形象代言人,你将如何选择?
4. 如何在自媒体时代选择形象代言人?

参考文献

[1] 何艳,张艺曦. 品牌代言人[M]. 北京:企业管理出版社,2014.
[2] 特伦斯·A. 辛普,张红霞. 整合营销传播——广告与促销[M]. 8版. 北京:北京大学出版社,2013.
[3] 爱豆. 步步高家教机与FFBOYS携手走过的三年时光. http://idol001.com/news/tfboys/detail/56979d957a1173982a8b4715/.
[4] KANG Y-S, HERR P M. Beauty and the beholder:toward an integrative model of communication source effects[J]. Journal of Consumer Research,2006,33:123-130.
[5] 王怀明,马谋超. 名人广告源可信度因子结构[J]. 心理学报,2004,3:365-369.
[6] 腾讯科技. 高德签约林志玲,首次启用明星代言人. http://tech.qq.com/a/20131128/014724.htm.
[7] 网易财经. 董明珠为何亲自代言? http://money.163.com/14/0616/05/9URALJFK00253B0H.html.
[8] 孙世芳,姜海月. 虚拟形象代言人对品牌资产的影响研究[J]. 北方经贸,2015,9:58-61.
[9] 蒋杰. 品牌卡通形象代言人设计与推广研究[J]. 大众文艺,2015,13:62-63.
[10] 搜狐公众平台. 奥克斯空调启动明星泛代言计划,开创家电品牌营销.
[11] http://mt.sohu.com/20160323/n441657362.shtml.
[12] 新浪财经. 演员邓超正式加盟长虹集团 出任产品经理.
[13] http://finance.sina.com.cn/chanjing/gsnews/20150921/152423305673.shtml.
[14] 刘艳蓉. 自媒体时代品牌代言人的形象与关系[J]. 传媒经营,2016,2.
[15] 网易. 华为荣耀宣布陈坤为代言人.
[16] http://tech.163.com/15/0402/14/AM7128FO00094OE0.html.

第十四章
病毒广告

本章介绍病毒广告的基本概念,讨论病毒广告的分享动机,分析病毒广告的特征及其优缺点,比较病毒广告与传统广告的不同之处,描述病毒广告的类别,阐述品牌信息植入病毒内容的方式,并对病毒广告的具体实施步骤进行了讨论。

一、概述

(一) 病毒广告的基本概念

"病毒营销"一词是由 Hotmail 的史蒂夫·朱尔维特森创造的。1996年,微软公司创建了著名的网站 Hotmail.com,建立了一套基于 Web 的免费邮件系统。在创立之初,公司通过在顾客的邮件结尾附上"现在就获取您的 Hotmail 免费信箱"的链接,短时间内用极低的成本增加了 1200 万注册量,拉开了病毒广告的序幕[1]。中国最早的病毒广告是百度制作的系列病毒广告,其中"唐伯虎"广告的分享量最大。在该病毒广告中,百度用唐伯虎这一角色讽刺外国人无法理解中文的内涵,从而树立自身最强中文搜索能力的形象。该病毒广告的下载传播量超过 2000 万次。

病毒广告是利用人际之间的分享在短时间内获得大量顾客触达的广告。病毒广告要想获得成功,首先要使广告的内容能够被大众认可,进而愿意分享和传播。病毒广告的内容一般是某种故事情节,它能够激发受众的娱乐、惊讶、仁爱等感受和共鸣,从而产生强烈的分享意愿。在病毒广告的研究之中,主要关注以下几个方面的内容,一是如何设计出好的病毒内容,包括如何将病毒内容与品牌信息相匹配;二是病毒传播者与被传播对象的关系;三是如何投放种子点,四是病毒广告的传播网络是怎样的。

病毒广告不单单是存在于网络中,大到一次全国性的宣传活动,小到校园里某食堂新推出的菜品,都有可能成为病毒式广告。并且病毒式广告不拘泥于单一形式,口头传递、文字、视频、图片等都可以成为病毒广告传播的途径。从信息加工的角度看,不同类型的消费者有着不同的信息加工模式,一些人主要喜爱文字性的内容,另一些接受视频,还有一些愿意看图片或听音频。在社交媒介非常发达的今天,各种形式的病毒内容已经被广泛传播,它适合了不同类型的信息加工者。目前,病毒广告最为常见的模式是在社交媒介中发布有广泛影响力的文章,这些文章通常有着非常吸引人的标题,诱使人们点击阅读。在文章之中,广告方会植入相关的品牌信息,从而达到大量转发和品牌触达的目的。

尽管病毒广告能够在短时间内产生巨大的信息触达量,从而吸引众多的企业进行病毒广告的传播,但病毒广告有其适用的范围。由于病毒广告属于低涉入状态的广告,它并不能产生中枢路径的信息加工,对于一些高涉入的产品及组织市场的客户而言,病毒广告并不一定适合。另外,一些公司有大量的广告预算,希望获得稳定的触达率和触达频次,这时,病毒广告也不能作为其主要的广告类型。

(二) 病毒广告分享的动机

1. 社交需求

社交需求是人们进行病毒广告传播的一个重要动机。由于社交网络的兴起,人际之间网络传播的难度越来越小,朋友之间的关系更加紧密,沟通变得越来越便捷,信息的分享也更加方便。由于病毒内容传播与人们关注的焦点问题、兴趣爱好、水平学识都有着密切的关系,病毒内容的传播有助于人们讨论和沟通,这就使病毒广告传播成为了一种交往和建立社会关系的工具。因此,一些人向自己的朋友、同学、同事等分享自己喜欢的内容可以更加容易地找到与自己志同道合、兴趣一致的朋友。

2. 提升自我

分享好的内容来提升自我的形象,这是病毒内容分享的一个重要动机。由于病毒广告具有一定的信息价值(如知识、便利、工具等),给予他人有价值的信息可以帮助人们获得他人的尊重,这就使一些人努力寻找有价值的信息,不断分享相关内容,以便提升自己在他人心目中的形象。另一种提升自我的情况是一些大公司的员工,通过分享自己企业的相关信息和观点,在传播自己企业的同时,也提升了自我的形象。

3. 利他需求

利他需求主要指人们有帮助他人的愿望,在帮助他人过程中获得心理的满足和社会的回报。利他行为也利于建立与他人的关系,从而巩固自己在朋友之中的地位。人们传播有价值的病毒内容时,可以使他人获得知识、愉悦,或者也可以帮助他人解决当前的问题,这时就会使分享者感受到分享的价值。因此,利他需求是人们进行人际之间分享的重要动机。

二、病毒广告的特点

(一) 病毒广告的基本特点

1. 人际间分享

病毒广告的首要特点是人际之间的分享,通过人际分享来传播与一般广告的传播方式是不同的。能否引发在人际之间的传播是病毒广告能否成功的关键。一般而言,病毒广告的人际传播既可以通过病毒内容来驱动,也可以通过直接的利益来驱动,如红包驱动。

2. 病毒内容是核心

病毒内容是病毒广告的核心要素,制作出受众感兴趣的病毒内容就可以获得较好的传播效果,进而使植入在病毒内容中的品牌信息获得较高的触达率。在信息过载的今天,病毒内容的设计变得越来越难,但好的内容仍然可以获得非常高的人际传播率。

3. 认知努力程度

一般而言,病毒广告需要使受众的认知努力最小,即受众在看到了病毒广告时,应该是一种轻松、不用耗费受众信息加工资源的状态。认知努力较小时,病毒内容将更容易被传播。但是,对于一些专业人士,情况可能正好相反,更深入和细致的内容更容易得到专业人士的赞赏。这时,高认知努力对于专业型的病毒内容传播反而是有利的。

4. 品牌低涉入

病毒广告需要考虑的一个核心问题是如何将品牌植入病毒内容之中。

一般而言,应当保持品牌信息在病毒内容中的低涉入状态,这是由于当受众处于高品牌信息涉入状态时,他们会感受到这是一则广告,这将降低受众的人际分享意愿。不过,也有一些病毒广告采用了与传统病毒广告不同的设计模式,比如咆哮体、鬼畜体等,采用的是直白展示品牌信息的方式,也有一些受众由于惊讶而去传播。

5. 非正式特征

病毒广告一般有着非正式的特征。人际之间的内容传播往往有去中心化的特点,对于一些官方的、正式制作的内容,人们传播时往往会产生一定的疑虑,而草根的、民间的内容人们传播起来较为轻松随意。例如,在百度的唐伯虎系列病毒广告之后,雅虎也试图获得同样的病毒传播效果,他们请了冯小刚、张纪中、范冰冰、范伟等导演和明星制作了一系列病毒广告,但是传播效果差强人意。

(二) 病毒广告的优缺点

1. 病毒广告的优点

(1) 传播速度快

在社交媒体极为发达的今天,有引爆作用的病毒广告往往能够在短时间内获得极高的人群触达效果。因此,很多企业为了获得病毒广告的引爆效果,往往花费大量的时间和精力去寻找好的传播内容,以期获得短时期的传播效果。

(2) 传播面广

病毒广告一般会在社交媒体之中投放,它在受众触达的广度方面不受地理、阶层、年龄、教育等的限制,有着非常广泛的传播范围。而且,在病毒广告传播过程中,受众的再传播行为形成多级的传播模式。这使企业的信息传播不再受商圈、覆盖范围等的影响。由于信息经过不断逐层地传播,产生"多对多的网状传播"形式,能够极大地扩大传播范围。

(3) 传播成本很低

病毒广告的传播成本是很低的。由于它采用的是自媒体或社交媒体的传播形式,利用的是人际之间的分享方式,因此,好的内容就能够在人际之间相互传播,从而以非常低的成本获得好的触达效果。

(4) 制作成本较低

病毒广告的另一个优点是制作成本较低。由于病毒广告的非正式特征,它对广告的制作质量要求并不高,很多非专业的病毒广告制作者也可以制作出人际传播效果很好的作品。但是,好的病毒广告创意往往是稀缺的,为了获得这类创意,企业往往会花费较多的资源。

2. 病毒广告的缺点

(1) 病毒广告传播具有偶然性

病毒广告能否被广泛传播具有一定的偶然性。有时企业精心策划的病毒广告并不能够得到受众的热捧,而一些起初并没有以病毒为目的的广告却有可能得到受众的关注。病毒广告能否被广泛传播的影响因素是非常复杂的,目标受众的兴趣点仅仅是一方面,社会环境、社会事件、焦点元素等内容均可能造成影响。这就需要企业对目标用户进行更加深刻的剖析与理解,并根据不同的时代特点进行病毒广告的策划。

(2) 病毒广告成功的频率很低

病毒广告的设计与实施需要精心策划,有可能需要企业投入大量人力、物力和财力。但是,病毒广告并不能够进行常年的投放,企业能够使用病毒广告进行品牌传播的频率是有限的,一般一年最多使用一次。这导致病毒广告并不能够成为一种常规的广告,无法完全承担企业的常规营销传播功能。

(3) 传播的不可控性

病毒广告一旦设计实施,投放到传播平台,后续的传播过程企业很难控制。如果运用不当,不仅不能触发公众的兴趣,实现受众主动传播的效果,而且还可能弄巧成拙,甚至激怒公众,产生企业事先无法预料的效果,给品牌带来负面的影响。典型的例子是麦当劳曾经在网络上进行了病毒广告,但产生了不可控的负面效果。

(4) 信息传播不稳定

病毒广告的信息传播是不稳定的,在投放病毒广告之前一般很难确认它能够获得大量的传播。而且,人们对广告的甄别能力越来越强,大多数人不愿意向朋友传播广告。这就导致我们在事前无法确切地知道病毒广告的传播量。与此同时,制作一个高频次传播的病毒广告并不是一件容易的事情,因此,很多企业无法持续地、大规模地投放病毒广告。当然,也有一些企业的产品具有特殊性,其产品的内涵就有着病毒传播的元素,这些企业是可以一直采用病毒广告传播的。典型的品牌是杜蕾斯。

(三)病毒广告与传统广告的比较

传统广告是企业以自我宣传为目的,针对目标用户群,企业自主付费进行的主动推广。公关是企业通过媒体或意见领袖的发声,以第三方报道的形式与消费者进行沟通,相对客观地传播企业的相关内容,达到提升企业形象的良好目的。此两种方式中,消费者的角色都是作为目标受众接收信息,没有参与到传播中。口碑营销是指企业努力使消费者通过其他消费者对产品的体验和评价将自己的产品信息、品牌传播开来。

病毒广告的传播途径与口碑营销有相似之处,都是以人为渠道,发挥人的主动性,提供有价值的产品、服务、信息,并通过有效方式传播品牌或者实现销售。但从传播动机的角度看,病毒广告是基于有趣或情感主动传播,传播的内容几乎是传播者不了解的,仅仅是出于新鲜有趣,不对内容负责;口碑营销基于信任主动传播,传播的内容几乎是传播者了解并认可的,对内容负责。从传播效果看,病毒营销的目标是知名度,它通过高曝光率达成广泛认知,不代表认可;口碑营销传播的是美誉度,通过推荐现身说法达到信任认可。表14-1对不同类型的传播方式进行了对比。

表14-1 病毒广告与其他传播方式的对比

传播方式	传播主体	费用	形式	影响效果	推动方式
传统广告	企业	付费	自我宣传	积极主动,范围广,刺激强度高,时效强	高强度大面积推广,建立品牌高度,结合精确传播,以及互动体验
公关	媒体或意见领袖	付费或免费	第三方报道	相对客观,深度沟通,传播企业更多内容	与媒体和意见领袖做好积极沟通,举办活动,二次报道,获得深度报道和证言
口碑传播	消费者	无	消费者体验和口碑评价	真实度高,对其他购买者的影响直接	倾听意见,积极改善;举办体验性活动,吸引参与,形成口碑传播
病毒营销	不特定公众	无	搞笑有趣的网络作品、事件传播	置入式传播,让公众在传播作品或事件信息中传递品牌信息	结合热点,事件传播,制作方便网民传播的病毒作品,置入品牌或产品信息

三、病毒广告的内容

病毒广告必须包括那些能够引起人们共鸣的内容。以往的研究表明,病毒内容主要包括以下十种病毒元素:(1)幽默;(2)喜剧暴力;(3)奇思妙想;(4)新奇、惊奇;(5)令人愉悦的音乐;(6)明星;(7)恐惧;(8)悲伤;(9)鼓舞;(10)性感、裸露。它可以划分为四大类,一是幽默类病毒广告;二是新奇类病毒广告;三是情感类病毒广告;四是热点类病毒广告。

(一)病毒广告的类别[5,6]

1. 幽默类病毒广告

喜剧效应有着强大的传播力,人们通过幽默来放松自己,获得愉悦的身心。幽默类病毒广告一般通过比喻、夸张、象征、寓意、双关、谐音等手法来制作。一般而言,我们可以把幽默类病毒广告划分为过程中的幽默和揭盖子式幽默两类,过程类幽默是在整个情节之中有着前后因果、多重、交织的笑点,人们在观看过程中能够获得持续的笑料。揭盖子式的幽默大多数是前期有着较多的铺垫,在最后揭盖子抖出笑料。过程类幽默的持续期更长,而且人们可能多次观看。但揭盖子式的病毒广告很难让人有持续观看的欲望。从效果来看,过程类的幽默内容更适合制作为病毒广告。

2. 新奇类病毒广告

新奇程度是病毒广告得以流行的重要原因。新奇的内容之所以能够产生巨大的影响是由于人们对从来没有看到过的、令人惊异的信息有着更多的注意力,并有更高的信息涉入程度。另外,好奇是人类与生俱来的心理状态和思维形式,新奇的病毒内容能够满足人们的好奇心,使人能够获得更多的释放和满足心理。因此,一些广告因为带有新奇元素,能够满足用户的好奇心,从而像病毒一样被疯狂地传播。

3. 情感类病毒广告

情感类广告能够产生心灵的共鸣,如果这种共鸣足够强烈,受众观看之后就可能将它分享给自己的亲朋好友。情感类的病毒内容与人的价值观有着重要的关系。在中国,尊老爱幼是一种美德,亲情、友情和爱情的相关病毒内容均可能产生较强烈的共鸣,带来较高的人际分享量。除此之外,一些与时代背景相关的情感类内容也受到了人们的关注,如漂泊在外、留守儿童、孤残老人、英雄事迹等均可能提升人们的注意力并产生较高的分享意愿。消费者在产生了情感共鸣后,将这些信息传递给他人,一方面让他人也一起体会这种情感,期待能够产生同样的共鸣,另一方面也可以通过自己分享的广告,展现自己的情感状态及价值观取向。

4. 热点类病毒广告

尽管现在人们处于信息高度过载的时代,但大多数人仍然有自己关心的热点问题、事件和人物,每个热点均有巨大的受众群体,而且,热点本身就是大众非常关心、热议的信息,其本身就有巨大的影响力和传播价值。因此,企业可以通过热点的新闻报道、热点评论、观点交流、反驳批驳等方式来传播社会、知识、娱乐、人物、政治等热点。热点的形式并不是固定的,它可以是社会关注度高的事件,可以是一个明星,也可以是一个知名的公司,甚至国家领导人等。只要它具有极高的关注度,就可能拥有将公众的目光聚集的能力,从而产生较好的整合营销传播效果。

通过研究发现[8],高质量的视频来源、音乐、吸引人的演员会促使受众获得好的视频态度和较强的分享意愿,但是过分好的视频质量(如画面清晰)也会让视频看起来更像广告,而降低受众的分享意愿。同时,在视频中是否请明星出演、是否正式配音等对受众的视频态度和分享意愿没有显著影响。从诉求属性方面看,病毒视频中的新奇属性是视频获得成功的关键,幽默和感人主要影响受众对病毒视频的分享意愿,而哲思和品味主要影响受众对病毒视频的态度。在品牌信息属性中,对病毒视频态度和分享意愿产生影响的主要是品牌信息与视频内容的关联性、品牌标语和视频内容的一致性,但这些属性对病毒视频的影响根据产品涉入程度的不同而不同。品牌信息时长、品牌信息位置等对病毒视频态度和分享意愿没有显著影响。

(二) 病毒内容与品牌信息

病毒广告的内容与品牌信息之间是怎样的关系是一个需要关注的问题。如果品牌信息过于明显,有可能会导致消费者明显感受到病毒内容实际上是一则广告,从而拒绝分享。但是,如果品牌信息完全无法识别,也会导致病毒内容被传播后无法达到品牌传播的目标。因此,如何权衡品牌信息的暴露程度,如何设计品牌信息在病毒内容中的植入模式就变得非常重要。

1. 病毒内容与品牌信息分离

最为常见的一种设计是病毒内容与品牌信息之间相分离。这种模式一般采用先播放或展示病毒内容,在结尾处短暂地展示品牌信息的方式。在这种模式下,受众主要关注的是病毒内容,能够较好地规避广告厌恶情绪的产生,达到病毒广告人际传播的目的。这种植入方式不用专门思考如何植入品牌信息的问题,降低了制作难度和制作成本。但是,这种设计也有着明显的不足,主要体现在人们对品牌信息的关注处于完全的低涉入状态,每一次传播仅有一次低涉入触达,距离 3～10 次低涉入触达的标准还有距离,很难达到品牌信息被受众注意和记忆的目标。因此,采用病毒内容与品牌信息分离的方式设计病毒广告有其优点,即有利于病毒广告的人际之间分享,但是它也有一定的缺点,即人们的品牌信息加工不足,较难达到病毒广告的目标。

2. 品牌信息与病毒内容融合

品牌信息与病毒内容融合为一体也是一种常见的品牌信息植入方式。在某些特殊的病毒广告中,这种融合模式已经成为一种常态,例如,咆哮体的病毒广告,设计者利用夸张的喊话模式来展示品牌的信息,从而达到搞笑和传播并举的目标。再如,鬼畜广告利用多空间、多时间、多层次、多剪辑的方式来展示一种新奇的信息,中间夹杂了大量的品牌信息,如鬼畜广告《人人车》。咆哮体病毒广告和鬼畜病毒广告都是通过奇特的信息展现方式获得品牌信息的传播,人们的惊讶发生在信息内容的奇特展现方式上,而设计者会采用多次提及品牌信息的方式来提升品牌信息的触达频次。这类病毒广告的主要优点是对品牌信息的展示十分充分,人们会多次加工品牌信息,品牌传播的目标较容易达成。但是,这类广告一般只适合一部分猎奇的人群,这些人可能并非企业的目标消费群体,品牌信息可能不能到达目标顾客。

3. 品牌信息作为道具植入

品牌信息作为道具植入病毒内容也是一种常见的方式。如果将品牌信息生硬地植入到病毒内容之中,就会使病毒广告看起来非常像一则传统的低涉入广告,人们的分享传播意愿将会大幅度下降,这将导致病毒广告的失败。为了解决这一问题,一些企业采用将品牌信息作为道具植入病毒内容的做法,使病毒内容看起来不再像广告。较为成功的例子是陈欧的《我为自己代言》。在该病毒广告中出现了十几次品牌信息,但它们都是作为道具出现,这就降低了人们对品牌信息的厌恶感。将品牌信息作为道具的做法对于病毒广告设计的要求较高,它需要完全将品牌信息融入到病毒内容的场景之中,同时又不要使受众感受到这是一则广告。目前较为频繁的是采用品牌故事的传播方式进行,它通过故事的叙述与受众产生共鸣,从而使病毒广告看起来不像广告。

4. 邀请式植入模式

在这类病毒广告的设计中,通过人际之间的邀请注册、推荐使用方式达到品牌信息传播的目的。由于注册需要通过他人的邀请,就会产生稀缺性的好奇心,而且邀请人可能是自己的朋友,接受度也非常高。一般而言,这类病毒广告不会大规模面对用户开放,而是通过有限邀请的方式,受邀请参加之后就可以获得下一个邀请好友的机会,从而产生"病毒式"的链式反应。邀请式品牌信息植入利用了受众传播信息提升自身地位和价值的心理需求,使"特权"作为传播的动力。

邀请类病毒营销的鼻祖是 Google 的 G-mail 邮箱,刚开始它只能通过已经注册成功的人的邀请才可以注册。因此,具有邀请资格的公司员工或活跃用户很愿意使用这样的"特权",邀请朋友来注册 G-mail 邮箱。依次类推,注册的人们又有一些获得邀请资格,注册量就像病毒一样由用户自动传播而激增。同样,在 2008 年 3 月,可口可乐和腾讯合作推出奥运火炬在线传递活动。"火炬大使"称号的图标需要先获得火炬在线传递资格,再成功邀请其他人参与活动才能点亮。这样"火炬大使"的图标就以病毒的形式传播开。在一个多月的时间里,共有 4000 万人参与其中。

四、病毒广告的传播

病毒广告的传播过程主要分为四个阶段:确定目标受众、制作病毒内容、投放病毒种子、传播效果评估[9]。

(一)确定目标受众

在制作病毒广告之前,首先要确定目标受众的特征,然后根据目标受众的情况有针对性地制订相应的病毒内容。目标受众的特征与企业的目标客户以及品牌的定位有着密切的关系。企业首先需要根据产品的细分市场、目标市场和品牌定位来分析目标受众的基本特征,在此基础上,进行目标受众的行为偏好和喜爱的内容调查,这些研究对于下一步的病毒内容制作、种子投放均有较大的帮助。因此,通过数据获得目标受众的精准画像可以对下一步的行动有很大的帮助。

一般而言,企业在实施病毒广告传播之前已经对自己的产品和品牌有明确的定位,其目标顾客群体是非常清晰的,在这一基础上,企业就可以研究目标群体的内容偏好,从而制作出符合目标顾客偏好的病毒广告。如果企业自身的目标客户群体不是非常清晰,这时就应该首先分析自己的目标客户群特征,之后才能够进一步进行病毒营销内容的制作。

(二) 制作病毒内容

首先企业需要确定的是病毒内容的来源。如果是内部来源,则需要企业集思广益,采用征集或内部竞赛的方式获得创意。外部来源方面,可以通过竞赛或奖励的方式向高校学生征集创意,也可以找专业的广告公司购买。其次,企业需要明确应该采用什么样的病毒内容,品牌信息应该如何植入病毒内容之中。在上文我们讨论了幽默类、新奇类、情感类、热点类四种病毒内容,也介绍了病毒内容与品牌信息分离、品牌信息与病毒内容融合、品牌信息作为道具植入、邀请式植入模式四种品牌信息植入方式。除此之外,企业还需要确定的是病毒内容与企业的品牌内涵之间是否有关联。一般而言,企业更喜欢病毒内容与品牌信息有关联性,这样更加容易引起品牌的共鸣,但它的坏处是看起来更像广告,对人际之间的分享不利。因此,也有一些企业将主要的目的放在传播和信息触达上,对病毒内容和品牌之间的关联不做要求。

病毒广告比传统广告需要更多的创意,创造出能激发受众注意力与好感的故事是病毒广告成功的根本。不同的内容都有其成功的先例,例如,有趣、感人、搞怪、幽默、娱乐、技能等均有成功先例。不过,要制作好的病毒内容并不是非常容易的事情,它不但要求人际分享量较大,而且要求获得品牌曝光的效果,两者之间往往是矛盾的,企业需要在人际分享和品牌信息曝光之间进行权衡。企业如果有太强烈的广告愿望,在病毒内容中植入过多品牌信息,有可能会产生适得其反的效果。另外,系列的病毒广告投放是一种不错的策略,例如,系列的品牌故事,系列的视频病毒广告等。这样做不但可以提升成功的概率,也符合多频次触达的原理。

（三）投放病毒种子

病毒广告的种子投放是非常重要的步骤。一般而言，一个广告如果在开始的效果不好，那么后期的效果也不会太好。病毒广告需要在短期内引爆，因此种子点的投放就成为关键要素。病毒广告的种子投放策略包括以下几种：(1)意见领袖投放策略。意见领袖投放模式就是找到那些在社交媒介中有影响力的关键人物，通过这些人传播病毒广告，从而获得快速、直接、高效的传播。由于意见领袖对其周边的人群有着非常重要的影响，这种传播往往能够获得进一步的分享。网络"大V"、网红、专家学者、影视体育明星等都属于意见领袖。(2)创业媒体投放策略。创业媒体有着非常强的人群聚集作用，一些微信公共号文章传阅量是非常可观的，如果在这些媒体上播出病毒广告，有可能产生较好的传播效果。在创业媒体中的病毒广告投放可以采用多频次、多篇幅、多种类的投放模式，力图做到"东方不亮西方亮"。(3)专业媒体投放。一些病毒内容也可以在专业媒体上投放，这取决于病毒内容的主题是什么。例如，病毒视频可以投放在一些视频网站上，包括优酷、爱奇艺等，而另一些知识类的病毒内容可以投放在专业的公共号甚至期刊上。(4)社交群投放。真正好的病毒内容应该并不会受到投放媒体的限制，只要向多人的微信群、QQ群等投放，就有可能获得很好的效果。企业一般会向自建的微信群、服务号等投放相应的病毒广告内容，在某些情况下也可以获得很高的转发量，如求医问药类的病毒内容。(5)员工朋友圈投放。企业会发动员工向他们的朋友圈投放企业的病毒广告。不过，企业的病毒内容如果广告性质太强，分享传播的效果往往不好。

（四）传播效果评估

评价病毒广告传播的效果首先要看的是人际之间的传播是否达到一定的水平。一般而言，病毒广告的效果评价可以借助一些评估工具和第三方软件及网站，但最为直接的是查看各类网站、公共号的点击率，这是评价病毒广告是否产生效果的关键指标，它代表了病毒广告的触达率。除此之外，评价病毒广告的效果还可以通过销售效果或者心理效果评价的方法进行（参见第十八章）。销售效果评价的主要方式是建立投入与产出之间的计量经济模型，评价病毒广告的投入成本所带来的经营结果，包括销售额、市场占有率、新进顾客数等。心理效果评价主要考量病毒广告传播前后人们对品牌的认知、态度和意愿的变化。

本章小结

病毒广告不同于传统广告,它是通过病毒信息的人际之间传播来获得传播效果的。病毒广告具有传播费用低、范围广、效率高等优点,但也有传播不可控、频率有限、不确定性较高等缺点。病毒广告大致可以分为幽默类、新奇类、情感类、热点类四类。一般而言,病毒广告的传播过程分为四个步骤,分别是确定目标受众、制作病毒广告、投放病毒种子、传播效果评价。病毒广告是社交媒体时代被广泛应用的广告,这类广告也正在逐渐向可控、高效、多层次、全方位的方向发展。

思考题

1. 什么是病毒广告?
2. 你是否有印象深刻的病毒广告的例子?
3. 结合病毒广告的六个基本要素,你印象深刻的病毒广告具备了哪几个?
4. 如何将品牌信息和病毒元素结合起来更受欢迎且容易被人记住?
5. 如何防止病毒元素传播广泛但忽略了品牌信息的情况发生?

参考文献

[1] 慕夏溪.关于病毒营销的传播原理分析[D].西安:西北大学,2010.
[2] 蔡江伟.病毒营销传播研究[D].福州:福建师范大学,2011.
[3] 阴雅婷.病毒营销———一种超广告的传播方式[D].开封:河南大学,2009.
[4] 薛潇冬.病毒式广告传播研究[D].哈尔滨:黑龙江大学,2013.
[5] 王仁胤.网络视频广告病毒式传播研究[D].上海:上海交通大学,2010.
[6] 冯春辉.从内容上分析网络视频广告"病毒式"传播因素[J].电影评介,2010(11):70-70.
[7] 李佳."病毒式广告"在网络环境下的传播与博弈[J].新闻爱好者月刊,2010(18):98-99.
[8] 王珏.病毒视频的属性及其对分享意愿的影响研究[D].北京:北京航空航天大学硕士论文,2012.
[9] 常艳梅,雷大章.探析病毒式网络视频广告传播策略[J].江苏商论,2010(1):101-103.

第四部分

整合营销传播的实施

第十五章
电商平台内的营销传播

本章介绍了关于电商平台营销的基础知识,说明了用户流量的影响因素。本章按照不同的流量类型,分别探讨了PC端、移动端和其他端口的流量特点,并举例说明电商平台所提供的流量工具。随后本章通过对消费者网络购物决策的各环节进行分析,建立了转化率漏斗模型,探讨提高顾客转化率的因素和方法。

一、电商平台的特点和分类

(一)电商平台的概念

电子商务是利用互联网信息技术进行的商业活动,狭义的定义即将互联网作为中间工具的交易,广义的定义是指通过电子信息手段进行的商业活动[1]。电子商务平台即是一个为企业或个人提供网上交易洽谈的平台[2]。它是由专门的平台开发商建立和运营的网络站点,该网络平台集中了安全、服务、认证、支付及渠道等众多功能于一身,并为驻扎在平台上的多个卖家与买家提供服务以促成其交易[3]。

(二)电商平台的作用和特点

1. 电商平台的作用

首先,电商平台具有连通的作用。商家能够通过电商平台提供的网络购物环境,建立自己的企业电子商务站点,打通供需关系。而借助于互联网营销,消费者有了新的渠道来了解选购商品。

其次,电商平台具有维护交易安全、监管商家经营的作用。一方面,由于在线支付为网络交易带来极大的便利,而电商平台作为连接消费者和商家的桥梁,需要起到维护交易安全的作用。另一方面,由于所有的交易数据都需要通过电商平台的服务器来传送,电商平台能够为商家提供经营数据,帮助商家提高管理效率。同时,电商平台也为经营行为提供监管,制止违法操作。

总之,电商平台为在线交易提供从交易到管理的全程服务,在中介作用、宣传推广、提供基础设施、售后维权等各项环节中,都起到一定的作用。

2. 电子商务平台的特点[2]

(1) 打破时空壁垒

电子商务提供了一个不受时间和地理位置限制的环境。对于消费者而言,他们能够在相同的时间内接触到更多的商品。而对于商家而言,他们能接触到更多的消费者,如此一来,交易的效率获得大幅提升。

(2) 市场更自由

在互联网环境下,跨地区的交易将变得更容易。在物流配送系统的支撑下,不同城市甚至不同国家的消费者都能够进行交易,交易双方的选择变得更加自由。

(3) 能够快速流通和实现低廉价格

电商平台为生产者和消费者的直接交易带来了可能性。使得交易渠道更加扁平化,商品流通的中间环节逐渐减少,提高商品的流通速度。而由此带来生产者经营成本的降低,更进一步带来商品价格的降低,有效节约资源。

(三) 电子商务平台的分类[4]

按照电商平台的核心运营策略的不同,可将电商平台分为以下几类。

1. 综合类电商平台

综合类电商平台运营全品类产品,所覆盖的产品种类范围广,平台的服务项目和范围广,如淘宝网、京东商城。与其他电商平台相比,综合类电商平台能更多地满足消费者和生产商的需求。营销系统或者支付系统都有力地支撑着综合类电商平台的运营,对消费者而言,这些系统也影响着他们对平台服务的评价。除了系统支持之外,平台的业务规模也与平台流量有关,业务规模越大则越能吸引更多的平台流量。

2. 垂直类电商平台

垂直型电商平台的运营策略是将细分市场的电商服务专业化、精细化,满足细分行业的供应商和特定消费人群的需要。例如,化妆品类的垂直平台聚美优品、乐蜂网,服饰类平台美丽说、明星衣橱,母婴类平台贝贝网、红孩子等,都属于垂直类电商平台。虽然,垂直平台与综合平台相比,业务规模和用户流量都不足,但是流量精准度高,这对于为用户提供精准式服务,满足个性化需求大有裨益。

3. 特卖类电商平台

特卖类电商平台通过限时特卖的促销方式,吸引对价格比较敏感的消费群体,如品牌限时折扣、单品限时优惠等,成功刺激了消费者的冲动式购物。国内典型的特卖类平台有唯品会、折800、楚楚街、卷皮网等。而特卖类电商平台的长期发展需要特卖方和平台支撑方共同发展,在产品、物流、推广、用户体验等方面不断增强。

4. 跨境类电商平台

跨境类电商平台通过提供跨境电商服务,将备受好评的国外品牌引进中国市场,为国内消费者购买进口商品提供便利。国内比较流行的跨境类电商平台包括洋码头、淘世界、网易考拉海购、蜜芽等。而天猫国际、京东全球购、亚马逊海外购包含跨境电商业务,但仍然属于综合类电商平台。跨境电商的逐渐兴起,海淘的用户群体在日益扩大,商品的品类以母婴产品、化妆品、服饰品等为主。跨境电商平台未来将在物流速度和跨境购物体验形成差异化竞争。除了价格之外,供应链整合能力的竞争将愈发激烈。

5. 导购类电商平台

导购类电商平台通常以低价购买高性价比的商品为目的,为消费者提供电商导购服务,能够大幅节约消费者的商品选购时间。例如,国内的返利网、淘粉吧、什么值得买等。随着电商平台的竞争日益激烈,各类电商平台为消费者提供不同限时优惠活动,在激发购物欲望的同时,增加了消费者的商品选购时间。而导购类电商平台恰巧解决这一问题,提高了消费者选购商品的效率。对于商家来说,综合类电商平台虽然流量高,但是投放广告的费用高,并且存在不够精准的问题。因此,很多商家将目光放在导购类平台,对于广告的精准投放有较好的效果,从而提高成交转化率,降低广告投放成本。

二、电商平台流量分析

(一)电商流量概述

对于电商行业,销售额=流量×转化率×客单价。流量是排在第一位的,因为客流量是基础,是根本,没有流量,就意味着没有用户到达店铺,就像一个装修豪华的购物中心却位于一个渺无人烟的荒山上,没人来买东西!

对于一个店铺,流量犹如人的心脏,人没有心脏就无法生存,同样,网店没有流量,也只能倒闭。酒香不怕巷子深的时代早已过去,如有好的产品,就要把它展现出来。

(二)流量的重要指标[5]

访客数、浏览量和访问次数是常用的衡量流量多少的数据指标,而平均访问深度、平均停留时间和跳失率三个指标是常用于衡量流量质量优劣的数据指标。

1. 访客数

访客数也称为 UV,访客数是用于衡量店铺或页面来多少个人的指标,是到达店铺或页面用户去重后的数值,即同一用户从多个渠道多次访问只被计算一次。多天的访客数为各天访问数累计后去重的数值,也就是说同一个人在一段时间内来了多次,也只会算为一个人。

2. 浏览量

浏览量也称为 PV,浏览量是用于衡量用户,也就是访客在店铺内浏览和查看了多少次页面的指标。也就是说,一个用户多次打开或刷新某个页面,浏览量累加。多天的流量为各天浏览量的累计值。

3. 访问次数

访问次数也称为 visits,用于表示店铺在一个会话内被用户连续访问的次数。

4. 平均访问深度

平均访问深度=浏览量/访问次数。这个数据是用于衡量用户在进行店铺访问时,浏览了几个页面的指标。

5. 平均停留深度

平均停留时间＝总停留时间/总浏览量。平均停留时间表示用户每次访问在页面停留时间的均值,单位为秒。

6. 跳失率

跳失率＝跳出次数/访问次数。用于表示用户只访问了店铺或商品一个页面就离开店铺的访问次数占总访问次数的比例。

(三) PC端流量特征

PC端流量是指用户通过PC端访问电商平台而进入店铺的流量,PC端是电商平台最早最为成熟的终端类型,是国内电商最优质的流量入口之一,总的来说它有如下特点。

1. 流量入口丰富

PC端显示器的屏幕越来越大,可展现的界面和内容会更多,可承载的用户交互也更多,因此相比于其他几种终端,PC端的频道设计最为丰富。同时,由于中心入口的模式,首页、一级频道页、类目页、搜索页等几个大份额流量有不同的特征,商家应该了解所有细分入口的特征,结合自己的商品的定位,这样无论是报活动,还是优化流量入口,都不是盲目地进行。

2. 工作日是流量高峰期

工作日购物的主力大部分是上班族,在工作日的休息间隔期进行网购,还有就是周末是放松、游玩、旅游等特征的人群,因此他们在PC端进行购物会觉得不便利。所以,每个商家都应该分析自己店铺的PC端流量趋势曲线,迎合流量的上行趋势进行商品上新和营销活动的推广,才能达到事半功倍的效果。

(四) 移动端的流量特征

1. APP端的流量特征

随着移动互联网的兴起,电商企业的重心已开始向移动端转移,产品开发、业务运营也更多地考虑到移动端用户的使用习惯,仅支持移动端的电商也大量出现。

Analysys 易观智库分析认为:从整个网络零售市场来看,利用移动互联网与线下购物场景进行深度融合,是未来网络零售发展的大趋势。另外,从网络零售长期发展来说,PC、移动、实体店铺的高度融合是整个零售业发展的必然趋势,移动端作为率先实现与线下实体零售结合的工具,市场地位和重要性还将不断提升。

2. 微信端的流量特征

微信端购物最大的特点是充分利用和发挥微信的社交化媒体属性,推出了抢红包、抢购、拼购、众筹、特价、首发等创新营销模式,效果非常显著。

微信在 2015 年推出微信社交关系链的新功能"购物圈",微信好友可以在这里分享购物体验或通过好友晒单直接购买自己心仪的商品,为移动购物赋予全新社交乐趣,商家可以进一步开拓 SNS 营销、品牌传播的更多新玩法。

3. 手机 QQ 端的流量特征

根据 2015 年 8 月推出的《中国移动社群生态报告》数据,手机 QQ 用户主要是"90 后",并且客单价低的单品更加畅销。"95 后"基本不用微信,他们是更有主见的一个群体,更多地会以自己个人偏好作为购物出发点。并且"90 后"爱好旅游,他们对于认识陌生人比较不排斥,愿意通过即时通信工具的方式扩大自己的交友圈。

(五) 其他潜在的用户流量来源

随着智能设备技术的快速发展,用户流量越来越多元化。例如,智能家居不仅带来了家居建材产品的数据化、集成化和智能化,而且带来了智能设备云端与用户手持终端的紧密互动,通过云端智能家居控制系统、云端数据自动推送系统,实现"技术化引流"智能设备端的流量来源。而智能可穿戴设备将更实用、更便捷,从而带来更加精准的用户来源。互联网技术的迅速发展给汽车行业带来了崭新的变革,无人驾驶汽车拥有良好的发展前景,也将成为网购用户新的来源。

(六) 站外流量

站外流量是访客通过电商平台外的来源进入你的店铺,如百度、搜狗、

Google 等搜索网站带来的流量或各种导航网站带来的流量。

(七) 免费流量与付费流量

免费流量就是访客通过电商平台上非付费推广的链接进入店铺的流量,其中包括搜索流量、类目流量、活动资源位流量等。

付费流量就是通过付费推广得到的流量。一般各大商务平台都有这项业务,也是商务平台营利的一种模式。一般流量大,精准度高。付费流量意味着成本的投入,如果一个店铺的付费流量占据全部流量的 70% 以上,当付费流量过高,店铺的利润就会降低,严重时候甚至可以亏本,但是一个店铺完全投入没有付费,却又是不合理的,付费流量最重要的一个特点就是高精准度,这直接影响着商品的成交转化率,其中成交转化率也是营销搜索权重的重要因素之一,因此,付费流量是淘宝店铺流量不可缺少的一部分[6]。

(八) 举例:淘宝网、阿里巴巴、京东商城的付费流量工具

1. 淘宝网付费流量工具

淘宝网付费流量最受欢迎的主要有三种。

(1) 淘宝直通车

直通车是点击付费。按照卖家出价高低、产品优劣进行排序,每个 IP 点击一次广告图收一次费,单一时间段不重复收取同一 IP 的费用。它是阿里巴巴旗下的一款精准营销产品,实现宝贝的精准推广,它是以文字+图片的形式出现在搜索结果页面的,直通车在淘宝网的出现位置是搜索宝贝的结果页面右侧,12 个单品广告位,直通车也会出现在搜索结果的最下端。

淘宝直通车主要是通过与搜索关键词相匹配,当淘宝买家浏览到直通车上的宝贝的时候,如果直通车上宝贝的价格和图片能吸引买家的兴趣,买家就会点击进入,并且点击进入浏览的大部分买家具有强烈的购买意向,因此淘宝直通车能为店铺带来的流量精准有效。

淘宝直通车在推广某个单品宝贝时,通过精准的搜索匹配给店铺带来了优质的买家,当买家进入店铺时,会产生一次或者多次的流量跳转,促成了其他商品的成交。这种以点带面的精准推广可以最大限度地降低店铺的推广成本,提升店铺的整体营销效果。同时,淘宝直通车为广大淘宝卖家提供淘宝首页热卖单品活动、各大频道的热卖单品活动和不定期的淘宝各类资源整合的直通车用户专享活动。

(2) 钻石展位

钻石展位主要是依靠图片的创意吸引买家的兴趣,一次获取巨大的流量。钻石展位是展现付费。它是根据流量竞价销售的广告展位,按照竞价的从高到低一次投放,按照 x 元/千次展现来计算收费。展现量和点击量是不同的两个概念,顾客在访问网页的时候可能见到了展示的图片,但是不一定都会进行点击操作,有可能展现量达到 500,而点击量只有 1。

淘宝卖家可以根据地域、访客和兴趣点三个维度设置定向的广告投放。同时,钻石展位还为淘宝卖家提供数据分析报表和优化指导。

钻石展位可以为淘宝卖家提供 200 多个全淘宝网最优质的展位,其中包括淘宝首页、频道页、门户、画报等多个淘宝站内广告展位,同时还可以将广告投向站外,涵盖大型门户网站、垂直媒体、视频站、搜索引擎等各类媒体广告展位。

投放钻石展位需要一套完整的运营方案。首先做好每天的钻石展位数据的采集、统计、整理和分析;淘宝卖家应该明确选择钻石展位的目的和针对性,是打算做单品推广还是店铺推广。单品推广适合需要长期引流,并且不断调高单品成交转化率的卖家;而店铺推广主要是针对有一定的活动运营能力或短时间内需要大量的流量的大中型卖家。

(3) 淘宝客

淘宝客的付费方式是按照成交的百分比。通过获取淘宝客推广专区的商品代码,有买家经过淘宝客的推广之后完成购买,淘宝客就可从卖家获得佣金。推广方式可以是链接、个人网站、博客、社区发帖等任何一种方式。

淘宝客推广流程主要由淘宝联盟、淘宝卖家、淘宝客和淘宝买家四种不同的角色组成。淘宝联盟是淘宝官方的专业淘宝推广平台之一。淘宝卖家可以在淘宝联盟招募淘宝客,推广店铺及店铺的宝贝;淘宝客利用淘宝联盟找到需要推广的卖家。

淘宝客的优势是免费宣传,并且顾客下单以后才支付推广费用,对于小卖家来说是节约成本的好办法。然而在利润方面,一般建议支付 5%~10% 的佣金,或者有条件的话设置更高的比重,重赏之下必有勇夫。

这三种方式各有优劣,卖家根据需要、自己的资金和推广预算来选择,付费流量的占比不宜过高。无论是直通车、钻石展位、广告,还是第三方软件、淘宝客,每一种都有风险。对于小卖家来说,更应该先做好内功,先做好免费流量,再考虑付费流量。

2. 阿里巴巴的付费流量工具

(1) 网销宝

网销宝服务的付费方式是按点击来付费,它面向阿里巴巴的诚信通会员。网销宝能够帮助商家精准推广到有效目标客户面前,并按实际推广效果来付费。它有三大核心优势:第一,免费展示,点击付费;第二,成本可控,推广灵活;第三,精准找到目标买家。从网销宝的三大优势中我们不难看出它是需要收费的,展示是免费的,当有客户点击您的推广信息,系统按照您的产品点击价格收费。

网销宝是阿里巴巴平台诚信通会员的推广展示工具,它的功能是通过关键词来推广产品信息排名靠前,网销宝是收费的增值服务工具,网销宝的收费可以由诚信通会员自行掌握,根据关键词出价和自己安排推广时间来掌握。关键词比较热门的话,最好10min重发一次,这样才能排到前面。

网销宝是阿里推出的一种排名方式,是需要付费的。是根据关键词收费的,谁出价最高,排到第一位,依次往后推。只有前三名是网销宝。通过关键词,可以锁定有需求的客户,进行地域、时间的筛选,使得推广范围更灵活、更准确。其中包含搜索推广、标王、店铺定向、明星商铺四大产品。

(2) 标王

标王是在网销宝那里买的关键词,竞价最高的商家将拥有关键词。买家如果在阿里上搜索这个关键词,该商家的产品就会展现在阿里首页固定排名。

某关键词的标王是指,在每月竞价结束之后,夺得这个关键词的第一名,并且成功付款的会员。标王将在下月获得标王推广。如果出价排名第一的企业在竞价结束后因各种原因违约不付款,则撤销其广告位及标王称号。此时,排名第二的企业可向上顺位,拥有第一名的广告位,但是不会获得标王称号。做标王可以提升企业知名度;获得更高点击量,带来更多询盘机会;产生更多曝光机会;同时阿里巴巴标王还能通过雅虎获得外部推荐,一处推广,多处开花。

(3) 阿里巴巴首页广告位

首页广告主要面向有实力的诚信通企业,为其提供品牌推广服务。首页广告往往以个性化、动态大图片的形式固定展示在搜索页面右侧。而每个关键词的上限为四家,能够迅速提升企业品牌形象。每位黄金展位会员企业的网站都有标志,突显企业实力。为了照顾小网商或者小网民,一般都会定期推出网络活动、免费礼物、广告位赠送等。

3. 京东商城的付费流量工具[5]

(1) 京东快车

京东快车是一款面向 POP 商家开放的网络营销系统,为商家提供一站式网络营销解决方案。京东快车-网络营销系统投放渠道包括:站内推广、联盟推广、邮件推广,通过多渠道组合投放,使营销活动达到立体式、全方位的推广效果。京东快车-网络营销系统基于京东大数据平台为用户人群定向,实现广告精准投放,提升商家转化率。

(2) 京东直投

京东直投是一款京东和腾讯联合推出的付费引流产品。这是一款社交与购物平台结合,海量曝光,快速提升品牌知名度;双平台大数据支撑精准人群定向,高投入产出比;按 CPC 点击收费,能轻松实现二次营销的独占有微信手 Q 流量,助力店铺轻松实现用户分享和口碑传播的产品。

京东直投的特点包括超低成本引流曝光、百亿级腾讯系流量和精准聚焦。

(3) 京挑客

京挑客是京东效果营销类推广产品,它最终按照成交数额计费,推广形式多样,费用也非常灵活可控,属于低投入高回报。这个产品的优势就是操作简单,佣金设置灵活,针对性强,能够满足商家个性化需求。计费方式为 CPS。

(4) 精选展位

精选展位汇聚最优质的营销推广展位,海量品牌曝光,让用户迅速注意到你。展现位置一般在首页顶部和我的京东底部。计算方式为 CPD/CPM。

(九) 站内流量(或称自主流量)

自主访问的流量一部分是老客户,另一部分是直接推广店铺的营销活动量。例如,上次用户收藏过你的店铺或商品的链接,再次通过浏览器收藏夹里的链接进入你的店铺,这种属于老客户自主访问;或者通过查看之前你购买过或者关注过的商品,再次进入你的店铺继续购买。例如,商家在 QQ 群中直接推广店铺或商品的链接而带来的访问流量,这就是通过营销活动带来的直接访问。

三、商品成交转化率分析

(一)网络消费者购买决策流程

网络消费者购买决策的制定需要六个阶段[5,6,8],如图 15-1 所示。消费者在每一个阶段将进行一次或多次决策,通过层层决策最终产生购买行为,而购后评价又将对自己或其他人的购买决策产生影响。

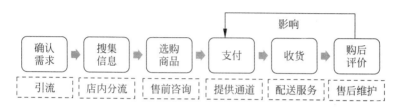

图 15-1 网络消费者购物流程结构图

对于电商来说,对应的服务流程是先引流,将顾客吸引入店,再从店内将顾客分散到各个商品页面,提供售前售中咨询。在顾客生成订单之后,需要为顾客提供流畅的支付环境,并安排配送。在售后的环节,则是维护顾客关系的过程。

(二)成交转化漏斗模型

成交转化率是指最终购买商品的人数与店铺全部的访问人数之比。可以用公式表示为:

成交转化率=(有购买行为的顾客人数/所有到达店铺的顾客人数)×100%

成交转化率漏斗模型分为 5 层,每一层的情况如图 15-2 所示。第一层是有效入店率,它和跳失率是相反的含义。有效入店是指顾客进入店铺之后至少访问两个页面,而跳失顾客是只看一眼当前页面,就跳转到其他店铺。第二层是客服咨询率,是考察所有的店铺访客里边有多少人向客服进行咨询。第三层是咨询转化率和静默转化率。从生成订单来看,无论是支付还是未支付的订单全部包含在内,一部分来自于经过咨询客服之后,决定下单的顾客;另一部分来自于浏览页面之后,不经咨询直接下单的顾客。第四层是订单支付率,主要是考察有多少顾客在生成订单之后能够顺利完成支付。第五层是成交转化率。

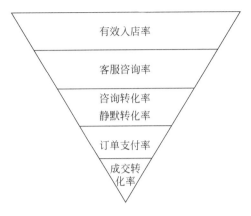

图 15-2 店铺成交转化率漏斗[9]

(三) 从顾客需求到商品搜索

1. 引流环节

从顾客产生需求到搜索的阶段,从搜索到访问店铺,都是顾客到达店铺之前的环节。这些环节也是影响成交转化率的重要因素。除了用户数量之外,流量的精准性也将影响后续的成交率。从上一节的内容我们已经掌握了不同流量来源的用户特点,需要结合电商平台的差异和商品特点,选择合适的引流渠道。

2. 提升有效入店率

当店铺流量有明显增长和改善的时候,如何提高有效入店率、降低跳失率将成为一个关键的问题,也就是说,怎样能够引起顾客的兴趣。

首先是看店铺结构是否合理,能否吸引更多的顾客停留在商品详情页。我们可将页面按照功能分为五类,包括首页、商品页、分类页、搜索页、其他页,考察不同页面的顾客流量占比。由于交易主要是在商品页完成的,首页虽然是店铺门面,起到流量中转的作用,但首页的流量比重仍然不宜过高,而商品页的比重应尽可能超过 50%[9],如图 15-3 所示。

其次,店铺装修风格与品牌定位、产品特征是否匹配[10]和排版布局是否合理,可以通过顾客在首页和分类页的平均停留时间得知。并不是停留时间越长越好,还是与不同页面的作用有关。不过,停留时间可以说明页面对访客的黏性,如果商品详情页的停留时间较长,说明该页面为访客提供的

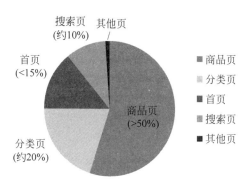

图 15-3 不同页面流量占比

信息和服务较多,那么,就会吸引更多潜在的成交访客。而首页是消费者的第一印象,做到简介有序、规范专业即可,如果首页的停留时间过长,反而有可能是产品分类不清晰导致的,消费者不能很快找到所需要的商品。

最后,每一个页面对消费者的吸引力不同,通过出店率的比较,可以找到存在问题的页面。出店率是出店人次与某个页面总浏览量的比值。如果出现某个页面的出店率明显高于其他页面,说明绝大多数的顾客从该页面离开,它的吸引力和黏性较差,需要调整。

(四)消费者的选购决策

1. 商品比较

顾客对商品的比较主要集中在商品的属性、价格、质量三个方面[16]。商品的属性有多种表现形式,在互联网环境中,图片能够给消费者带来商品的直观认识,进而刺激消费者产生购买欲望。因此,商品的拍摄和图片的处理十分重要。在商品拍摄中,商家尽量做到构图美观、主体突出、色彩明亮、成像清晰,背景的风格保持与产品一致,保持简洁即可。在图片的处理中,后期可用 Photoshop 等软件进行修饰,可以匹配文字,将价格、促销等信息展示出来,引起消费者的关注。但商品图片不能过度美化,否则会导致信息的严重失真[10],甚至可能导致负面评论,影响持续的销售。

大部分的顾客会优先浏览价格相对较低的同款商品[9],但是在网店的经营过程中,需要在不同时期采取不同的价格策略。新开店铺需要快速提升自己店铺的信誉。初期打价格战,利用价格低的商品吸引流量或店铺整体进行推广。可以低价参加一些活动,目的在于成就单品销量,积累人气。

在店铺中期,需要选好店铺的单品爆款,利用高性价比的商品积累良好口碑。同时与其他产品做好关联、促销工作,并对店铺装修、商品详情页进行美化,带动全店产品的销售。在店铺成熟期,则能够以营利为目的。爆款产品成熟之后可以相对提价,由于产品本身性价比较高,又积累了大量的正面评价,即使其他店铺有相同的产品,顾客也能够接受略高一点的价格。

2. 客服咨询购买

网店客服的售前服务将直接影响到消费者的购买意图能否转化为实际购买行为[11]。而不同行业的咨询成交转化率不同。在直接层面上,咨询转化率会影响整个店铺的销售额,在间接层面上,咨询转化率将会影响买家对店铺的黏性及回头率,甚至整个店铺的品牌建设和持续发展。

网店客服是消费者和商家之间的纽带,客服质量将直接关系到店铺的成交率和二次购买率,并对用户体验产生影响。网店客服在客流高峰期必须保证在线,如果有条件尽可能全天在线,也可以在不在线的时段设置自动回复。

客户服务过程分为售前服务、售中服务和售后服务。在售前服务阶段,直接影响的是能否成交。大多数消费者在浏览商品之后、生成订单之前,会向客服进行咨询或者议价。在与客服交流的过程中,消费者也将对店铺的可信度和品牌形象作出判断,进而影响他的选购决策。专业的客服则需要熟知店铺所销售的商品,包括其周边知识,对待客户的态度要热情,并且快速、准确地回答消费者的问题,引导消费者购买。

在售中服务阶段,则要求客服熟悉在线购物的交易流程,以及在线支付的方法,耐心地帮助消费者完成购买、支付流程。

在售后服务阶段,主要影响到消费者的在线评价和复购率。售后服务通常包括:①与消费者核对所购商品的名称、数量、单价及收货地址等信息。②发货时附送感谢信、优惠券或者小礼物等。③发货后,通过短信或其他即时通信方式将物流信息发送至消费者,并提醒查收。④完成配送后,告知消费者商品的使用和保养注意事项。⑤可能发生退换货或者维修等服务。

3. 静默成交

静默成交用户指未咨询客服就下单购买的用户。静默转化率可以表示为:

静默转化率＝静默成交人数/总人数

静默订单主要来源于老顾客和促销商品[9]，是对店铺整体水平的考察，与店铺的装修、商品描述、分类导航、搜索都相关。老顾客关系的维护对于静默转化率的提升影响较大。

（五）订单支付

消费者在线生成订单之后，有时可能没有完成支付操作，主要有以下三种原因：

（1）系统原因

系统原因可能包括网络故障，银行卡错误，支付方式不支持等。如果系统原因导致订单没有支付，消费者可能的操作过程如下：生成订单，跳转到支付页面，填写收货信息，最后进行支付操作。但是，在支付操作之后，由于系统原因导致支付失败。

（2）消费者犹豫不决，选择困难

有这样一类消费者，咨询客服之后生成订单，但是支付操作在一两天之后才进行。可能的情况是，这一类消费者需要征求他人意见才能做决策，也有可能是当时没有携带银行卡等原因。这一类消费者在征求到意见或者网银故障等问题解决后，即使经过一两天，仍然会完成支付。

但是商家仍然希望解决这个问题，尽量是生成的订单尽快付款。商家需要做一个完善的交互系统。例如，给用户发送消息或者邮件，委婉提醒订单的存在，降低用户冲动消费后又遗忘的概率。

（3）没有立即购买需求

由于没有需求导致的未支付订单不太常见。这一类消费者只是想要浏览商品或者体验网站，但一般不会形成订单。而这一类消费者中，如果进行到订单环节，很可能是具有深度好奇心，或者是在考察体验网站。

（六）评价的影响

好评数量、描述评分、有图片评论数量、追加评论数量和累计评论数量，这几个因素对于消费者购买行为具有较强的影响[12]。因此，卖家需要尽量让消费者做出正面评论，甚至高质量的评论。商家可以提供一些激励措施，比如返现、赠送积分、代金券等形式。无论如何，自身商品的质量是首先要提高的，其次是尽可能鼓励消费者主动评价并晒图。

（七）提升复购率

获得新顾客比维持现有顾客的成本要高,而网络环境下获取新顾客的成本比传统环境更高[13],提升复购率将有效提升企业利润。那么,有哪些因素对顾客的重复购买意向产生影响呢?我们将它分为两类,一类是顾客个体层面,另一类是品牌层面[14]。其中,顾客个体差异对重复购买意向的作用要大于品牌之间的差异,所以企业应当加强市场细分,针对不同目标群体提供满足不同群体的个性化产品或服务。在重点提高顾客满意度的同时,提升服务质量和性能价格比,进而提升顾客重复购买意向。

本章小结

本章介绍关于电商平台营销的基础知识,电商平台是一个为企业或个人提供网上交易洽谈的平台,具有环境广阔、市场广阔、快速流通和价格低廉的特点。电商平台分为 B2C 平台、独立商城、C2C 平台、CPS 平台、O2O 平台、银行网上商城和第三方电子商务这几类。

用户流量是电商经营的基础,影响流量的因素有:访客数、浏览量、访问次数、平均访问深度、平均停留深度和跳失率。不同的流量类型具有各自的特点,PC 端流量入口丰富,在工作日形成高峰;移动端包括 APP 端、微信端、QQ 端等,它们对于用户来说更便捷、更好玩、更个性化;而智能穿戴设备、智能家居、车联网等端口将成为新的网购用户流量来源。本章以淘宝网、阿里巴巴、京东商城为例来分析付费流量的推广。

成交转化率是指所有访问店铺并产生购买行为的人数与所有访问店铺人数的比值。图 15-1 描述了消费者网购的决策过程。图 15-2 表明了成交转化率漏斗所包含的各个环节。在消费者决策过程中,每一个环节都会影响最终的成交转化率,在搜索阶段,用户流量的数量和精准度,以及店铺装修与商品描述将影响有效入店率,也就是转化率漏斗的第一层。在选购过程中,图片质量和商品价格将影响客服咨询率,即转化率漏斗的第二层。第三层包含咨询转化率和静默转化率。其中,客服的服务质量将影响咨询转化率,在线评价和复购率将影响静默转化率。消费者支付行为可能受到三类因素的影响:系统原因,购物习惯原因,或者没有购物需求。最后消费者进行收货和购后评价,完成全部的网购流程。

思考题

1. 电商平台的特点是什么？
2. 电商平台的分类有哪些？
3. 电商流量主要有哪些类型？每种类型的特征是什么？
4. 什么是站内流量和站外流量？
5. 商品成交转化率有哪些？如何提高转化率？

参考文献

[1] 楚世伟. 电商平台的技术质量和规则质量对卖家满意度的影响研究——以交易经验为调节变量[D]. 吉林：吉林大学，2016.
[2] 百度百科. 电子商务. http://baike.baidu.com/link?url=jSvqiL2OywngdVEO83kvK8lkwSQ5wHg213u-Ox-Kkt26Ax5j1UMUgSiL5GMkuzUSxlMkmjGtywYYZJxOWQ14dh-vgkd-bFGMtDyJc6K9IbfMqXMYP5-LT1bGYkBmM4UBL5pR0q-uLz3JthX0IfXNePdhPw-Soz1YxAy-JcLhgFbxJo9UupMsTarn1ex_cT8z.
[3] 胡岗岚. 平台型电子商务生态系统及其自组织机理研究[D]. 上海：复旦大学，2010.
[4] 孙倩悦. 平台型电商的用户权益保护[D]. 南京：南京工业大学，2015.
[5] 数据创新组. 京东平台数据化运营[M]. 北京：电子工业出版社，2016.3.
[6] 蒋元芳. 淘宝店铺数据化运营的研究[J]. 中国商贸，2013(15)：79-80.
[7] 徐家旺，姜波. 在线消费者购买行为的决策过程[J]. 沈阳航空工业学院学报，2005，22(5)：91-94.
[8] 徐雪峰. 网络消费者购物决策行为影响因素的实证研究[D]. 大连：东北财经大学，2012.
[9] 李杰臣，韩永平. 网店数据化运营[M]. 北京：人民邮电出版社，2015.12.
[10] 唐馥馨. 网店装修对消费者购买意愿的影响[D]. 杭州：浙江大学，2012.
[11] 苏红霞. 淘宝网店基于顾客购买决策过程的经营策略[J]. 佳木斯教育学院学报，2013(4)：253-254.
[12] 莫赞，李燕飞. 在线评论对消费者购买行为的影响研究——消费者学习视角[J]. 现代情报，2015，35(9)：3-7.
[13] 高丹丹. 网络购物重复购买意向的影响因素实证研究[D]. 成都：西南交通大学，2014.
[14] 黄劲松，赵平，王高，陆奇斌. 中国顾客重复购买意向的多水平研究[J]. 管理科学学报，2004，7(6)：79-86.

第十六章
线下卖场的营销传播整合

本章的目的是通过对线下卖场的营销传播整合相关知识的学习,利用冲动性购物行为的特点,构建线下卖场终端拦截模型,为进一步制定并实施具体可行的线下卖场整合营销策略奠定理论基础。

一、概述

现代品类管理研究,把零售终端称为 POP(point of purchase),即购买发生点。终端是产品在零售渠道与购物者发生互动的地点。终端营销就是整合企业与零售商的资源,以终端为核心,共同影响购物者,达到提升品牌知名度、提高销量的目的。零售终端即购物者购物的场所,即各种类型、规模的卖场[1]。

相对于有计划的购买,冲动性购物是一种更加随机的、没有事前计划的、也没有经过长时间思考的一种购物行为,冲动性购物者很可能是被商品所吸引而渴望当即得到满足,进而刺激产生购买。冲动性购物具有决策时间缩短、受卖场环境影响、更容易产生需求认知、信息收集范围以卖场内为主等特点。冲动购买不一定是没有需求,而是在受到店内环境的刺激、促销活动的吸引、导购人员的介绍等条件下,购买了原本没有安排的商品;或者是原本计划购买 A 商品,在其他因素的影响下实际购买了 B 商品。

研究学者们认为,并非所有非计划购买都体现为冲动性购买,但冲动性购买肯定是非计划性的。也就是说,所有的冲动性购买都是购物者在购物环境中受到外部因素的刺激而实施的购买。因此,商家在零售终端的营销方案是引起购物者冲动性购买的重要因素。购物者真正的购物过程是从进入终端门店开始的,无论购物者是有计划购物,还是没有计划购物,零售终端内所有与购物者沟通的接触点都会影响购物者的选择。购物者从进入门店开始选购商品到完成购物离开,这些接触点形成对购物者的"拦截",按照购物者进店后每个接触点对购物者形成的拦截顺序,而构建出零售终端购物者拦截模型。

零售终端购物者拦截模型是指通过终端媒体、产品陈列、产品包装、促销活动和人员拦截等"接触点"对购物者进行有效拦截,从而促成购买行为的发生,实现卖场整合营销的目标。

二、线下卖场整合营销传播的思维框架和体系

购物者冲动性购买行为是在外部足够大的刺激下,购物欲望被激发,从而产生强烈的情感反应,由一种瞬间产生的强烈购买渴望所驱动而采取的计划之外的购买行为[2]。随着生活节奏的日益加快,购物者经常没有足够多的时间进行购买前的充分准备。根据 AC 尼尔森公司调查,70%以上的购买决策是在店内发生的,特别是针对价值相对低的快速消费品。因此卖场内商家主要是针对冲动性购买行为而实施营销策略。首先,要对冲动性购物者心理过程进行分析。其次,构建零售终端购物者拦截模型。基于冲动性购物者行为的零售终端拦截模型如图 16-1 所示。

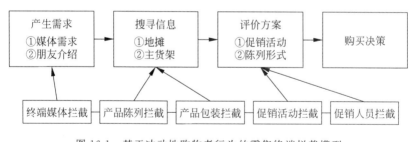

图 16-1 基于冲动性购物者行为的零售终端拦截模型

(一)冲动性购物者心理和行为分析[3]

1. 产生需求

所有的购物行为都来自于购物需求,无论是有计划还是无计划的购买,

人们购买商品就是要为了满足某种需求。不同的购物者有不同的需求,即使同一购物者在不同时间采购同样商品也有可能出于不同的目的。需求是购买商品的首要环节,在卖场内的决策过程中,购物者与商品密切接触,容易产生提醒、告知的作用,唤醒对需求的认知,促进购买的发生。

购物者对商品产生需求一般由两种因素影响,一种是购物者主观因素,即生理或者某种使用需求。另一种是受到外界因素影响,比如朋友介绍,媒体推广,促销人员推荐等。

2. 搜寻信息

冲动性购物者以卖场内信息为主要信息来源,因为对于较短时间的店内决策,特别是对于亟须判断的问题,购物者的信息收集被局限在附近即卖场环境中,通常是在卖场内无意识地环视四周。根据人体工学,人们无意识的展望高度通常为 0.7~1.7m。目前卖场中普遍使用的陈列货架一般高 165~180cm,长 90~120cm(每节货架)。购物者通常先在和自己视线平行的货架上搜索信息,也就是货架陈列段上段和中段之间的段位,这种段位称为最佳陈列位置或者黄金陈列位置。黄金陈列位置的高度一般是货架的第三至第五层,是眼睛最容易看到、手最容易拿到商品的陈列位置。黄金陈列位置陈列的商品最容易吸引购物者的关注,购物者最容易获得"信息"。产品的陈列布局和产品的包装都会对购物者搜集信息产生影响。

3. 对比评价

购物者会对感兴趣的商品进行比较,比较的信息通常包括三类。一是与购物者的理想标准比较,购物者心里都会对感兴趣的商品有基本的标准,以此作为衡量标准。二是与原有的产品进行比较,大多数是与自己购买过的产品比较,或者是与自己看到的周围的亲朋好友购买过的同类商品比较。三是与其他类似的产品比较,看可替代性。此时,促销活动和促销人员的解说都会对购物者的评价产生较大影响,购物者会通过最终的比较评价来判断是否实施购买行为。

4. 购买决策

购物者完成对商品的比较评价后,已经对所需商品有了具体的认识,决定最终实现购买行为。

(二)构建零售终端购物拦截模型

1. 终端媒体的吸引和拦截

终端媒体在线下卖场可以说无处不在,购物者从进入卖场的一刻起就被各种宣传媒体覆盖。终端媒体包括很多类型,如灯箱广告、包柱、室内播放机、卖场广播和电视、DM 单、海报、横幅、吊旗、展架、X 支架等各种媒体,他们都可以有效吸引购物者的眼球。卖场场外广告可以起到告知商品信息,让购物者回想起曾经见到的电视广告,提示购物者购买的作用。场内广告还可以起到刺激消费、促进冲动性购买的作用。比如在卖场内通过播放机播放品牌广告,同时发放产品 DM 单页,再配合包柱装饰,让购物者"陷入"产品的宣传浪潮中,受到环境吸引,刺激购物者满足"当即消费"的需求。

2. 产品陈列的吸引和拦截

卖场内的陈列位置主要包括主货架、收银台、通道及通道间的位置。产品在卖场内陈列位置多,那么购物者就有更多的可能接触到产品。另外,产品展示和陈列是非常关键的一个环节,如果产品陈列得好,购物者对产品的注意力就将明显地提高,并通过其他影响因素的协助共同完成促进购物者购买的整个过程。为了提高品牌在线下卖场的曝光率,更好地争夺购物者注意力,必须重视产品在终端的展示和陈列。

当购物者购买产品时,他会非常注意销售现场环境的布局和产品陈列带给他的视觉效果。如果产品摆放缺乏美感甚至杂乱无章,那么既无法吸引到购物者的注意力,也可能将永远无法激起顾客的购买欲望,就不可能提高其销售业绩。而良好的产品陈列与展示应该能从第一视觉上吸引顾客的注意力,使其对产品产生信任感并刺激其购买欲望;同时,也会增加购物者对产品的信赖,有提示品牌/产品知名度的作用。

其次是收银台位置的产品摆放。收银台对于众多的快速消费品公司来说,越来越成为必争的陈列区。其原因有几个方面:对于供应商来说,收银台销售的往往是企业最具利润的单品;收银台陈列有利于推动冲动性购买,加速公司产品进入购物篮,由此可以提高产品品牌的渗透率。对于零售商而言,100%的购物者都要经过收银区,在收银区即购物者即将离开商店的区域最后的购买提高了零售额。

3. 产品包装的吸引和拦截

产品包装是品牌的延伸,是购物者与产品最直接的接触点。产品包装起到区分品牌、区分产品的作用。包装不仅具有保护产品、方便运输和销售、便于顾客消费和使用的作用,更具有展示和促销作用,是产品和消费者间沟通的桥梁和纽带,是产品吸引购物者注意力并与其沟通的有力手段。产品包装是用来展示产品特点、品牌理念的界面,所以产品包装不会轻易变化,更不会发生翻天覆地的改变。因为产品包装和品牌一样在购物者心中会形成固定的记忆,看到包装就会联想到品牌。比如可口可乐的玻璃瓶,无论品牌LOGO如何改变,玻璃瓶的造型还是保持不变,购物者看到瓶子就知道是可口可乐品牌。

另一方面,产品的陈列包装设计是出于争夺购物者注意力的终端拦截需要而进行的设计。产品包装设计要与品牌理念相一致,要有自己的特点。特别是知名品牌,在包装设计上也独树一帜,很容易让购物者识别。

4. 促销活动的吸引和拦截

促销活动的形式非常多,使用最多的是价格促销。价格无疑是影响购物者选择的重要因素,特别是对于快速消费品类的产品。产品之间差异小,品牌众多,购物者在最终选择时价格的优势很容易促成购买。当产品在终端具有极强的价格优势或举办价格优惠活动时,必然会对购物者形成强烈的吸引和拦截。特别是对于知名度高的产品,价格促销的作用非常明显。同时知名品牌的价格促销也有助于抵消"克隆"产品的低价策略。快速消费品品牌众多,很多不知名的产品依靠"克隆"营销,他们没有广告投放,最大的优势就是低价,这就给正牌军造成很大的压力。卖场内的活动沟通一定要突出,我们常见的形式有"店长推荐"、"特价商品"、"惊爆价"等。

除了价格促销外,还有很多种促销形式,包括满额立减、买赠、满××金额参加抽奖等。通常来说,厂家促销活动根据活动档期调整,各种促销活动以组合的形式与购物者沟通,为购物者提供更多的选择。同时,形式上的多样性也是为了适应不同购物者的心理需要。

促销活动时间的选择也非常重要。一种是通过营造活动气氛,实现对购物者的拦截,利用购物者冲动购物的心理实现购买。活动气氛或者主题就是常说的"噱头",厂家借助重大节日气氛,比如春节、国庆节、情人节等购物旺季,在客流集中的时间点开展门店活动。另一种方式是借助卖场资源,比如店庆、会员日等,或者制造吸引购物者的"噱头",比如各种"洋节",如万圣节、圣诞节、开学季等。这些节日正逐渐被购物者接受,成为他们进场购物的选择。另一方面通过"制造"节日,也可以提升品牌知名度,并提升销售。

5. 人员拦截的吸引和拦截

促销人员拦截可以保证与购物者有效沟通,是促成购买的有效方法。对促销人员的培训和上岗要求非常重要。促销人员代表厂家、品牌与购物者交流,促销人员的表现直接影响购物者的选择,包括对品牌的印象。促销人员承担介绍产品和执行卖场活动的作用,对于食品类的厂家,促销员更多时间是开展试吃活动,通过让购物者品尝产品来拦截购物者。促销人员推广产品的同时,也起到收集购物者反馈的作用,包括活动参与率、包装设计、活动形式等,厂家可以通过购物者的反馈及时调整卖场活动。

三、零售终端购物者拦截模型解析

线下卖场的购物者拦截模型如图 16-2 所示。

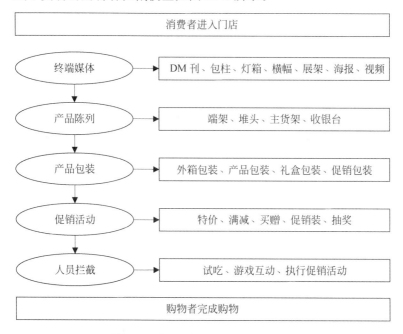

图 16-2　线下卖场的购物者拦截模型

(一) 终端媒体

卖场厂家提供的 DM 刊是大多数购物者首选的信息来源（22%），购物者可以一目了然知道商品价格，可以起到提醒购物者满足"想不到"的需求的作用，刺激冲动购买。接下来是产品海报和产品包柱，比例分别是 17%、16%。海报类似于 DM 刊，向购物者展示产品信息，包括促销活动内容。产品包柱在卖场内非常醒目，品牌形象突出，吸引购物者的眼球。灯箱宣传在视觉上优于其他媒体，它的弊端在于信息更换频率低，不适于做和节日关联的活动宣传。相比较来说，地贴和视频播放器的效果非常有限。可以想象，购物者在卖场内选购商品的时间非常短，不可能停留一定时间来观看完整的视频，加上卖场内通常很嘈杂，观看的效果会大打折扣。现在随着新的传播方式的兴起，比如微信朋友圈、官方微博、网络广告等，很多消费者更喜欢通过这种平台获取信息，传统的媒体形式渐渐失去对购物者的拦截。

(二) 产品陈列

1. 地堆陈列

购物者最愿意挑选商品的位置是地堆，这和陈列位置相关，商品最容易被购物者看见。大多数购物者在卖场内购物都会愿意在陈列面积大、外形设计特别（异形陈列）的地堆上选购产品。这样的地堆陈列更容易吸引到购物者的注意，加上独特的外观设计进一步增加购物者的关注和喜好度，从感观上"拦截"购物者。购物者通常会用地堆的大小来衡量厂家的"实力"，他们普遍认为面积大的陈列说明厂家有实力，而这些厂家通常都是大品牌，售卖的商品更值得信赖。

2. 主货架陈列

除了地堆陈列，主货架是购物者第二个喜欢挑选商品的位置。货架陈列对零售终端拦截购物者的重要性显而易见，购物者喜欢在商品主货架挑选商品是因为主货架陈列商品最齐全，品牌多，选择余地大。购物者认为主货架陈列有丰富感。商品陈列数量充足，给购物者以丰满、丰富的感觉。丰富的陈列可以使购物者产生有充分挑选余地的心理感受，进而激发购买欲望。货架陈列通常都是分产品功能陈列，商品的功能和特点是购物者注意并可能产生兴趣的因素，购物者会根据商品特点进行比较。将商品独特的性能、质量、款式、造型、包装等特殊性在陈列中突出表现出来,可以刺激购物者的购买欲望。同时,主货架陈列会把所有品牌的同类产品放在一起陈列,非常方便购物者通过比较产品信息做出购买选择。

3. 收银台陈列

收银台是购物者必经之地,在等待结账付款的时间购物者可能补充购物篮,满足购物需求。根据问卷调查和深度访谈,购物者在收银柜台购买产品的意愿是 11%,在地堆和主货架之后。购物者在收银台购买产品的原因主要是满足即时的需要,通常都是产品价值比较低,体积小,方便购物者随身携带的产品。

4. 多点陈列

多点陈列是指卖场中寄生在主货架上的陈列位置,通常是挂条的陈列形式。购物者对从挂条的位置选购产品认知度不高,主要是挂条上陈列的产品比较少,购物者没有选择余地,只有当购物者非常明确购买某种产品并在挂条上看到时,购物者会选择购买。在卖场中有时会在距离产品主货架很远的地方出现该产品,即跨品类陈列,比如在售卖羊肉的柜台通常都摆放涮锅的调料,在儿童玩具区摆放电池,在面包区摆放果酱等。购物者对于这类可以提供便利性的陈列非常喜欢。购物者认为这样的摆放可以缩短他们搜索信息的时间,起到便捷购物的作用。许多商品在使用上具有连带性,如牙膏和牙刷,面包和果酱,啤酒和零食。关联陈列可以引起购物者潜在的购买欲望,起到"提醒"的作用。品类关联即相同消费时机的替代或互补品类,交互陈列可以起到增加渗透的作用。

(三)产品包装

产品包装是品牌的延伸,是购物者与产品最直接的接触点。产品包装起到区分品牌、区分产品的作用。另一方面,产品的陈列包装设计是出于争夺购物者注意力的终端拦截需要而进行的设计。产品包装的设计直接起到对购物者决策的影响。当购物者在主货架挑选商品时,由远至近影响购物者选择的因素依次是包装颜色、品牌、促销信息、产品包装上的信息。

(1) 距离货架 4~7m 时,购物者只能通过产品颜色、包装形式判断;

(2) 距离货架 3m 时,购物者会通过品牌 LOGO 判断产品;

(3) 距离货架 2m 时,购物者会看到辅助销售材料(POSM)信息;

(4) 走进货架时,购物者才会详细看产品包装上的信息/介绍。

因此,极短的时间内,包装颜色要能够有效吸引购物者注意,让购物者产生兴趣,进而影响购物者心理变化。别具一格的包装设计色彩,要能够刺激购物者的感觉器官,从而引起购物者的注意,使其对产品产生兴趣。通常情况下,购物者喜欢的包装形式有以下几种:

(1) 颜色鲜艳,产品品牌突出(购物者易于识别);
(2) 包装可继续使用,有收纳、储藏功能;
(3) 体积大,包装精美,可用于送礼。

(四)促销活动

购物者对促销活动的接受度是不同的,购物者喜欢的促销方式依次是特价(30%)——试吃(23%)——促销装(18%)——买赠(15%)——游戏互动(14%)。当促销信息作用于购物者时,购物者会从经济、信息、情感等方面对促销信息是否对自己有利做出判断,当购物者感受到具体利益,也就是刺激时,那么促销就对购物者产生了影响。当一个人将某一产品可感知的利益与自己期望的利益相比较,产生对此产品超值的感觉时,就会产生购买行动。所以说,促销活动是通过改变购物者的态度来最终改变购物者的行为。卖场的促销活动通常以特价、试吃、促销装、买赠和游戏互动等形式开展。

1. 特价

价格对购物者行为的影响不只是商品本身的价格,还包括与其相关的互补商品和互为替代品等商品的价格。这些商品价格的变动,都会对购物者的购买行为产生影响。

价格促销是厂家通过降低产品的正常售价,直接提供给购物者利益,从而促使购物者购买的一种促销方式。也可以说是方法最直接,购物者最容易接受的形式。在影响购物者选择的因素中,产品价格仍然是影响购物者选择的重要因素。但是对于不同的商品,价格的变动对购物者的影响是不一样的。如果是生活必需品,商品的价格的升降对于消费者的购买行为不会产生太大的影响,也就是说该商品的需求价格弹性较小。比如说大米,无论涨价还是降价,购物者对此有需求时,不管价格多少,还是会毫不犹豫地购买。如果是奢侈品的话,价格的变动对于该商品的影响是非常大的。价格细微的变动都会产生很大的影响。价格的上涨会使得购物者的需求量大大减少,反之,也会大大增加。

2. 试吃

产品试吃是通过刺激购物者的视觉、味觉来吸引购物者,对于食品类的产品来说是非常有效的一种促销方法。通过问卷调查和深度访谈了解到购物者喜欢试吃的方式是因为可以了解产品,可以真实体验产品的优劣。特别是对于之前没有购买过该产品,或是对该产品/品牌不认识的购物者,此类购物者对于"试吃"更加热衷,以此来判断该产品是否能满足自己的需求和期望。购物者认为派发免费试吃品的过程本身也是一个广告宣传过程,通过试吃可以让购物者直接接触产品、体验产品,购物者通过试吃可以更加直观地与自己的经验"比较",处理产品信息,判断是否购买。

3. 促销包装

购物者通常见到的促销包装有如下两种方式:

(1) 包装内赠送:on-pack

将赠品放在包装内作为附赠。此类包装通常适用于透明包装的产品,购物者通过包装对产品一目了然,赠品作为附加的产品对购物者起到吸引的作用,有可能使购物者产生冲动购买的欲望。在包装内附赠赠品是非常常见的一种形式,如牙膏包装袋内赠送杯子,儿童食品袋内赠送玩具等。也有部分商品通过赠送赠品提高售价,使得赠品更加高档。当然此类的包装仅适用于特殊的送礼需求,目前在市场上不多见,也不会作为厂家的主要选择。快速消费品经常由于产品价值低,导致选择的赠品价值不高,在吸引购物者上比较有限。

(2) 包装上赠送:in-pack

将同类产品放在包装内一起销售,如购买牙膏赠送牙刷,购买饮料赠送杯子等。这种包装方法中赠品的选择通常非常有实用价值,一般与产品本身相关联,是其上下游产品,这样就为购物者提供了使用上的方便,刺激购物者的冲动购买,用赠品起到吸引购物者而达到销售的目的。

促销包装的好处在于可以用大包装增加视觉的冲击力,特别是在零售终端门店陈列时大包装的产品更容易吸引他们的注意力。从厂家的角度来说,在大包装的产品上更容易展示品牌形象和促销活动信息,购物者容易阅读。同时,购物者普遍认为购买大包装的产品会比购买小包装产品实惠,即平均在单个产品上的价值更低。促销包装也是很好地利用了购物者的这样一种潜在的心理判断。购物者通常在节假日喜欢购买促销装,特别是在过春节、元旦等重要节日期间,购物者送礼的需求比较突出,在购物时一般会挑选金额高、体积大的产品,满足送礼的需求。促销装通常都是大包装产品,即容量比一般售卖产品大;或者是将多个产品放置在一起售卖,定价比单独购买一个产品便宜。促销包装通过包装形式上的改变吸引购物者,再通过价格上的优势来进一步影响购物者的选择。

4. 买赠

买赠和游戏互动是卖场内经常可见的促销活动形式,通常是通过跟购物者的互动吸引购物者的注意力,让购物者了解产品。相比特价、促销装,买赠和游戏互动对购物者的吸引有限。购物者对于赠品的喜好差异比较大,没有集中的偏好。如果是给孩子购买产品,希望得到的赠品主要考虑的点是使用安全、卫生、健康。可以是学生学具,或者是益智类的产品,比如七巧板、拼图、魔方等。这类赠品有再利用的价值,可以满足当即使用。

5. 游戏互动

对于游戏互动,购物者不同年龄的喜欢度差别很大。喜欢参加游戏互动的购物者呈现出年轻化,35岁以上的购物者明显对参加游戏互动的形式不喜欢,觉得耽误时间。而35岁以下的购物者普遍愿意参加游戏互动,可以获得小礼品,增加自己的购物乐趣。如果是带孩子一起来购物的购物者,基本上都喜欢让孩子参与互动活动。家长把互动活动看作是可以和孩子一起参与的活动,可以培养和孩子的感情,也为购物过程增加乐趣。

(五)人员拦截

卖场人员可以和购物者直接交流,是影响购物者最直接的方式,也可以说是场内最后一道拦截点。促销人员负责向购物者介绍产品并执行卖场内活动,包括派样/试吃、买赠、路演、抽奖等。购物者在经过促销人员介绍后选择购买商品的比例达到60%,成功将购物者转化为购买者的比例说明人员拦截很有效。

本章小结

本章着重介绍了线下卖场整合营销传播的终端购物者拦截模型相关知识,通过分析模型各要素对冲动性购物的影响构建线下卖场的终端购物者拦截模型,制定具体的可行的营销策略。

购物者冲动性购买行为是在外部足够大的刺激下,购物欲望被激发,从而产生强烈的情感反应,由一种瞬间产生的强烈购买渴望所驱动而采取的计划之外的购买行为。冲动购买不一定是没有需求,而是在受到店内环境的刺激、促销活动的吸引、导购人员的介绍等条件下,购买了原本没有安排的商品。或者是原本计划购买 A 商品,在其他因素的影响下实际购买了 B 商品。冲动性购物具有决策时间缩短、受卖场环境影响、更容易产生需求认知、信息收集范围以卖场内为主等特点。

终端购物者拦截模型包括终端媒体、产品陈列、产品包装、促销活动和人员拦截五大要素。①终端媒体可以统称辅助销售材料(point of sales materials,POSM),如吊旗、跳跳卡、DM、地贴店招、横幅、海报、宣传单张、价格牌、瓶颈标签、吊牌等。促销纪念品、POSM 是引导购物者选购商品的重要工具。购物者从进入卖场后,到货架前挑选商品,货架上的信息沟通起到有效引导购物者的作用。②产品陈列是指产品在卖场内的陈列,可以说是至关重要的环节,产品在卖场的陈列位置会极大影响产品的销售,因为商品的陈列状况很大程度上会影响购物者的心情。购物者购买商品是否能清晰、准确地辨别商品信息,获得良好的情绪体验,这些会影响购物者的最终选择。从陈列位置上通常可以划分为地堆陈列,主货架陈列,收银台陈列,多点陈列等。③产品包装的设计要与品牌理念相一致,要有自己的特点。特别是知名品牌,在包装设计上也独树一帜,很容易让购物者识别。包装的颜色在第一时间内会刺激人的视觉,影响购物者的心理,进而影响购物者对产品的判断。成功的包装应该能够突出品牌和产品特点,而且具备好的视觉性。产品包装的功能就是要吸引购物者的注意力,让购物者在众多商品中可以容易地辨识出自己。④促销活动的形式有很多种,比如特价、买赠、促销包装、抽奖、游戏互动等。各种促销要配合不同的活动时间点,针对不同的购物者设计。配合主推的产品卖点,拉动购物者的关注和参与。⑤人员拦截指的是促销人员可以和购物者直接沟通,对购物者关注的问题及时反馈,可以有效转化客户的购买率。

思考题

1. 冲动性购买行为具有哪些特点?
2. 请运用本章知识,构建快消食品(如大白兔奶糖)的终端购物者拦截模型。

参考文献

[1] 王英铎. 浅谈整合营销传播理论在我国的发展[J]. 中国商界,2013(4).
[2] 迈克尔·R. 所罗门. 消费者行为学[M]. 北京:中国人民大学出版社,2010.
[3] 官清云. 基于消费者行为的企业营销策略研究[D]. 长沙:湖南师范大学,2014.

第十七章
整合营销传播的参与者

本章主要介绍了广告公司与自媒体两种整合营销的参与者。包括广告公司的组织结构和运作流程,以及与广告公司的主要合作模式。对于如何选择合作的广告公司及在具体与广告公司合作时需注意哪些问题做了简要的阐述。此外,对自媒体的定义和特点进行了解释,通过案例对自媒体的商业存在形式及自媒体的运营方式进行了简要的介绍。

一、广告公司的组织和流程

(一) 广告公司的组织结构

1. 客户部

客户部一般有客户总监、客户经理、客户执行三个层级。主要负责与客户的对接,并根据客户的要求整合广告公司内部的资源,进行广告活动的策划与方案的制定。由客户公司向客户部人员提出要求,客户部人员根据对广告业务的了解,与广告公司内各部门对接,将要求、预算、目标等内容整合成简报的形式,与各个部门配合工作。方案执行过程中,与客户保持持续的沟通和联系,不断调整方案。最终方案得到客户认可后,具体实施并进行后续评估。

广告公司的客户部整合客户需求,在广告公司内代表了客户的利益;同时整合内部资源,对于客户而言客户部就代表了整个广告公司。客户部与客户保持日常的沟通和联系,是广告公司和客户之间最主要的联系桥梁。客户部是客户的代言人,是客户和广告公司的轴心点,只有客户部正常顺利的运作才能保证广告公司正常顺利地运作。

2. 创意部

创意部一般有创意总监、创意经理及相关创意人员（如文案、美工等）三个层级。主要负责构思及执行广告创意。他们从客户及客户部了解广告活动的目的，创作人员依此进行构思和创意，然后根据创意进行精心设计和制作，最后成为一篇精美的广告作品。创意部是广告产品最为核心的部门，通过创意整合客户需求并形成高质量的广告是广告公司业务的主要内容。

3. 媒介部

媒介部主要有媒介主管、媒介经理、媒介执行人员三个层级。媒介部主要为客户提供媒体广告位购买的建议，帮助其进行排期，并通过与媒体的长期合作关系，拿到低价资源，为客户争取利益。具体内容包括制定最有效、最合理的媒介策略、广告媒体费用的分配，对广告的发布情况进行跟踪监测，并确保广告按规定时间在确定的媒体上发布，对媒体发布广告进行监测，并可能根据购买的资源代媒体收取广告费用。

媒介部的主要工作包括媒介计划、媒介购买、媒介调查和媒介监测。媒介计划即根据客户的预算、预期与品牌定位、目标客户等信息提供媒介购买的计划方案。媒介购买则是在媒介计划的基础上通过自己的资源和渠道与媒体进行购买。媒介调查即对不同媒介的特点、受众、价位、收视率等情况进行调研，为媒介计划和媒介购买人员提供信息。媒介监测即当进行了媒介计划和购买后，监测媒介是否按合同要求如期执行，为客户公司负责，并向客户公司进行反馈。

4. 策划部

策划部主要有策划总监、策划经理及策划人员三个层级。策划部在一些小的本土公司会由客户部兼做，但是大的 4A 公司都会有非常强大的策划部人员。主要负责进行广告业务的策划创意、各项广告的前期调研分析、策略制订及文案撰写工作，提供目标明确、个性鲜明、结构合理、系统化的广告策划方案。策划部需要不断了解及掌握广告、品牌、营销管理新思想并创造性地融入作业模式的框架体系。

他们熟知客户产品的特点，深知目标受众的消费习惯，甚至对目标受众的制定也会和客户斟酌之后才确定。他们不仅研究消费者在购物时的心理活动，更忠于利用各种调查数据来对各类人群宏观地把握[1]。

（二）广告公司的运作流程

一家广告公司通常是各部门相互配合的，而非流水线式一步一步进行的。一个广告的创作需要各个部门密切配合，互相协作。虽然不同广告公司对于一个广告案的具体操作方式会有微小的差异，但大多数情况下是按以下方式进行操作的。

1. 项目任务

客户向客户经理详细介绍其业务目标，结合广告公司的专业知识，根据预算方案及其他一些具体要求，一起决定广告的预期效果。广告往往只是营销计划中的一环，营销计划中还包括很多项信息传递任务：公共关系、促销活动等。客户经理接到项目任务后，将根据自己的经验，从各种渠道获得所需的相关信息，对客户的产品、业务等内容进行了解。

2. 战略规划

策划部将准备一份资料清单，请客户照单提供，并向媒介部索取竞争品牌广告作品资料及竞争品牌广告量及时间，搜集并了解广告法规对该类别的限制，通过对消费者、行业专家和已出版的参考资料的研究，与客户部一起提出广告规划方案。通过战略规划可以得到一个明确的定位，以及广告的创意概略供参考。

3. 媒体规划

媒体规划与战略规划基本同时进行。媒介部会根据客户的要求确定目标客户群。根据目标客户群的年龄、消费情况、生活方式、使用媒体的习惯，决定购买的媒体计划。媒体计划完成后由客户审定再交由媒体部购买。

4. 创意设计

创意小组根据客户部反映的客户要求进行创意设计，完成创意初稿，交由创意总监审阅，并做进一步的修改。完成后交付客户部与客户进行最终定稿，根据客户的意见进行修改。完成后交由相关部门进行广告产品的制作，包括平面广告、电视广告、网络广告等不同类型。

5. 广告执行

当各种形式的广告制作出来终稿，由媒介部进行媒体购买及相关的执行后,广告将以相应的形式体现在客户要求的媒体上,如电视广告在电视上播放,平面广告体现在室内室外的各种广告位,网络广告投放至目标受众接触的媒体上等。客户部及客户将进行监督,同时一起跟进广告的实施与反馈情况。

6. 广告的跟踪

广告执行后要进行有效的监督和跟踪监测。通过跟踪可以判断广告的制作、投放效果,并在以后的创意设计及媒体购买上进行调整改进。同时也可以更加了解客户的需求与兴趣点,为未来的广告设计提供信息。广告的跟踪也可以使广告公司及客户更好评估广告的实施情况,并在未来的合作中加以改进和提升。

二、与广告公司的合作

(一)与广告公司的合作模式

1. 售卖整合营销全方位解决方案

整合营销全方位解决方案一般的代理公司为大型的传播集团,可以为客户公司提供从线上到线下、从品牌定位到最终执行和监测的多层次的整合营销服务。客户公司也多为较为大型的跨国企业、大中型本土企业等。相对而言收费较高,但成体系的策划可使营销方案较为一致,传播效果更好。许多广告传播集团有不同方面的独立公司,如奥美集团有奥美广告负责广告类业务、奥美公关负责公关传播业务、奥美互动负责线上行销、奥美世纪负责媒介购买、奥美行动进行线下活动策划执行、奥美红坊进行广告产品的设计等。

2. 全面代理,月度收费

也有的广告公司与客户签立合约,在一段时间内全面代理客户的营销业务,不按项目收费,而是按整合营销方案后的月度代理费收取。以这种方式提供服务的广告公司需要为客户提供全面的解决方案,并且努力在有限的费用内为用户创造更多的效益。如何合理分配月费,提供怎样的人力资源和媒体资源,则成为广告公司需要考虑的问题。一方面不能一味节约成本赚取短期利益,一方面不能为了达到效果不考虑预算问题。结合成本、预算与期待的效果,进行合理的规划,成为此类营利模式的重中之重。

3. 售卖资源收取代理费

(1) 售卖代理媒介的影响力

平面媒介经营中,有个经典的"二次销售理论",即媒介的经营共有两次销售的过程。一方面将所制作的产品,如报纸、杂志等销售给读者,获取一部分收入,一方面将读者销售给广告商,通过读者获取相关信息后可能为广告商创造的收益获取另外一部分收入。在互联网时代的今天,我们获取信息通常不再需要购买杂志、报纸等产品,第一部分的销售则变成了将媒体的内容免费销售给受众,获得读者的认可,据此完成第二部分的销售,通过受众本身的价值从广告商获取利益。由此,媒介的影响力决定了其读者的范围及层次,也就决定了可以从广告商获取的价值。广告公司的代理媒介影响力大,则可通过售卖其影响力,赚取其中的利益。

(2) 售卖媒体的整合成本优势

这类公司与众多媒体发展有良好的合作关系,且熟悉各媒体的特点、受众的年龄、层次等内容,并可以以一定折扣价位获得相关的媒体资源。这类广告公司可以为客户公司提供较完善的媒体整合方案,并为其代为购买相关媒体资源,从中获取策划的佣金及购买资源的一部分差价。而由于媒体的零散性,导致广告主对媒体的了解无法像专业的媒介购买公司一样深入,因此广告主通常愿意支付一部分费用来获得更好的媒介资源购买服务和体验。而广告公司在为客户代理购买过程中不断发展同媒体的关系,形成良性循环。以媒体资源为主要的收入来源。

(3) 售卖活动资源

作为公关广告公司,通过长期的积累,通常拥有较为雄厚的资源体系。无论是媒体炒作资源、政府事务资源,还是危机公关解决资源,都具有较强的实力,而企业靠自己的力量很难形成如此强有力的体系。同时,广告公司通常有较多的活动经验及资源,可以为企业提供完善的活动执行方案与实施的落地。因此,企业愿意付出一部分的资金作为相关经验及资源的交换,达到资源的有效配置,节省企业的人力物力。

4. 售卖广告产品

一些广告公司通过售卖广告产品获利。如一些平面设计公司、摄影工作室、视频制作公司等专业的广告公司。他们通常通过优质的作品获得良好的口碑,不断售卖创意设计人员的作品获取利益。相对而言成本较高,一般属于下游价值链[2]。

(二) 广告公司的选择

1. 广告公司的规模

一般根据企业的大小及所需要的服务内容来确定广告公司的规模。大型的广告公司由于人员工作内容细分程度高,业务范围广,可以提供较为全面的服务,因此收费也较规模小的广告公司高。通常大型的企业需要的营销服务较为复杂,且预算较为充足,会选择相对较大的广告公司。

中小型的企业则根据所需服务内容的不同选择相应的广告公司。如果需要广告公司提供全面的整合营销规划,则可以选择中大型的广告公司。若只是一个产品线或某个业务需要广告服务,则根据需求及预算选择相应的公司即可。

2. 成功案例

是否有成功的案例,可以知道广告公司在该行业或相关业务上的实力水平,以及对产品的大致思路等内容。同时,有相关的成功案例可以代表广告公司一定的能力,说明其有相当的实力可以接下企业的业务并且足够承担。根据成功案例可以全方面评估该广告公司团队的策划方案及实施。

3. 市场能力

市场能力包括广告公司是否有良好的媒介关系,能够以怎样的折扣价格购买相关的资源,相关合作资源的实力及议价能力,以及广告公司本身与行政管理部门的关系。选择有强大市场能力的广告公司,可以依托广告公司为本品牌争取到更加优质的资源,性价比更高。

4. 创意性

创意是广告的灵魂。一个富有创意的广告可以使较少的预算收到非常良好的效果,甚至还可能引起受众的自主传播,节省媒体购买资源。因此,广告公司作品的创意性是选择广告公司时非常重要的一点。如果一家广告公司因循守旧,不愿创新,则无法摆脱被市场淘汰的命运。

5. 产品的冲突性

一家广告公司通常有许多的客户公司。企业在选择广告代理商时应特别留意其已经合作的客户公司是否有企业的竞品。由于保密原因及良性竞争的原因,通常不宜选择业务线有冲突的广告公司。

6. 口碑

主要是看广告公司在同行、同业中的口碑,以及与其合作过企业对其的评价。是否有良好的口碑及产品满意度,是否曾经有过不良行为等。通过相关口碑获取广告公司的信息,侧面了解其各方面的实力以进行选择。

7. 广告公司的地理位置

广告公司的地理位置不宜离客户公司太过遥远。代理商与客户之间需要进行频繁的沟通,地理位置太过遥远一方面不利于沟通交流,一方面会产生更多的成本。此外。对于国际广告公司来说,本土化的程度也应纳入客户公司考虑的范围内。若思维模式不符合本地人的方式,则创意不容易被接受,难以取得良好的效果[3]。

(三) 与广告公司合作的注意事项

1. 不要完全依赖广告公司

品牌核心内涵应当由公司确定,最好请独立于广告公司之外的市场研究公司。广告公司可以根据品牌的定位进行创意的代理,但不应该依靠其对品牌的内涵进行定位。广告公司是专业的广告服务机构,不是品牌及市场研究机构,在市场调研上通常不够专业,不应把该项职能赋予它。

2. 分享月度工作计划

企业将市场部的工作计划与广告公司共享,广告公司依据企业的工作计划制定广告服务的工作计划,与企业进行匹配。通过计划的共享,可以合理分配双方的任务,并分清主次轻重,更好安排双方工作。

3. 做好工作简报

简洁明确的工作简报有利于企业与广告公司之间的沟通。工作简报越清晰明确,广告公司获取的信息越具体,便可更好按照企业的要求进行广告的创意及制作。

4. 建立日常互动机制

广告公司与企业需要经常进行沟通。许多时候由于广告公司对企业的产品或业务不够了解，需要深入企业进行进一步了解，此时客户公司应该给予配合。此外，经常的沟通有利于广告公司及时调整广告方案，避免无效作业，提高工作效率。

5. 问题快速回复与跟踪

在与广告公司合作时，经常出现一些问题，或者需要不断确认广告公司的完成情况并给出下一步指示。快速处理广告公司的问题有利于充分利用广告公司的时间，避免在等待回复过程中的无效工作时间。不断跟踪广告公司的进度可以使每一步工作都得到客户公司的认可再实施，防止出现广告公司制作完成后又需要进行较大修改从而拖延项目进度的情况。

6. 月度工作及时总结

每个月进行工作总结，回顾一个月的合作，吸取上个月的经验与教训，有利于在不断的合作过程中磨合和改进。随着合作的不断深入，也会成为合作的记录保留下来，为接班人提供宝贵的指导[4]。

三、自媒体的运营

（一）自媒体的定义

自媒体又称"公民媒体"或"个人媒体"，是指私人化、平民化、普泛化、自主化的传播者，以现代化、电子化的手段，向不特定的大多数或者特定的单个人传递规范性及非规范性信息的新媒体的总称。最具代表性的当属微信公众号、百度贴吧、新浪微博、QQ空间等平台。

（二）自媒体的特点

1. 个性化、平民化

随着互联网时代的发展，社会从一个公共机构或组织正逐步向个人过渡，个人将逐步成为"新数字时代民主社会"的公民。媒体已不再"高大上"了，仿佛每个人都有自己的媒体，每个人想写什么就写什么，想看什么就看什么。博客、播客已经属于个人。每个人都可以在自己的社交网络上表达自己的观点和建议。

2. 易操作、低门槛

对电视、报纸等传统媒体而言,媒体运作无疑是一件复杂的事情,在人力、物力、财力等方面花费太大。而互联网时代的来临使这一切彻底简单明了化。每一个人都有属于自己的媒体。只需要你去微博客户端注册一个属于自己的账号,你就可以把自己当时看到的、听到的、想到的,以文字、图片、视频的形式发到网络上来,建立一个自己的小媒体圈子。如此操作简单的东西,必定是大众喜欢的东西。

3. 传播快、交互强

在这个互联网时代,信息传播速度如此之快。每一个自媒体的传播都不受任何时间、地点的限制。一部作品,从开始制作到发到自己的媒体上,其传播的速度是传统媒体根本无法匹敌的。自媒体可以快速传到任何一个人的手中,并且与别人进行分享。可以说自媒体时时刻刻就在我们身边,其交互性的强大之处是任何传统媒体都望尘莫及的。

(三) 自媒体的商业存在形式

自互联网不断普及以来,其已经成为人们在现实生活之外表达自己观点、分享知识情感的最重要的渠道。而自媒体则是个人或团队利用互联网的形式,有意识地设定某些诉求,表达自己特定的观点或情感,从而取得许多人的关注而形成的媒体。自媒体以平民化、个性化、易操作、交互强为特点,通常是"点对点"的传播关系。但由于商业利益的驱动,马太效应逐渐显现,越来越多的自媒体获得了较大的关注度。由此,自媒体可以进行一定程度的商业运营,获得盈利。

尽管自媒体的形式和功能大致相同,但其以不同的具体形式存在,主要分为自媒体企业、自媒体聚合平台及消费者自主媒体三种。

1. 自媒体企业

由于自媒体的大发展,一批自媒体名人由于良好的内容及有效的运营方式获得了非常好的发展。许多自媒体名人则顺势形成了公司化的运作模式,从团队运营逐渐发展到成体系的公司,甚至有的已经以上市为目标发展壮大并获得投资。

> **【案例】《罗辑思维》自媒体的运营**
>
> 　　《罗辑思维》是一个自媒体新秀,它的创始人为资深媒体人、前央视《对话》栏目制片人罗振宇和独立新媒创始人申音。《罗辑思维》一方面通过微信公众平台每天推送一段语音,关注者听过后回复关键词即可获得一篇文章;此外,每周五推送一个脱口秀视频。除此以外,还进行了立体式的互动平台整合,包括贴吧、微信群、QQ 群等方式。
>
> 　　《罗辑思维》微信用户短时间内关注数突破 300 万,发布的脱口秀视频平均每集有 1000 万人次观看。《罗辑思维》借势推出两本发布内容整合成的图书,并推送电子版。通过良好的社群经营及粉丝经营,《罗辑思维》拥有黏度十分高的关注用户。《罗辑思维》的第一次会员招募在短短 6h 内入账 160 万元。第二次招募中,更是一天就轻松募集了 800 万元。

2. 自媒体聚合平台

对于中小自媒体人而言,其有限的影响力很难在已出现自媒体巨头的情况下进行短期内的大幅度提升。因此,也难以直接获得商家的合作。同理,对于商家而言,除了与许多大型自媒体平台合作,他们也需要许多具有一定影响力的自媒体平台进行辅助传播,但却苦于没有相关的渠道。因此,自媒体聚合平台应运而生。

自媒体聚合平台是为移动终端用户提供广告服务和营利机会的第三方自媒体平台,通过集合多家广告平台的业务并结合自身的数据优化策略,用户可以同时整合多家的广告资源并定义配比策略,从而实现广告收益的提升[5]。简单而言,自媒体聚合平台就是将诸多自媒体的广告传播能力聚合在一起,形成一种非常强大的传播攻势,并能够在非常短的时间内迅速对一个品牌进行曝光。目前,自媒体聚合平台持续活跃,典型的有新浪微博通、喜马拉雅、WeMedia 等,还有大量的第三方自媒体聚合平台。这些自媒体聚合平台通过媒体整合及佣金分享的机制发挥着巨大的传播效应。

【案例】一道自媒体聚合平台[6]

一道自媒体平台结合传统媒体从业经验,打造了完整的产品、媒介、公关、营销策划、品牌团队,为客户全程提供一对一营销需求服务。该聚合平台整合了新浪、腾讯、网易、搜狐、今日头条、微信KOL、微博大号、各大直播平台等全网渠道优质自媒体资源,主要为国内各类型企业提供专注、高效的广告投放服务。该聚合平台借助大数据、自然语言处理、机器学习及深度学习等方面的相关技术,研发出了一道自媒体智能投放系统,通过系统深挖媒体广告价值,从而提升品牌运作效率,为各类企业提供高效、精准的自媒体公关营销服务解决方案,建设了一个透明、对称并兼具技术性的数字营销服务体系,打造出一款国内领先的自媒体营销旗舰平台。

一道自媒体平台提供自媒体免费入驻的机会,同时接受广告主发布广告的需求。同时,聚合平台也会为客户提供各类精准营销技术服务:①通过用户、粉丝画像技术实现受众人群的多维分析。②利用假号识别技术尽量保证数据的真实有效性。③运用数据效果监控系统来检测广告投放效果,提供结算依据的同时,还能提供投放优化策略。④通过精准匹配智能投放引擎技术,并采用融合数据、自动语义标注的系统化分析架构,实现客户洞察目的。⑤利用大数据精准人群定向技术,对用户行为数据进行分析、管理,精准人群标签。⑥运用可视化报表反馈,达到平面数据立体化、复杂数据图形化的效果,便于客户直观、高效分析数据。平台综合运用以上诸多技术手段实现精准数字化营销,有效触达,高效传播。

3. 消费者自主媒体

消费者自主媒体(consumer-generated media,CGM)是指任何具有独立传播主体的个体通过网络平台将自己自主创作的资讯内容发送到数据化、媒体化的网站,再透过网络平台被其他消费者所应用。其内容包括产品、品牌、企业及其服务的个人经验分享、建议、评论,当然也包含一些生活琐事分享等。CGM普遍存在于知识社区、社交服务网络(SNS)、博客、论坛、兴趣交流(COI)网站等。由于可充分运用口碑营销、病毒营销等营销方式产生爆发式传播效果,而广受国内外企业及营销专家的重视。此外,消费者的见解及行为等数据信息也会被存储下来并加以追踪统计,非常便于做进一步的消费者行为分析及消费者价值分析。

用户生成内容(user-generated content,UGC)很容易透过搜索引擎被消费者找到,CGM 便成为了驱动消费者认知、认同最后到认购的关键驱动因素。调查显示,目前消费者越来越愿意在网络上创作内容、发表评论。而且消费者在购买商品时,也更倾向于在网络搜索该商品的好评率,于是,CGM 又承担了重要的咨询顾问角色,CGM 上的内容会直接影响到消费者的偏好、购买行为及忠诚度。CGM 上的消费者分享自己的真实体验及心得体会等信息给准备购买该商品的消费者,同时也会引导其他消费者一并加入讨论之中,甚至会利用邮件、QQ 等方式交换意见。简而言之,这是一种通过网络平台及技术,通过互动,而使消费者生成消费者的过程。

近年来随着网络的普及和技术的发展,CGM 中的内容及表现形式都更加丰富多元化,消费者通过文字、图片甚至影像等多媒体形式来分享自己的消费体验、试用报告及互动信息等,极大地影响着其他消费者的品牌认知、认同、认购行为,其影响消费趋势的强大力量对企业而言不容小觑[7]。

(四)自媒体的运营方式

对于自媒体运营而言,目标用户是其核心的竞争力。获取更多的目标用户,以及提升已有目标用户的黏性,是非常重要的。整个运营过程可以概括为:选择平台、受众及作品定位、积累用户、提升黏性、多平台互动、可持续发展这几个阶段。

1. 选择平台

根据所要传播内容的特点选择自媒体平台,如微信公众平台、QQ 空间、新浪微博及其他包括凤凰网、今日头条等提供的自媒体平台等。根据所希望触达的人群及传播方式、互动方式来选择合适的平台,或者进行几个平台之间的合理组合,可以达到更佳的传播效果。

2. 受众及作品定位

根据自己想要表达的内容及目标,确定受众的定位及作品的定位。如想要触达 20～30 岁的女生群体,则美妆内容会比养生内容更加吸引人且容易被传播,想要触达男生,就不要以化妆品、购物等为主要的内容。确定好受众及作品定位是运营自媒体平台开始之前最重要的一步,是方向性的大问题,一定要根据市场调研等内容认真思考,谨慎确定,并在运营的过程中根据阅读情况和互动情况不断改进。

3. 积累用户

打造优质内容和个性化且极具个人魅力的主持人,使得用户主动关注自媒体,这是运营自媒体的第一步,也是最重要的开始。比如说,《罗辑思维》之所以有许多忠实粉丝,是因为其内容非常吸引人。虽然浅显易懂,但却有自己独到的观点。经常结合时事热点进行分析,针砭时弊。且语言风格又十分有特色,幽默风趣,因此具有更加广泛的受众。

4. 提升黏性

具有一定用户积累后,下一步便是让用户对自媒体平台由衷喜爱,提升用户黏性。具体做法是组建互联网社群,从注重社群内用户体验上着手,保证用户在社群拥有足够的参与感、体验感、尊重感及成就感。

《罗辑思维》会通过举办会员的线下活动强化用户对线上内容的黏性。同时整合其粉丝资源并进行有效利用,如在会员内组织相亲等活动,既强调了对平台思维的认同,又提高了用户的黏性。

自媒体在其运营过程中必须对如何满足目标用户需求这一问题给予高度的重视,了解用户需求、满足用户需求,才可以从根本上获得忠诚的用户。

5. 多平台互动

当一个平台用户具有一定黏性后,自媒体为了获得更多的关注度,扩大设计的用户范围,则将从一个平台向其他平台进行扩展。一方面可以通过以前平台的影响力进行口碑传播,另一方面可以根据不同平台的用户特点提供不同的信息,立体化打造平台内容。

《罗辑思维》就具有优酷网、微信公众平台的主战场,同时出版图书,并通过微博、贴吧等进行互动和传播。此外,还举行线下活动辅助提升用户黏性。

6. 可持续发展

当具有一定的用户基础、黏性且不断发展之后,自媒体便可以考虑合理的商业模式以维持接下来的不断扩大与发展。只靠广告维持生计太过狭窄和局限,需要突破束缚去寻找更多更合理的盈利点。既不能太过商业化,也要保持合理的收入。

例如,一开始,《罗辑思维》通过招募会员并收取会费的方式获得盈利,随后,《罗辑思维》借鉴众筹模式的精髓,发挥社群会员的智慧、劳动、资源等优势。接着,开展与"有道云笔记"的合作,以独家授权投稿平台的方式获取一定的收益。社群发展产业形成"自商业"模式,理想状态是发挥社群会员的资源优势,共同从社群外获取利益[8]。

本章小结

广告公司一般有客户部、创意部、媒介部、策划部四个主要部门,按照项目任务、战略规划、媒体规划、创意设计、广告执行、广告跟踪的流程进行工作。广告公司与企业主要以售卖整合营销全方位解决方案、全面代理按月度收费、售卖资源收取代理费、售卖广告产品四种模式进行合作。选择广告公司时,要参考广告公司的规模、成功案例、市场能力、创意性、对企业产品的熟悉情况、产品的冲突性、口碑、广告公司的地理位置等因素综合选择。与广告公司合作时要注意不要完全依赖广告公司、及时分享月度工作计划、做好工作简报、建立日常互动机制、问题快速回复与跟踪、月度工作要及时总结。

自媒体是指私人化、平民化、普泛化、自主化的传播者所使用的线上传播平台,它具有个性化、平民化;易操作、低门槛;传播快、交互强的特点。自媒体主要以自媒体企业、自媒体聚合平台、消费者自主媒体三种商业模式存在。运营自媒体时,主要有选择平台、受众及作品定位、积累用户、提升黏性、多平台互动、可持续发展等步骤。

思考题

1. 广告公司的几个部门之间如何进行协同工作?
2. 举一个产品的例子,说说会如何为它的营销方案选择广告公司?
3. 与广告公司合作时应该注意什么?
4. 什么是自媒体?它有怎样的特点?
5. 你认为《罗辑思维》成功的主要原因有哪些?

参考文献

[1] 朱海松. 国际4A广告公司基本操作流程[M]. 广州:广东经济出版社,2002.
[2] 星格传媒. 那些广告公司的盈利秘密. http://www.vccoo.com/v/0a3349.
[3] 百度经验. 企业如何选择广告公司. http://jingyan.baidu.com/album/22fe7ced7227493002617ffe.html.
[4] 吴慧娟. 4A广告公司的数字营销[D]. 合肥:安徽大学,2015.
[5] 百度百科. 聚合平台. http://baike.baidu.com/view/9015091.htm.
[6] 一道自媒体平台. 专注新媒体精准投放. http://www.yidao.info/.
[7] Indexasia. CGM媒体是什么?. http://i-buzzresearchcenter.blogspot.com/2008/04/cgm.html.
[8] 周璐. 自媒体的运营策略研究[D]. 南昌:江西师范大学,2015.

第十八章
整合营销传播的效果评价

本章的主要目的是讨论整合营销传播的效果评价,并描述了销售效果、心理效果和媒体效果三种方法。对于传统的传播方式而言,效果的评价是非常难以实施的,主要的原因是数据的采集和评价难度非常大,很多时候企业只能够通过估算来评价效果。不过,在新媒体的环境下,单一传播方式的效果已经能够较好地进行量化的评估,但媒体的组合传播仍然存在很大的难度,原因是跨屏的数据和用户的精准画像不是非常容易完成,媒体之间的相互作用很难精确分析。本章试图从不同的角度描述整合营销传播效果评价的方法。

一、概述

(一) 整合营销传播效果评价的基本概念

整合营销传播的效果评价与企业所设定的目标有密切的关系,通过对目标达成的评估就可以获得传播的效果。一般而言,企业在进行整合营销传播时一般有以下几个方面的目标:①建立品牌。②产生销售。③提醒关注。④反击竞争。其中,建立品牌和产生销售是企业进行整合营销传播最为重要的目标。以往的研究表明,成熟品牌在进行整合营销传播时很难直接产生好的销售效果,需要通过强化品牌认知和提升品牌形象来间接产生销售效果。这是由于大家对成熟的品牌非常熟悉,再多看几次品牌的广告很难刺激顾客的购买意愿,即产品信息很难直接带来购买。但是,品牌形象对顾客的购买有着非常稳定和显著的影响,产品信息可以通过品牌形象间接带来购买。因此,对于成熟品牌而言,维系和提升其品牌形象是整合营销传播的首要目标,在此基础上才能够获得更多的销售。不过,对于初创的品牌而言,产品的信息将对购买意愿产生直接的影响,同时品牌形象也会直接影响购买。

整合营销传播的效果评价主要有三种不同的方法,即销售效果评价、心理效果评价和媒体效果评价。销售效果评价主要测量营销资源投放与产出之间的关系,被称为"市场反应模型",它主要采用计量经济学的方法进行分析。心理效果评价主要测量顾客在整合营销传播过程中的认知、态度和意愿的变化。媒体效果评价主要测量传播过程中媒体触达和触达成本。

在整合营销传播过程中,销售效果、心理效果和媒体效果的评价往往是可以综合应用的。例如,日本电通公司将广告效果的评价指标划分为四种递进的部分,分别是媒体到达、广告到达、心理改变、行动,前两个指标是媒体效果评价,心理改变是心理效果评价。电通公司用这种方式综合评价广告的效果[1]。

(二) 整合营销传播效果评价的特点

学者们曾对广告和整合营销传播的效果进行了研究,发现广告和整合营销传播的效果评价遵循一些规律,它使我们能够更加清晰地了解整合营销传播的特点。具体有以下几个方面:

(1) 整合营销传播在开始阶段的效果是极其重要的。以往的经验表明,如果整合营销传播的开始阶段没有产生很好的效果,那么在未来也很难产生非常好的效果。因此,在投放之前进行事前的测试就变得非常重要。

(2) 需要关注整合营销传播过程中的延迟效果。营销传播的效果并非是及时发生和及时消失的,上一期的整合传播效果可能会延迟至下一期,因此,在评价整合营销传播的效果时需要考虑延迟的时间长短,以及以前广告投放的保留率,从而设计最有效的投放时间间隔。

(3) 营销投放的效果具有累积性。企业在以往的营销投放可能会不断产生累积的效果,因此,企业在进行传播效果的评价时需要剔除以往所累积的营销效果。这时采用的方法一般是基线(base line)的方法,即在某一基线之上进行营销传播效果的评价。

(4) 营销传播具有竞争性。企业的营销传播效果与企业所处环境的竞争状况有着较大的关系。当竞争广告较多时,企业的营销传播效果往往会下降。同时,信息过载也会增加消费者的选择性注意、认知和记忆,这也会使营销传播效果较差。

(5)营销传播效果的非对称性。由于顾客对广告的厌恶程度不断上升,广告的效果处于不断下降的过程中。但是,尽管广告效果不明显,企业如果不做广告将会导致销售的快速下滑。因此,营销传播的效果往往存在着非对称性,其正向效果往往较低,而负向效果往往较高。

(6)间接营销传播的效果较好。口碑传播对营销传播的效果有着非常大的提升作用。研究表明,人们会受到熟人推荐和网络评论的重大影响,因此,提升企业的网络评论和口碑传播将可能带来较好的传播效果。

(7)销售效果处于极低的状态。研究表明,营销传播的销售效果往往很难达到预期的目标。广告弹性的数值为令人沮丧的 0.1,也就是说新增的广告投资增长率只能够带来其十分之一的销量增长率。因此,很多人认为广告的效果应该作为提升品牌形象的手段而不是获得新增销售的手段。不过,企业仍然会用销售目标作为评价整合营销传播效果的标准,得到的结果往往不尽如人意。

(三)事前、事中和事后效果评价

进行传播前、传播中和传播后的效果评价的目的、内容和方法都是有所差异的,如图 18-1 所示。事前测试的主要目的是整合营销传播的预备性目的,主要有三个方面:一是确定传播的媒体;二是确定品牌形象的基准值;三是投放前测试,包括样片、文案和形象代言人的测试。传播中的测试目的主要是监控变化,具体包含以下几个方面:一是测量品牌态度的变化情况,它主要与事前测试中的品牌形象数值进行对比;二是监控媒体投放的数量和质量,进行这类监控的原因是在实践中存在投放的数量和质量未达到合同要求的情况;三是监控已经投放的广告是否被顾客接受和喜爱。一般而言,广告在开始投放阶段没有产生好的效果,那么在随后的继续投放时也不会产生更好的效果。事后评价的目标主要是资源投放效果的评估和总结、合作方和内部员工的绩效评估和总结,它的结果对于绩效考核和下一期的营销资源分配起到关键性的作用。事后测试主要包括四个方面:一是销售效果的计量经济评价;二是整个营销传播过程的心理效果评价,如品牌形象、广告态度、购买意愿等的评价;三是对媒体的触达率、触达频次、千人成本等的媒体效果进行评价;四是对整个营销传播过程中的合作方、本企业的管理者进行的绩效评价。

从整合营销传播的评价方法角度看,销售效果、心理效果和媒体效果采

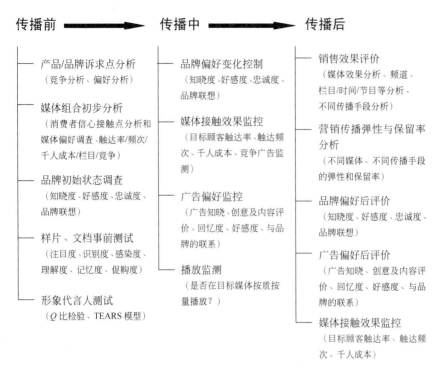

图 18-1　整合营销传播效果评价示意图

用的评价方法是不同的。销售效果的评价方法主要采用计量经济学的方法，但也有一些测量采用问卷调查的方式进行。例如，询问前来购买的顾客在哪些媒体上看到了品牌和产品信息。心理效果评价采用的方法主要是行为实验的方式，包括简单实验设计，也包括复杂的统计设计，如因子设计、拉丁方格实验设计、正交实验设计。除此之外，定性研究也是非常重要的手段，包括针对个体的深度访谈和针对小组的焦点组访谈。通过定性研究的访谈，有可能获得广告效果产生的深层次原因。媒体效果评价主要通过简单的定量统计得到相关的结果，一般有专门的媒体调查机构进行收视率、发行量、千人成本等的调查。

二、整合营销传播的销售效果

（一）整合营销传播的销售效果概述

整合营销传播的销售效果评价采用的方法是计量经济学和时间序列的

方法,它建立公司的经营结果(y)与营销传播投放(x)之间的时间序列关系,从而得到哪些营销传播投放产生了效果,为下一阶段的营销传播投放提供指导。

广告销售效果研究者认为[5],广告效果评价过程中应当重点关注广告的直接销售效果测量,这样对实践才有指导意义。按照这类研究者的观点,虽然消费者对广告的态度是非常重要的,但是消费者的态度存在于一个不可见的黑匣子里,只有销售状况才是可见的,因此,广告的销售效果测量才是广告效果评价的核心。广告销售效果评价的典型问题是"应当花费多少钱?""广告如何与其他营销组合匹配?""广告产生了多大的销量和利润?"。广告销售效果测量过程中,应当考虑的因素是广告的滞后效果和广告对消费者总体(aggregate)及个体(individual)的影响,因此,这种测量方法包括长期和短期的效果测量;个体和总体效果测量。其因变量主要有销售收入、市场占有率、品牌选择(brand choice)、广告弹性(advertising elasticity)等,自变量主要有广告频次、广告费用、总视听率和广告展露数量等[4]。

广告销售效果个体研究往往采用选择模型,总体研究往往采用时间序列模型。个体研究对数据的要求较高,目前在国内很难得到实践应用,因此,本书将重点放在总体研究模型上。典型的广告效果总体评价模型如下:

$$S_t = a_0 + \sum_{k}^{m} \lambda_k S_{t-k} + \sum_{j=0}^{n} b_t A_{t-j} + \varepsilon_t \tag{18-1}$$

式中,S_t:t 时刻的销售额;

λ_k,a_0,b_t:常数,$0<\lambda_k<1$;

S_{t-k}:t 时刻前 k 时刻的销售额;

A_{t-j}:t 时刻前 j 时刻的广告或其他促销费用;

m,n:测量周期变量。

当广告是当期发生的($j=0$),$k=1$ 时,式(18-1)变为(koyck 模型):

$$S_t = a_0 + \lambda S_{t-1} + b_0 A_t + \varepsilon_t \tag{18-2}$$

上述模型是可以拓展的。如果考虑广告的非线性影响,可以将模型变成指数模型;如果考虑广告的长期滞后效果,可以在广告投放变量前加入递减因子,通过试算可以找到拟合优度最好的递减因子,并由此分析广告的最佳频度。

【案例】某医院的营销传播效果评价

某医院在过去的三个月中主要投放了报刊广告。从费用看,《精品购物指南》投放了 39.3% 的费用,《京华时报》投放了 18.16% 的费用,《北京青年报》投放了 16.52% 的费用,《北京晚报》投放了 11.14% 的费用,《晨报》投放了 7.21% 的费用,其他媒体总计 7.87%。该医院采用几何滞后分布的时间序列模型进行营销传播效果的评价,计算表达式如下:

$$T_t = \beta_0(1-\lambda) + \sum_{i=1}^{n}\beta_i A_t^i + \lambda T_{t-1} + \varepsilon_t - \lambda\varepsilon_{t-1} \quad (18\text{-}3)$$

式中,T_t 为 t 时刻的电话咨询量;β_0,β_i 为截距和系数;A_t^i 为第 i 种媒体在 t 时刻的广告投放,λ 为广告的保留率,$0<\lambda<1$;ε_t 为残差;$k=0,1,2,\cdots$,它是滞后影响的周期。

广告弹性的计算表达式如下:

$$\ln T_t = \beta_0(1-\lambda) + \sum_{i}^{n}\beta_i\ln A_t^i + \lambda\ln T_{t-1} + \varepsilon_t - \lambda\varepsilon_{t-1} \quad (18\text{-}4)$$

每一个报刊媒体的广告弹性为

$$e_i = \frac{\mathrm{d}\ln T}{\mathrm{d}\ln A^i} = \frac{\mathrm{d}T/T}{\mathrm{d}A^i/A^i} \quad (18\text{-}5)$$

计算结果显示,《京华时报》的广告效果最优,其次是《精品购物指南》,再次是《北京晨报》,《北京晚报》和《北京青年报》这种有着较高发行量和投放费用的媒体没有产生太多的效果。这一结果说明:①将广告投放在不同报刊媒体上所带来的效果是不一样的,因此进行媒体的评价和选择是非常必要的;②仅仅以发行量作为媒体选择的标准可能会带来偏差;③该医院投放的很大一部分广告没有产生明显的市场反应,持续的媒体评价和调整是必要的。

保留率的计算结果是 0.36,说明报刊广告的影响在第 2 天时的保留率不足 40%,在第 3 天时的保留率仅剩余 13.1%,如果间隔 5 天不投放广告,则报刊广告的影响接近于 0。报刊广告具有非常强的时效性。广告弹性的计算结果显示,汇总所有报刊的广告弹性为 0.224。《京华时报》、《精品购物指南》和《北京晨报》的广告弹性排在前三位。

以上研究显示,仅三种报刊媒体就可以有效预测电话咨询量,其合计费用不足总投放费用的 65%,其他 35% 以上的广告费用没有产生显著的效果,广告费用存在较大浪费。

（二）单一来源数据及其在销售效果评价中的应用

除了时间序列之外，单一来源数据（single-source data）在整合营销传播中得到了广泛的应用。单一来源数据指销售和媒体两类数据取自同一家庭户所形成的数据。也就是说，单一来源数据是一种既可以看到销售情况，又可以了解哪些媒体带来销售的数据。在获得了单一来源数据之后，研究机构就可以建立媒体投放和销售之间的计量经济关系，从而测算出不同媒体广告的效果及其相关的影响因素。

早期的单一来源数据获取过程非常困难，企业需要从销售和媒体两个方面获取数据，并将两个数据来源匹配起来才能够获得单一来源数据。在销售数据的获取方面，研究机构尝试了多种方法，一种方式是消费者通过记日志的方式将购买的所有商品信息（如购买地点、规格、价格、特征等）记录下来，但很少有家庭户会完整地记录信息，因此这种方法常常会遗漏购买数据。第二种方式是利用商店扫描数据来获取家庭户的购买数据，这种方式可以获得一个商店的全部购买数据，但是它的问题在于很难在全部商店装上扫描设备从而获得一个家庭户的全部购买数据。第三种方式是家庭扫描数据，这种方式很好地解决了家庭户记录数据的难度问题，也解决了无法从全部商店扫描记录数据的问题。当然，这种方式仍然存在商品信息的遗漏。

在媒体数据方面，研究机构采用在家庭之中装电视广告仪的方式采集数据，这些仪器会记录商品的电视广告播放时间、具体的时刻和五秒的间隔期。这些媒体广告数据和家庭户的购买数据按照时间拼接在一起就可以形成单一来源数据。例如，美国的 IRI 公司在 8 个地区采集 3000 多个家庭户的数据，从而获得这些家庭对媒体促销计划的反应[2]。单一来源数据的获得对市场研究产生了重要的作用，特别是在研究媒体效果方面有着非常重要的价值，它解决了企业监控媒体效果的问题。

到了今天这样的网络时代，单一来源数据的获取已经不像几十年前那样困难，对于一些大型的电商企业而言，可以通过电商销售平台获得消费者的购买数据，通过支付平台获得其他购买数据，通过视频网站获得广告投放数据，通过社交媒介获取顾客交互数据。另外一些企业不但有线上的数据，而且有线下的数据（如苏宁），这时可以获得更加完整的购买和现场促销数据。另外一些企业关注移动、PC 和电视数据的采集，如中国联通可以通过绑定的方式获得固定电话、PC、移动端和电视端的数据。也有一些企业（如乐视）希望通过客厅的数字电视、手机等获得客户的各类行为数据。尽管这种跨屏数据暂时还没有得到充分的应用，但是这些数据未来可能对营销实践和整合营销传播的评价产生重要的支撑作用。

三、整合营销传播的心理效果

(一) 整合营销传播的心理效果概述

整合营销传播的心理效果评价是指评价企业在整合营销传播前、传播中和传播后消费者对品牌的认知、态度、记忆、行为的变化,从而达到事前、事中和事后控制的目标。整合营销传播的心理效果评价有着与销售效果评价完全不同的评价逻辑。销售效果评价主要关注营销传播投放和营销结果之间的经济计量关系,但是心理效果更注重打开经济计量关系的黑箱,了解顾客的认知过程。

心理效果评价在整合营销传播的事前、事中和事后均有较多的应用,在事前测试中,心理效果评价可以用于样片测试、文档测试;在事中和事后评价时,心理效果评价可以用于监控品牌的偏好变化和广告偏好。事前测试时主要采用的方式是行为实验的方法,控制其他的影响因素,只测试广告信息的影响,从而获得信息产生的效果。

整合营销传播的心理效果受到多种因素的影响,总体看包括广告投放因素、过滤因素、心理机制等方面的影响,见表 18-1。而产生心理效果的主要结果变量是认知、情感和意愿。

表 18-1 传播心理效果的不同影响因素

变量	主要影响因素
信息投放	广告制作:强说理广告、弱说理广告; 广告类型:品牌形象广告、品牌产品广告; 媒体:平面广告、电视广告、广播广告等; 投放频次:多次展露、单次展露; 竞争干扰:有竞争广告、无竞争广告; 投放环境:实验环境、有噪声环境; 对象:虚拟品牌、成熟品牌
过滤因素	受众动机:个体需求、环境和决策因素; 受众机会:分心、无分心; 受众能力:专门技能和产品知识、品牌熟悉(经验纬度); 其他:情绪、人口因素

续表

变量	主要影响因素
心理机制	认知、情感
结果变量	购买意向、忠诚、选择、市场份额、销售量

Vakratsas 和 Ambler 在 1999 年总结了 20 世纪 60 年代至 90 年代的 250 余篇营销类文献之后提出了单一广告产生效果的总体框架,如图 18-2 所示。该框架认为消费者的广告反应是通过认知、情感和经验三个维度产生作用的,这三个纬度可以界定以往的心理效果模型。

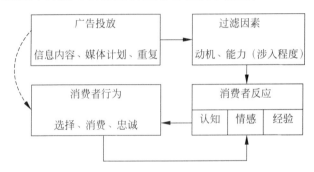

图 18-2　Vakratsas 和 Ambler 的广告产生效果的总体框架

Vakratsas 和 Ambler 根据认知、情感和经验三个维度将广告效果评价模型划分为七类,这七类中有六类是心理效果评价模型,它们是:①市场反应模型(market response model)。这类模型忽视广告产生作用的三个纬度,仅仅建立广告投放与行为变量之间的计量模型(如图 18-2 中虚线箭头所示)。②认知信息模型(cognitive information model,简称 C 模型)。该类模型不考虑消费者的情感和经验纬度,而仅仅考虑消费者的认知变量,即认为消费者的决策是完全理性的,他们的偏好不会因为广告而产生影响,广告的作用是提供信息及降低搜索成本。③纯情感模型(pure affect model,简称 A 模型)。该类模型集中于广告所引发的熟悉和情感等反应,受众的情感是影响行为的主要原因。因此,这类模型较少考虑受众对广告的认知因素。④说服层次模型(persuasive hierarchy model,简称 CA 模型)。这类模型在 20 世纪 60 年代至 80 年代占据了广告研究的统治地位,该模型认为广告产生说服效果的过程是认知—情感—行为意向。中介影响模型和 ELM 均属于 CA 模型。⑤低涉入层次模型(low-involvement hierarchy model,简称 CEA 模型)。这类模型认为当受众对广告的涉入程度较低时,广告遵循认知—经验—情感的路径,消费者在了解了广告的信息之后,通过试用进一步了解品牌的信息,然后才会形成稳定的品牌态度。⑥综合模型(integrative model,简称[C][A][E]模型)。这类模型认为应当根据广告产品类型的不同确定认知、情感、经验的顺序,低值产品和高值产品之间广告的作用次序可能不同。⑦无层次模型(hierarchy-free model,简称 NH 模型)。这类模型认为广告产生效果的过程是认知、情感和经验三维空间上的某一点,因此广告产生说服效果的过程是不固定的。

(二) 整合营销传播心理效果测量的操作

1. 单一广告的测试

单一广告的心理效果测量可以按照消费者加工模型(CPM)进行操作(详见第二章),即首先企业需要考虑的是应当如何向顾客曝光信息,之后是如何引起顾客注意信息、理解信息、记忆信息、提取信息。从这个视角看,首先需要测量的是顾客有没有注意到营销传播过程中的关键信息,然后测量顾客有没有理解信息,测量顾客是否记忆了信息,是否在购买场所提取信息并产生行动。在实际的广告效果测量操作过程中,上述的逻辑也被大量地使用。例如,斯塔奇读者服务对广告杂志进行的测量包括以下问项,第一个问项是"您是否看过这个广告"(注意广告的读者),如果受访者回答"是",就会问第二个问项"您读了广告中的哪些内容"(产生联想的读者)。然后根据受访者阅读文案的多少来确定"读了一些内容的读者"和"读了很多内容的读者"[3]。通过这样的测试,就可以对广告产生的注意、理解、深度信息加工人群等进行分析。

单一广告在投放之前应该进行事前测试,它对于广告资源合理投放是非常重要的。有人对 4637 则广告进行了研究,仅 19% 非常成功,34% 失败。但做过事前测试的广告中仅 7% 失败,37% 非常成功。这就是说,相比不进行事前测试,进行事前测试能够使成功率上升 18%,而失败率下降 27%。在进行单一广告的事前测试时,我们经常采用行为实验的方式测量。一个基本的行为实验包括一个实验组和一个控制组,实验组将测试广告作为实验刺激获得相关的数据,控制组则不投放实验刺激广告,两个组的数据进行对比就可以了解实验刺激广告是否产生了显著的效果。尽管有一些企业研究采用了眼动测试、皮肤电气反射等心理物理测量的方式,但它们都遵循基本的行为实验逻辑。

对于单一广告而言,事前、事中和事后的测试问项可以从以下六个方面来设计,分别是:①注目度。注目度主要测量受众是否注意到企业所传播的信息,只有受众注意到信息,才可能进行信息的加工,并改变对品牌和产品的态度。②识别度。识别度测试的是受众在注意到广告之后能否很好地识别出品牌、产品及相关的线索,它对于受众的品牌信息加工和态度变化有着重要的意义。③感染度。感染度主要测量的是广告对受众的影响力,以及在看完广告之后产生的态度变化。④理解度。理解度主要测试受众是否能够理解广告信息,是否能够在理解的基础上复述和加工广告的故事。⑤记忆度。记忆度主要测试受众是否记住了广告信息,是否能够在短时间内提取广告中的信息。任何广告的目标之一都是使品牌进入顾客记忆和选择集之中,因此,广告和广告信息的记忆是效果评价中最为重要的变量之一。⑥促购度。促购度主要测试顾客对产品或品牌的购买意愿。一般认为,意愿来自于态度的影响,因此广告的感染度对于购买意愿的影响是非常大的。测量的指标参见表 18-2。

表 18-2　单一广告的心理效果评价指标

效果指标		指标测量
注目度	注意	该广告是否引起您的注意?
	创意/有趣	该广告是否新颖有趣?
	注意线索	该广告是否存在让您记住的一些要点或情节?
识别度	品牌识别	看完广告后您能否识别出广告中的品牌?
	产品识别	看完广告后您能否识别出广告中的产品?
	线索关联性	广告中引起您注意的要点与品牌/产品的关联度如何?
	广告联想	该广告所展现的品牌特点是什么?
	差异性	广告中的产品/品牌有何独特特点?(与××品牌比有何差异?)
感染度	视听	广告的视听效果(色彩、画面、声音)如何?
	情节	广告的情节是否吸引人?
	信任	您是否对信息信任?
	情绪	观看广告过程中受众的情绪变化(一般采用心理物理测量)
	广告态度	您是否喜欢该广告?
	品牌态度	您是否喜欢该品牌?

续表

效果指标		指标测量
理解度	理解性	您是否理解了广告的内涵？
	故事复述	您能否复述广告的主要故事情节？
	诉求点复述	您能否复述广告的主要诉求点？
记忆度	情节回忆	请进行广告情节的回忆
	诉求点回忆	请进行广告诉求点的回忆
	回忆时间	广告回忆所需时间的测试
促购度	产品评价	请您对产品进行评价
	品牌评价	请您对品牌进行评价
	购买意愿	您是否愿意购买该品牌的产品？

2. 整合营销传播的综合心理效果评价

整合营销传播的综合心理效果评价指从顾客的心理角度综合评价整个营销传播活动所产生的效果。一般而言，综合效果的评价往往需要进行事前和事后的测试，比较事前和事后相关数据的变化，从而评价整个整合营销传播活动是否产生了相应的效果。由于品牌反映了企业经营的综合效果，因此，综合的心理效果评价大多数用于测试整合营销传播所带来的品牌认知、品牌态度和品牌购买意愿在整合营销传播前后的变化。在操作时需要在整合营销传播活动之前和之后分别进行相关的心理效果测试。

在进行整合营销传播效果的综合评价时，主要可以测量以下方面的指标：①品牌的知晓度。该测量主要通过比较整合营销传播活动前后的"有提示/无提示品牌提及率"来了解品牌认知的综合变化。②品牌知识。可以通过测量品牌的熟悉度来了解品牌知识的变化。一般而言，顾客品牌知识较高时，进一步提升整合营销传播的效果将会有一定的难度。③品牌认知。品牌认知的测量一般通过开放式问题的编码方式进行，让受访者列出对品牌的所有想法，然后在一定的编码规则下将这些定性的数据转化为定量的数据。④品牌态度。品牌态度可以通过"是否喜爱××品牌？"来测量，它对品牌的购买意愿和行为有显著的影响。⑤品牌信任。品牌的信任被认为是品牌资产中最为重要的变量之一，品牌信任的测量可以用"您是否信任××品牌？"来测量。⑥购买意愿。购买意愿可以作为心理效果测量的结果变量，一般的测量问项是"您是否愿意购买××品牌？"

除了测量品牌认知的变化,企业也可以通过前后测的方式测量整合营销传播对顾客满意和顾客忠诚的影响。以往的研究表明,当企业的知名度和品牌形象提升时,品牌形象的改变会影响顾客满意和顾客价值的评价,从而使顾客满意和顾客忠诚产生变化。因此,可以通过顾客满意和顾客忠诚的调研,间接地监控整合营销传播所带来的影响。实际上,在电商运营的环境下,复购率等与忠诚度有关的指标也是评价电商运营效果的重要变量。

四、整合营销传播的媒体效果

(一)整合营销传播的媒体效果概述

整合营销传播的媒体效果主要指在整合营销传播过程中,信息触达顾客所产生的效果。媒体效果的评价不但需要测试触达的数量和质量,也要测试触达的成本。企业在整合营销传播时如果没有任何信息触达目标顾客,那么任何营销效果都不会产生,因此我们常说信息触达往往是营销和最终达成销售的入口。由于信息触达在营销中是极为重要的,如何有效提升信息触达的数量、质量和性价比就成为企业整合营销传播的关键。媒体效果评价正是对信息触达的数量和质量这一基本的整合营销问题进行回答。

没有信息触达将不会产生任何营销效果,但是如果信息触达的次数过多,也会带来顾客的厌恶情绪,从而产生反面的作用。图18-3描述了触达次数与顾客反应之间的关系,我们可以看到,当信息触达次数过多时,顾客的厌恶情绪将会上升,信息的作用将会下降。之所以产生这样的结果是因为人们对刺激的反应是由两条截然相反的反应曲线合并而成的。一条曲线

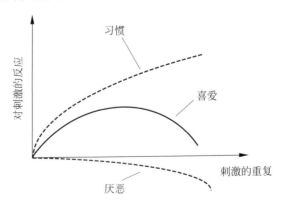

图18-3 广告触达次数与顾客反应的关系

是"习惯线",它代表了人们会随着刺激次数的增加而更加喜欢刺激信息;另一条曲线是"厌恶线",它代表了刺激次数的增加将导致人们对刺激信息的厌恶程度增加。两条曲线合并之后就可以得到一条先上升后下降的曲线,这条曲线表明广告有着一个最优的触达次数,当超过这一触达次数之后,人们对信息的反应将会呈现负面的态度。最优的触达次数到底是多少一直有着很多的争议,有人认为 3 次是最优的,也有人认为该次数为 10 次。

(二) 整合营销传播的媒体效果测评

传统的媒体效果评价主要有以下的测量指标,包括:触达率(reach 或称 OTS,opportunity to see)、触达频次(frequency)、总视听率(gross rating point,GRPs)、每千人成本(cost per mille,CPM)。在当前数字化的环境下,每点击成本(cost per click,CPC)、每行动成本(cost per action,CPA)、每人成本(cost per person,CPP)、每销售成本(cost per sales,CPS)逐渐成为媒体效果评价的核心指标。因此,在数字化的环境下,媒体效果的评价与销售效果之间已经有了紧密的联系。以下对相关的指标进行描述:

(1) 触达率。触达率指一定周期内广告媒体到达目标受众的百分比。触达率并不计算重复接触信息的次数,也就是说一个受众最多只能够计算一次。触达率是一种适合于所有媒体的效果测度指标。在触达率的概念之下有一个有效触达率的概念,它是指一定周期内广告媒体到达目标受众 3~10 次的百分比。有效触达率认为只有针对目标受众的触达才是有效的触达,同时有效触达的次数不能够少于 3 次和多于 10 次。

(2) 触达频次。触达频次指一定周期内目标受众曝光于目标广告媒体的次数。触达频次计算的是每一个接触到信息的受众接触信息的频次。

(3) 总视听率。总视听率指一定周期内曝光于特定媒体的重复受众数的总和。总视听率不但包含了触达人群的比率,也包含了触达的频次。例如,一个信息在各类媒体上带来了所有人群中 30% 的触达率,同时,每一位触达的人看到信息的次数是 2 次,这时总视听率就是 60%,它是包含有重复和无重复的所有触达次数所带来的触达比率。因此,总视听率与触达率、触达频次之间的关系如下:

$$总视听率(GRPs)=触达率(R)\times 频率(F) \qquad (18\text{-}6)$$

如果我们只关注目标的受众,那么就可以得到有效视听率(targeting rating points,TRPs)的概念,它是指一定周期内曝光于特定媒体的目标重复受众数。

(4)每千人成本。每千人成本指一个媒体每传递1000人或家庭所需要的成本。每千人成本的计算方式很简单,它是用成本除以触达量,再除以1000。

在当前数字营销的环境下,整合营销传播的媒体指标与企业所需要达成的效果和行动密切相关,相关的指标主要包括:(1)每点击成本(CPC)。它主要测算每次点击企业网站或平台的成本。一般而言,互联网广告都会根据点击收费,因此对于广告平台而言,CPC就是一个非常重要的指标,它直接关系到广告所带来的利益。(2)每行动成本(CPA)。每行动成本指顾客完成相关的行为之后,广告平台就可以获得相应的利益。例如,对于一些移动分发平台而言,如果能够使客户下载并激活某一APP,那么它就可以获得相应的利益。CPA广告主要包括注册类和下载类两种,当客户完成了下载或者注册之后,就可以认为是一次有效的投放。(3)每人成本(CPP)。每人成本是指针对顾客的展示达到了一定频次之后才予以计费的一种广告。例如,当展露次数达到了三次,就计算为一次有效的展露。(4)每销售成本(CPS)。每销售成本指顾客点击广告并完成销售之后,就可以认为是一次有效的广告投放。它是以实际产品的销售提成来换算广告刊登金额的。

本章小结

本章主要描述了整合营销传播的销售效果评价、心理效果评价和媒体效果评价三种方式。营销传播的销售效果评价主要用计量经济和时间序列模型来测算营销资源投放所产生的效果。营销传播的心理效果评价主要通过测算在整合营销传播过程中顾客的认知、情感和行为意愿的变化来评价广告的效果。营销传播的媒体效果评价主要通过信息触达顾客,以及触达顾客的成本等来测算营销传播的效果。三种不同的营销传播评价方式各有其优缺点和应用范围。在当前数字化的环境下,媒体效果已经与营销传播所带来的行为结合起来评价营销传播的效果,这种评价方式已经逐渐成为整合营销传播效果评价中最有活力的一个部分。

思考题

1. 整合营销传播的效果评价有哪三大类?在评价过程中,这三大类营销效果评价法各自采用什么样的研究方法?

2. 进行营销传播的销售效果评价需要满足哪些条件？所采用的基本模型是什么？
3. 营销传播的心理效果评价应当如何操作？如何进行单一广告的心理效果评价，以及整合传播的心理效果评价？
4. 整合营销传播的媒体效果评价有哪些传统的指标？在数字化的环境下，媒体评价大多采用哪些指标？

参考文献

[1] 樊志育. 广告效果测定技术[M]. 上海：上海人民出版社，2000：16-17.
[2] 多米尼克·M.汉森，伦纳德·J.帕森斯，兰德尔·L.舒尔茨祝. 市场反应模型：计量经济学和时间序列分析法[M]. 欧阳明，叶平，译. 上海：上海人民出版社，2003.
[3] 特伦斯·A.辛普，张红霞. 整合营销传播：广告与促销[M]. 8版. 北京：北京大学出版社，2013.
[4] DEMETRIOS V, AMBLER T. How advertising works：what do we really know？[J]. Journal of Marketing，1999，63(1)：26-43.
[5] WELLS W D. Measuring advertising effectiveness[M]. London：Lawrence Erlbaum Associates Publishers，1997.